兩文三語

兩文三語
香港語文教育政策研究

梁慧敏、李楚成

香港城市大學出版社
City University of Hong Kong Press

國際統一書號：978-962-937-568-3

出版

　　　香港城市大學出版社
　　　香港九龍達之路
　　　香港城市大學
　　　網址：www.cityu.edu.hk/upress
　　　電郵：upress@cityu.edu.hk

Biliteracy and Trilingualism:
Language Education Policy Research in Hong Kong

(in traditional Chinese characters)

ISBN: 978-962-937-568-3

Published by

　　　City University of Hong Kong Press
　　　Tat Chee Avenue
　　　Kowloon, Hong Kong
　　　Website: www.cityu.edu.hk/upress
　　　E-mail: upress@cityu.edu.hk

Printed in Hong Kong

梁慧敏和李楚成兩位語言學者從歷史脈絡、政策制定、語文教學、族羣共融等多元角度，為我們概述了香港獨特的語言背景，並評析了在政權移交後的二十多年間，英語、粵語、普通話各自的發展和教學現況。「兩文三語」一直是香港政府致力推動的語言方針，綜觀兩岸四地，只有香港、澳門這兩個特別行政區，才會有如此具國際觀的語文規劃方案。本書對語言政策的制定者、從事語文教育的學校教師和關心子女語言學習成效的家長，都有實用的參考價值。

王士元
香港理工大學中文及雙語學系講座教授
台灣中央研究院院士

　　自 1997 年以來，「兩文三語」一直是香港教育政策的基石，為語文教育制定了明確的目標，同時為實現目標定下了方向。任何成功的政策，無論構思多麼周密，都取決於思維創新及推行得法，兩位作者正正循着這方向，就着語文教育政策的根本問題，以專著的形式提出獨到的見解。本書以最新的學術研究理論及成果為基礎，以嚴謹的態度深度剖析政策下「兩文三語」教與學所面對的種種問題。兩位作者均為語言學專家，對相關的語文問題有堅實且深入的研究根基，針對「兩文三語」的實際情況，以及落實如此重大政策時所遇到的難題，從獨特的視角提出了切實可行的對策方案。維持及提升香港在國際舞台上的競爭力極為重要，謹此向關心這課題的各界朋友誠意推薦本書。

陸鏡光
新加坡南洋理工大學社會科學院院長、人文學院教授

香港探討「兩文三語」現象的學者不少，相關的著作也相當豐富。但語言作為人類社會的產物，是一種動態的現象，會隨着社會環境和人類生活的變遷而不斷變化。九七年這個概念剛出現的時候，它所關涉的兩種書面語和三種口語在香港社會所處的位置、在香港人心目中的地位、在社會各行業和生活層面中所發揮的功能，以及一般香港民眾對它們的熟練程度，跟今天相比，都呈現出相當大的差異。有關這個課題的研究，因而經常有新的視角、新的內容。過去有關香港「兩文三語」現象的著作，多數是單篇的論文，現在李楚成教授、梁慧敏博士把多年來有關這個課題的研究匯集成書，內容涵蓋了政策、教學、語言定位、語文規劃等不同層面，甚至還探討了近年廣泛引起注意的非華語學生學習中文的問題，對「兩文三語」現象作出了深入而全面的剖析，並且在很大程度上總結了過去二十多年香港學界對這種現象的研究成果，實屬難能可貴之作，是有興趣研究或者了解這個課題的讀者不應錯過的著作。

陳瑞端
香港理工大學中文及雙語學系教授

目錄

序言

王士元

　　自回歸以來，「兩文三語」一直是香港政府致力推動的語言方針，綜觀兩岸四地，雖然內地各省市及台灣也都有通行於當地的地方話，如上海話、四川話、閩南語等，但也只有香港、澳門這兩個特別行政區，才會有如此具國際觀的語文規劃方案，政府法令明確地將一門外語列為該區的法定語文（香港為英文，澳門為葡萄牙文），或稱官方語言。然而，該政策推行二十多年來成效如何？哪些方面值得進一步檢討、完善？在《兩文三語：香港語文教育政策研究》這本書裏，梁慧敏和李楚成兩位學者從歷史脈絡、政策制定、語言教學、族羣共融等多元角度，為我們概述了香港獨特的語言背景，並評析了在政權移交後的二十多年間，英語、粵語、普通話各自的發展和教學現況。

　　近年來，許多港人對粵語的前景感到憂心忡忡，這種焦慮不安，也反映在幾年前榮獲第 35 屆香港金像獎最佳電影的《十年》裏。這部片由五個短篇構成，其中一個短篇的標題為「方言」，講的就是 2025 年代的香港，不善於說普通話的出租車司機被邊緣化了，他的車被迫貼上「非普通話的士司機」的標誌，載客地點受到限制，在這個他土生土長的家園裏，餬口謀生竟變得越來越困難！面對這種憂慮，本書的作者從語言學家的專業角度出發，肯定了粵語這個極具生命力和包容性的地方語種，不僅駁斥了少數人所說粵語是「低層」語言的謬論，還積極闡明了粵語作為「高層」語言的強勢地位。

不過未受過語言學訓練的一般人，對語言這個看似再自然不過了的現象，仍存在着或多或少的歪曲見解，例如，認為粵語既然是香港多數人的母語，那麼大家耳濡目染地自動就會講了，不必特別學習，因為粵語作為港人心目中「中文」的代名詞，根本不像英文這類的外語，需要格外花心思去背誦語法規則和學習發音要領，甚至誤以為中文並無語法可言。這種偏頗觀念的進一步延伸，就是誤認為會講某個語言的人，就一定可以去教這個語言。關於粵語語法，學界目前已有不少中英文書籍出版，側重理論探索和強調實用性質的兼有，如張洪年早年的碩士論文《香港粵語語法的研究》(1969)、[1] Stephen Matthews 與葉彩燕的 *Cantonese: A Comprehensive Grammar*（《廣東話語法》）(1994/2011) 等，有興趣的讀者不妨自行參閱。

對於粵語毋須特別學習的誤解，本書一針見血地以「這種想法低估了粵語在香港社會的滲透性，同時亦低估了口語語體的複雜性」予以回應，並提倡了「高階粵語」的概念，也就是在專上教育中推廣專業職場粵語的中文教學。與此倡議相關的是，本書進而提及推廣粵語拼音 (Jyutping) 及推行「粵音測試」的可行性。[2] 這個建議非常中肯，若以海峽對岸為例，早在 2003 年，台灣的客家委員會就已開辦「客語能力認證」測驗；台灣的教育部也在 2010 年正式辦理「閩南語語言能力認證」的考試，所有有志在台灣中小學從事鄉土語言教學者，都必須通過這類認證測試才能執教。兩位作者在書中，針對提升少數族裔的中文能力有不少篇幅的着墨，因此他們主張在香港普及粵語拼音，並推動類似的「粵語能力認證」考試，除了能提高說粵語的兒童對自身母語語音的覺知外，也能便利非華語人士更有效學好粵語，更是培養少數族裔兒童的中文教育師資的長遠之計。

---

1. 後於1972年由香港中文大學出版社出版，並於2007年再版為增訂版。

2. 「粵拼」是香港語言學學會建議的拼音方案 (https://www.lshk.org/jyutping)。

除了對粵語生存空間的疑慮外，近年來社會常見的另一爭議是「普教中」，也就是是否該用普通話教授中文課。本書從粵語在語音、構詞和語法上的「存古」特點加以闡述，提到語音上粵語保留的入聲字更有利於古典詩詞的鑑賞；另外構詞上粵語更常使用「眼」、「嘴」等單音詞，且語法上粵語裏用以進行比較的句型如「我高過你」，比起普通話來更接近文言文中的説法。兩位作者的這段分析，間接説明了以普通話教授中文，不必然對提升中文科的學習成效有所助益，他們的觀點也再次肯定了粵語在香港作為教學語言的價值。

不過書名的主標題既然是「兩文三語」，自然也該重視普通話和英語的學習。兩文三語雖是響亮的口號和遠大的目標，但兩位作者坦承，實施二十多年來效果卻似乎不如預期，這除了歸因於書中所列舉的中英兩種語文及粵語、普通話在語音和語法上的類型學差異外，也因為香港的社會語言生態欠缺説英語或普通話的環境，同時政府在教育資源的投放上，也似乎只偏重於小學一至三年和高等教育兩個階段，而忽略了學齡前才是最關鍵的語言學習黃金階段。其實，把語言教育的責任完全推卸給學校的想法並不恰當，因為當今的資訊時代，網絡資源異常發達，也不乏語言學習的手機應用程式，因此學習的管道可以無遠弗屆，不再局限於傳統課堂上的授課模式。教師的功能應該比較像是循循善誘的引路人，在課室裏充分引導學子培養對學習英語或普通話的興趣，這樣即使課後學生沒有説英語或普通話的語境，他們還是可以透過 YouTube 或優酷等平台，藉由觀看或收聽各類影音節目來學習語言。

兩位作者都是語言學家出身，我很欣賞他們卻難能可貴地對語言學習抱持正面開放的態度，而不是一味貶低「港式中文」和「港式英語」。普通話的學習固然離不開標準規範中文的掌握，而英語能力的提高，更離不開對詞彙、語用和語境的嫻熟運用，但兩位作者以新加坡為例指出：「雙語政策下他們以新加坡英語作為自己的語言，對此感到非常自豪並表現得充滿自信」，這就像許多歐洲人都能説流利的英語，雖然他們的英語可能帶有濃重的法語、意大利語或德語腔調，

或是他們的英語語法也難免受到自己母語的影響，但這並不妨礙他們在全球化時代與國際接軌。身為語言學家，我認為這種樂觀心態非常重要，語言是文化的載體，自然有深厚博大的文化底蘊，但語言畢竟也是溝通的工具，因此師長們不應過於苛責，能教出一批有信心說外語及普通話的學生，讓他們透過語言這扇窗口，接觸到世界各地豐富多樣的人文藝術瑰寶和多彩紛呈的風俗民情，遠比只注重更正學生不標準的港式發音或港式句型更重要。

作者之一的李楚成教授，在 2017 年出版的英文專著 *Multilingual Hong Kong: Languages, Literacies and Identities* 裏，對香港的「兩文三語」政策已做過精闢的分析，同年在《中國語言學報》上，就曾刊載過一篇對該書頗為讚譽的書評。[3] 如今兩位作者以中文探討「兩文三語」，並擴展至更多課題，對語言政策的制定者、從事語文教育的學校教師和關心子女語言學習成效的家長，都有實用的參考價值。語言並無優劣之分，語言的多樣性更是人類寶貴的文化遺產，希望大中華地區的廣大讀者，都能參照東方之珠的經驗，培養我們的下一代成為能立足香港、放眼神州、展望世界的優秀青年！

王士元
於香港馬鞍山
2020 年 5 月

---

3. Tsai, Yaching. 2017. Review of Multilingual Hong Kong: Languages, Literacies and Identities. By David C. S. Li. Cham, Switzerland, Springer, 2017. *Journal of Chinese Linguistics* 45, 488–96.

導言

本書目的與取向

本書之研究探索，主要圍繞着一個課題：香港「兩文三語」語文教育政策應何去何從？

這個問題看似很簡單，實際上複雜無比，當中牽涉到兩種書面語（中文、英文）和三種口語（粵語、英語、普通話）的定位、規劃、教與學和未來發展等問題。目前坊間的學術論文或研究報告，在探討如何提升市民兩文三語的能力時，有兩個主要討論向度：

(1) 單一語體式：集中於「一文」或「一文一語」的討論。例如只以英文教育為主題，而不牽涉另一語文；又或檢視中文教育，探討以普通話作為教學語言。

(2) 跨語體式：探討某一課題時同時納入「兩文」或「兩語」的討論。例如談及沉浸課程的成效時，同時納入英語和普通話的討論；又或在中學教學語言強力指引的框架下，同時引入中文和英文教育模式的討論。

而切入的角度，在學術界的萬花筒中，或從公共政策、教育學、社會學、政治學、文化學、傳播學，甚至民俗學等，據所形成之結論堪稱各有千秋。無論如何，這都反映一個事實，即過去很少會綜合語文教育（language education）、社會語言學（sociolinguistics）及語言學（linguistics）的視角，全面闡述「兩文」及「三語」，更遑論宏觀地從政策框架下討論香港的語文教育實況，本書的緣起，正

正希望填補此空白。審視香港的語文教育政策，實際上「兩文三語」的形成具有以下幾個背景特點：

「兩文」——

(1) 殖民地時期英國人以英文為官方語言，政府一切文件均只用英文。第二次世界大戰後政府發表的《菲沙報告書》（Fisher Report, 1951），指出香港應突出英文教育，自此定下往後數十年的方針。

(2) 中文運動後，1974 年港英政府通過《法定語文條例》，中文成為法定語文；1990 年《基本法》頒佈，確認香港回歸後的語文使用政策，中文由是受到《基本法》的保障。

「三語」——

(3) 回歸後，特區政府於 1997 年提出「兩文三語」語文教育政策，「兩文」與回歸前中文、英文並行的方針一脈相承；「三語」則首次明確指出期望本港學生在口語方面，能操流利的粵語、普通話和英語。

(4) 「三語」中，英語為「英文」的口語形式；而粵語和普通話，皆屬「中文」的口語形式，前者為香港大多數人的慣用語，後者則為國家通用語言。

「兩文三語」符合香港的實際情況，有助鞏固本港作為國際金融中心的獨特優勢，甚具前瞻性。有關政策從中小學義務教育到學前、專上非義務教育，從在校課程到在職進修全方位推行，可謂影響深遠。「兩文三語」至今推行已逾二十載，發展歷程中經歷了不少風風雨雨，本書期望總結出經驗和教訓，加深讀者對香港「兩文三語」的了解與認同。

「語言政策」（language policy）是社會政策的集成部分，尤如醫療政策、房屋政策，是將「語言」變為公共政策，從而進行有組織的管理和規劃。有關「語言」的政策，可分為三個層面。

國家官方政策	以法規形式頒佈，通過官方各部門全國全面實行，包括機關、教育、媒體、文娛、公共場所等所有領域；有些國家同時亦建立管理和監督的機制，例如成立語言文字工作委員會，違法者或受責令。
教育語言政策	主要體現在官方教育體系之中，通過義務教育中的語文教學來實現，不一定延伸至其他公共領域。部分規劃工作（如語音之審定）由大學學者或學術團體倡議。
民間機構政策	民間機構因應地區情況而訂定的溝通政策，例如服務少數族裔的社區活動中心/非牟利團體提供多語翻譯和指引，這些服務並非為確認其官方地位或達到教育目的而設。

　　香港「兩文三語」的情況明顯屬於（2），本書稱之為「語文教育政策」（language-in-education policy）而非一般所謂「語言政策」，理由有二：其一，根據《法定語文條例》第 5 章第 3 條，政府與公眾往來之事務上，中文和英文同為「法定語文」（official languages），嚴格來說，香港只有「法定語文」而沒有「法定語言」。「語言」一般包括書面和口語形式，但在與「文字」對舉時卻只指口語，而「語文」則包含語言和文字，使用「語文」一詞更符合本港語文教育的原委。其二，「兩文三語」並不以法律形式規範，政策始於 1997 年回歸後首份《施政報告》，原則上施政綱領可因時制宜加以更新。現時貫徹政策目標的任務，由教育體系來承擔，主要通過中小學的語文教育（即第一至第四學習階段）來實現年青一代中英兼擅的目標。而事實上，教育局在對「兩文三語」的官方論述中，一貫的說法亦是「語文教育政策」；目前未見有更高一層的跨部門工作小組督導「兩文三語」在語文教育範疇以外的事宜。

　　政策目標確定後，就需要規劃和實行。規劃機構一般出現在政府層面，指教育或其他授權部門。「政策」涉及語言的選擇問題，「規劃」則涉及制定標準、地位規劃、課程規劃等問題。換言之，「語言/語文規劃」（language planning）是為了達到政策目標而制定、實施各種最有效的策略。「語言/語文政策」雖然是社會政策的一部分，但從跨領域的角度而言，卻也是社會語言學中一個重要課題。語言/語文規劃涉及本體規劃，包括口語和書面形式的各個層面：音系、詞彙、

句法、語義等；也關涉地位規劃，這是基於現實社會的需要，同時牽動一系列課題，例如哪一種語言應納入學校課程、中小學應採用哪一種語言授課等。

政策規劃既要高瞻遠矚，又要實事求是。本書根據上述諸特點，考慮到歷史背景、社會實況、種種挑戰和未來發展，通過對香港二十多年來語文教育規劃的梳理，在中英對比語言學（contrastive linguistics）、第二語言習得（second language acquisition）的基礎上，充分利用香港獨特的社會資料和語言資料，勾畫各種語文教育現象及其成因，剖析政府語文政策和教育規劃上的發展和變化，為語文教育政策的制定提供學術上的依據，以解決現時「兩文三語」框架下課程規劃的種種問題。英語學習方面，本書主張調整教學語言措施，在課堂上引入「語言穿梭」（translanguaging）來提升學生學習效能，發揮學生的母語，使之成為教學資源。普通話學習方面，據「兒童學習關鍵期」內更容易習得第二語言的觀點，學童宜及早透過不同渠道接觸普通話，着力於聽說能力的培養。而「三語」中的粵語，是香港人創造觀念、闡述主張的思維工具，也是大部分學校的教學語言，學校中文教育中適當地學習粵語知識，正好恰如其分地將之安置在「兩文三語」框架之內。至於中文教育，面向本地學童之中文課程以往最大的關注點為應否重設範文，隨着教育局於 2015 年頒佈更新版的《中國語文課程及評估指引》（中四至中六），設置指定範文 12 篇，近年的討論重心已轉移至少數族裔的融和之上，因此本書其中一章集中討論非華語學生的中文教與學。

本書概述與特點

香港回歸轉眼二十三載，「兩文三語」語文教育政策成效有待全面檢討。本書嘗試深入探索，通過檢視文獻及實證研究成果，以獨立章節聚焦討論五個層面所帶來的挑戰：（一）政策的制定與實踐；（二）普通話和英語的學習；（三）粵語的使用現況、定位和發展；（四）非華語學童中文學習的情況；（五）語言地位與語文規劃。

第一章的主題為香港「兩文三語」語文教育政策的制定與實踐，本章首先回顧香港的語言狀況，概述香港回歸前後粵語、英語和普通話的使用，「兩文三語」形成的契機，以及政策推出的歷程、目標、在不同教育層面上資源投放的情況。以此為背景，本章指出特區政府體現了推行「兩文三語」的決心，然而要在香港這個「亞洲國際都會」達成通曉中、英「兩文」和粵、英、普「三語」的任務，仍面對着種種頗為嚴峻的挑戰。接着，本章就香港的教學語言政策，包括母語教學、教學語言分流和教學語言微調，以及主要持分者的意見，作出全面的梳理與剖析。第四節就現時課堂「單一語言」指引所帶來的學習問題，加以分析探討，並提出「彈性雙語教學」的主張。考慮到香港的實際情況，本章認為設定「功能主導」的兩文三語目標更符合香港的語用實況。第五個章節，將從社會語言學和語言學的角度，說明以粵語為母語的香港學童學習英語問題的癥結所在。而在第六節，會指出若要推行「普教中」，就必須全面涵蓋理論和實踐兩個方面，既要在教學層面考慮課程設計，也要在支援層面為中文科教師提供定期培訓。最後本章認為，應對不同學習階段所投放的資源作出檢討，以配合語文教育方面全面而詳細的規劃，才能更好地落實語文政策。

　　第二章分為兩個部分，分述英語和普通話的學習問題。第一部分有兩個重點：一是回歸後政府為提升港人英語水平所投入的各項措施；二是就港人學習英語舉步維艱的現象，通過探討中英在語音、構詞、語法規律上的差異，作出語言學上的解釋，並提出解決方案。從教學效益出發，本章主張應重新思考「最長時間接觸，單一語言環境」（maximum exposure, no mixing）的指引，從學理上闡述課堂上「語言穿梭」不但不會影響學習者的英語學習，適當的母語運用反而可以作為學習資源，協助學生跨過學習上的鴻溝，成為打破目前英語教學僵局的關鍵。第二部分亦有兩個重點：一是分析在「三語」政策下香港普通話教學的實況與成效、挑戰與對策；二是針對相關的現象，從對比語音學的角度分析普通話教學所面臨的困難所在，並指出《漢語拼音方案》用以標識漢字標準漢語發音的重要性。由於缺乏說英語和普通話的環境，要有效提升學生的語文能力，就

必須重新審視讓學童開始接觸英語和普通話的最佳年齡段，以及其課程設計。就此，本章最後提出課程規劃不能忽視「兒童語言習得關鍵期」的因素，以免日後在中學或大專階段才以晚期沉浸教育的方式作為語文教育的補償，而實收事倍功半之效。

　　第三章主要論述「三語」政策下粵語的使用現況、定位與發展。首先從歷史角度檢視十九世紀中香港開埠之後，在方言紛雜的情況下，粵語成為本地強勢語言的過程及成因。為了從宏觀和微觀兩方面描述粵語在生活和工作場所中各個場景的具體使用情況，第二節從社會語言學角度出發，參考三次「香港三語使用情況」調查的數據，並加入性別、年齡、學歷和職級等變項因素，分析粵語在香港的使用特點和角色定位。第三、四節闡述粵語在政治、文化、經濟、傳播、人口等幾個領域所顯示出來的強大競爭力，使之突破「低層語言」的拘囿，並探討從內地移居本港的非粵語人士，在生活和工作場合發生語言兼用或轉移的情況。第五節談及粵語在香港語言生活中的主導地位對書面語的使用和發展所產生的影響，促使極具本地特色的「港式中文」的出現。第六節以電視廣告中的修辭為例，進一步檢視粵語在香港社會文化中的形態，說明粵語的活用，使得粵語成為香港人創造觀念的主要思維工具。沿此思路推進，本章主張粵語在「三語」政策中的定位和所扮演的角色，不應長期處於含糊不清的狀態。第七、八節嘗試以小學、中學、大學的中文教育作為切入點，論述粵語知識（包括「高階粵語」）的學習在本地語文教育中，甚至於族羣融合方面的實際意義。最後本章指出具認受性的粵語能力測試的重要性，目前本港兩個粵音水平測試，均擔當了規範粵語所需的重要使命和責任。

　　第四章將重點放在「兩文三語」政策下非華語學童的中文學習上。首先交代香港非華語人士居港的歷史與現況，其中南亞族裔遷移本港的歷史，可追溯至香港開埠初期。非華語學童通常在香港政府開辦的中小學讀書，由於中文能力欠佳

導致求學受阻，就業艱難，造成跨代貧窮；要改善他們學習中文的難題，需通過自上而下的政策支持。基於此點，第二、三節就香港近年《施政報告》中針對少數族裔居民的語文及融和政策進行了細緻梳理和深度分析，從學校教育、職業培訓與就業支援等方面，了解政府因應非華語人士中文能力發展而訂定的整體教育政策方向，以及具體支援措施。第四節，從語文教育政策的執行層面出發，討論前線中文教師的反饋。接下來，第五、六節根據問卷調查所得，從語文教育的角度探討非華語學生學習中文的困難，分析中文教學中口語水平和讀寫能力的學習關係，並提出教材和教學法方面的改善方案。本章也同時主張，要貫徹施政綱領，就有必要進行語言調查，例如少數族裔持分者的中文水平、學習上的特點和難處、較多從事的工種、以及有關工種僱主的要求等，以便能作出對症下藥、定位更精準的教育政策和推行策略。最後幾個章節，會就非華語中文教與學的方向提出可行對策，包括語境教學法，早期沉浸識字教學，為營造中文學習環境創設有利條件，以達致種族共融的目標。

第五章圍繞語文規劃這個主題展開。本章首先參考語文規劃的分析模式，先探討語言地位與身份認同的關係，再從規劃的對象、原因和目的，以至具體教育措施等各方面，闡述相關部門所作出的努力。繼而在「兩文三語」的政策框架下，討論進行語文規劃時社會最為關注的幾個教育議題，包括：義務教育與幼稚園教育資助、母語教學與教學語言的微調、普通話學習的支援，以及針對少數族裔的中文教與學等。就中文教育的重心，從政策訂立初期針對本地多數華人的母語教學、普通話學習，到近年針對少數族裔的族羣融合問題的轉向，本章認為回歸後的語文教育政策中，有關中文教育的發展階段，可劃分為「身份認同塑造期」和「族羣融合促進期」兩個時期。第五至七節，因應現時「兩文三語」政策推行上所面對的種種挑戰，包括粵語定位模糊、英語在語用上像外語多於第二語言、普通話推廣的成效與分歧等，提出在審視語文規劃的過程中，需要從微觀的課程層面、到宏觀的社會層面作出不同考慮，以恰當地部署人力和資源來實現「兩文三

語」的長遠目標。切實可行的規劃目標，須以香港的語言實況和市民的不同需求為依據，以處理好不同語言間的關係，使它們各司其職 —— 既要保持香港特區的「獨特」，也要擁抱國際、國內、大灣區格局下「共有」的特色，讓香港的語文發展邁向另一個嶄新的里程碑。

　　最後，本書具有以下特點：一、在香港的語言環境下，結合語文教學、社會語言學及語言學的研究方法，討論「兩文三語」的重要學術文獻，同時提供政府及非政府組織有關政策的統計數字、資料和分析。二、本書的研究基礎，來自兩位作者自 2010 年迄今合力或各自就「兩文三語」範疇進行的大大小小項目，研究方法涵蓋質化（qualitative）和量化（quantitative）兩個方面，包括語料分析、深度訪談、焦點訪談、問卷調查、前測後測、課堂觀察及課後訪談等。三、書中的參考文獻，大部分為期刊論文、學術專著，也有政府及非政府組織的政策報告、媒體報導及專訪等，這些資料有助本書從語文教育的角度構建「兩文三語」的文獻基礎。四、本書結尾按圖表列出附錄，期望為讀者提供具體參考資料，延伸更為豐富、完整的政策討論。

作者簡介

梁慧敏博士

　　香港浸會大學中文系文學士、哲學碩士，香港大學語言學系哲學博士，並持有香港中文大學學位教師教育文憑（中學）。現為香港理工大學中文及雙語學系助理教授，於 2015–2019 年間任中國語文教學中心總監；曾任教於香港教育大學中國語言學系。目前兼任香港考試及評核局「香港中學文憑考試」（HKDSE）中國文學科目委員會委員、國際漢語應用寫作學會副會長。研究興趣為中國語文教育、香港語文教育政策、語言使用調查與分析，以及粵語語法，並以此發表學術論文和專論書章；曾出版有關語文學習的專著《正識中文》、《語文通病》和《語文正解》等。近年集中研究本港非華語學童中文教與學、兩文三語政策、中文識字教學模式等課題，多次獲邀主持教育局主辦的教師培訓工作坊（小學及中學中文科），並曾兩次獲語文教育及研究常務委員會（SCOLAR）「研究與發展項目」撥款資助。又曾為本地多個媒體撰寫有關中國語文學習的專欄或專題文章。2012年至今，每年均參與「香港中學文憑考試」中國語文科模擬試卷的編撰工作。

李楚成教授

　　香港中文大學英文系文學士，法國貝桑松大學應用語言學碩士，德國科隆大學語言學哲學博士。曾任教於香港城市大學英文系，香港教育大學英語教育學系、語言學及現代語言系，現為香港理工大學中文及雙語學系教授兼系主任。工作語言以粵語（母語）、英語和普通話為主，德語和法語偶有使用。研究興趣包

括雙語對話（語碼轉換、語碼混用、語言穿梭）、雙語教育、香港語文教育政策、大中華地區的多語運用、英語學習者的困難與常犯的錯誤及其改錯策略、世界英語、中國英語、香港英語、粵語作為外語的學習與運用，香港南亞裔人士的中文學與教，以及澳門語言狀況等。近期出版的學術專著有 *Multilingual Hong Kong: Languages, Literacies and Identities*（Springer）和 *Chinese-English Contrastive Grammar: An Introduction*（合著，香港大學出版社），並曾接受不同媒體的專題訪問。近年對漢字一千多年以來如何影響韓語、日語和越南話，以及這些東亞文化圈內的語言在歷史上通過文言文的交流所產生的接觸現象及相互影響深感興趣，尤以「漢文筆談」及明治維新時期日語漢字對中文及韓語的影響為甚。

1

香港「兩文三語」政策的制定與實踐

「兩文三語」中對於中文和普通話的提法，符合「一國」的要求，對於英文和英語、廣東話的提法，則保留着「兩制」的特點。「兩文三語」的語文教育政策尊重香港百年來的歷史和回歸中國的實際，反映了語言和社會的密不可分的關係。在充滿競爭和希望的二十一世紀，這一政策將提高香港在世界上的競爭力。

——田小琳教授

香港位於中國南部，開埠前是以漁農業為主要經濟活動的偏遠地區。1842 年清廷因鴉片戰爭戰敗而簽訂《南京條約》(Treaty of Nanking)，香港島遂成為英國的殖民地。在英人的管治下，香港開放港口成為自由港，轉口貿易與各類商業活動開始活躍，本地人口開始增加，外來移民湧入，逐步建立城市並成為今日的國際大都會。隨着社會的百年變遷，香港的語文政策亦因應時勢而同步改變，以配合整體經濟發展和需要。1997 年香港主權回歸中國以後，特區政府在語文教育上推行「兩文三語」(biliteracy and trilingualism) 政策。此政策首先在《教育統籌委員會第六號報告書》(ECR6, 1996) 中提出，並於 1997 年 10 月，由第一任香港特別行政區行政長官董建華在回歸後第一份《施政報告》中正式宣佈，其目標為「所有中學畢業生都能夠書寫流暢的中文和英文，並有信心用廣東話、英語和普通話與人溝通。」(第 84 段) 藉以加強香港人在全球化下的競爭力。自此，這一項語文教育政策就成為了隨後二十多年來香港社會經濟持續發展的基礎。

然而，語言學上中文和英文本來就存在巨大差異，而香港社會確實又缺乏英語和普通話的語言環境，加上政府從未明言語文學習的水平應達至甚麼程度，是功能主導？還是程度均衡？這都使「兩文三語」實行起來面臨着諸多困境與挑戰。其中最受社會關注的議題，莫過於由 1998–99 學年起開始着力推行的「母語教學」政策，中學派位實行三七分的措施，將全港超過 70% 的小六學生分流至以中文授課的中學。此政策一刀切將中學分為「中中」和「英中」，製造標籤效應，引來社會極大爭議，最後教育當局以「未能完全滿足及照顧個別學生的需要」為由，於 2009 年就中學教學語言安排作出微調。至於英語課堂上，目前在「單一語言環境」的指引下，即使學生出現學習困難，教師亦只能拋棄「語碼混用」的彈性雙語教學方法；可是大量在不同的多語國家、地區進行的研究均證明，學生的母語能轉化成為學習資源以協助學習目標語言，課堂上多語言轉換並不是造成語文水平低落的元兇，「語言穿梭」(translanguaging) 反而更有可能提高學生的學習成效。此外，另一個有關教學語言安排的辯論焦點，為普通話納入常規教育之後，是否應該以「普教中」為遠程目標，「普教中」又能否提升學生在中文讀、寫、

聽、説四個範疇的能力。對於此等問題，我們認為在「母語教學、中英兼擅」的政策目標下，當局應參考學術界實證研究和行動研究的成果，就長遠的語文教育發展作出更全面而周詳的規劃；而且把支援延伸至義務教育以外的幼兒教育、高等教育和在職培訓。

香港的語言狀況與兩文三語形成的契機

香港是以華人為主的社會，學習中文口語和書面語，自然對凝聚族羣、文化傳承有推動作用，同時也有實際生活上的需要。根據特區政府統計處《2016 年中期人口統計》（2016 Population By-census）結果，華人佔本地總人口約 94%，按慣用語言劃分的五歲及以上人口，以廣州話為慣用語言的佔 88.9%，英語佔 4.3%，普通話佔 1.9%，以其他中國方言為慣用語言的佔 3.1%，其他語言則佔 1.9%。這種多語（multilingual）、多方言（multidialectal）的語言現象與歷史發展和社會組成有密切關係。

先説粵語，[1] 粵語是珠江三角洲（Pearl River Delta）一帶居民一直以來的主要母語及地區通用語，從香港開埠初期至今，就一直是香港市區的主要語言，亦是今天大多數香港人的母語；而世代居於新界的原居民則説客家話、圍頭話（屬粵語分支）、汀角話（屬閩語分支）等其他方言，他們的內聚性很高，有自己的聚居點。目前仍有部分居民，特別是年長的一輩，依然維持其語言文化傳統，不過年輕一代改為使用粵語的比例正持續攀升。另一方面，香港成為自由貿易港之後，因同屬英國殖民地而來港工作的南亞族羣，不少人選擇留在香港定居，其後代成為土生土長的南亞裔香港人，他們都有自己的母語，例如印度人説印地語

---

1. 粵語（Cantonese），屬漢藏語系漢語族的一支，又稱為廣州話、廣東話、廣府話、白話、粵方言等。這些稱謂並非同義關係，撇開純語言學上的學術討論，為方便行文，本書統一使用「粵語」一詞。

（Hindi）、巴基斯坦人説烏爾都語（Urdu）、尼泊爾人説尼泊爾語（Nepali）。由於粵語是社會上最廣泛流通的強勢語言，無論新界原居民或非華裔香港人，即使有自己的語言傳統，為了融入主流社會不少人仍會選擇學習粵語口語，以及具本地特色、包含粵語元素的港式中文書面語（有關粵語更多論述，參見第三章〈「三語」政策下粵語的使用現況、定位與發展〉，頁 71）。

至於英語，其為英國本土及其殖民地的官方語言，英殖時期定居香港的英國人（多為公務員、軍人、商人及其家眷）只佔少數，回歸後政府統計處四次人口調查顯示以英語為慣用語的居民約佔總人口 2.8%–4.3%。雖然以英語為母語的本地居民一直以來都只屬小眾，然而香港自開埠至今，基於政治、經濟和法律等因素，英文始終是本地的官方語文。即使中文於 1974 年獲港英政府立法通過與英文享有同等法律地位，而回歸後根據《香港基本法》第九條同樣成為法定語文，[2]但英文在本地政界、商界、法律界仍具舉足輕重的地位，例如許多昔日沿用至今的法律條文，仍以英文版為準。本地的公務員及一般政府合約非公務員職位，招聘時大部分都對中英文水平有一定的要求，愈高職級所需要求亦較高。即使不提過去英殖因素，由於英語是國際間最通行的語言，香港作為金融商業活動頻繁的城市，對外往來、各類商業活動必須依靠英語水平較高的優秀人才是完全可以理解的。

普通話方面，《中華人民共和國憲法》（1982）「總綱」第十九條中明確規定：「國家推廣全國通用的普通話。」這是適用於內地各方言區的政策。殖民地時代普通話在香港並不重要，直至回歸之前，港府逐漸認識到與內地交流的重要性，遂開始逐步加強普通話教育，例如在學校內單獨設立普通話課。回歸後隨着中港交流頻繁，新移民湧入，以普通話為慣用語的人口也逐漸有所增加。內地近年經濟發展快速，與內地投資合作帶來大量商機，這都需要流利的普通話；而中央政

---

2. 法律條文之序數，使用中國數字或阿拉伯數字，乃按照文件之原文，全書同。

府近年逐步將香港納入國家發展大局之中，2015 年國家文件在「一帶一路」中提出粵港澳大灣區，加上 2019 年《粵港澳大灣區發展規劃綱要》（政府新聞公報，2019）的出台，可預見隨着粵港澳合作更加深入及廣泛，普通話的語言人才將有助商界開拓內地市場。除了經濟上的實用層面，學習普通話具有另一層重要意義，內地於 2000 年通過《中華人民共和國國家通用語言文字法》（Law of the People's Republic of China on the Standard Spoken and Written Chinese Language），訂明國家通用語言是普通話，香港既已回歸祖國，普通話作為國家語言，香港人自然有認識並掌握普通話的義務。

香港特別行政區以「兩文三語」作為語文教育政策的核心，矢志培育具有良好語言能力的人才，而香港對人力資源的需求，與經濟環境有着極為密切的關係。香港的經濟環境因外圍變化而經歷過多次變遷，自二十世紀兩次世界大戰之間至五十年代末，受惠於地緣位置，香港進出口貿易繁盛、發展興旺，逐漸需要更多相關人才，其中包括負責對外聯絡溝通，與世界各地業界密切交流的從業員。五十、六十年代由於時局變化，大批內地難民湧入，為香港增加了不少勞動力，其後的二、三十年，本土工業發達，製造業成為香港主要的經濟支柱，讓「香港製造」（Made in Hong Kong）這一標籤盛極一時。這時期的社會，除了需要大量本地工人，亦需要能靈活運用英語的工商界人才。隨着社會分工和生產力進一步發展，更多細分行業不斷誕生並成長起來，若要成為金融界、工商界、法律界、教育界以至踏足政界的中高層人員，良好的英語能力必不可少。

二十世紀七八十年代的香港仍未踏入知識型經濟主導的社會（knowledge-based economy），當時香港只有兩間大學，升學競爭非常激烈，尤其是以英語教學的香港大學，錄取率僅為 2.4%（Poon, 2010, p. 36）。大學畢業生由於具備專業能力，英語水平又高，不愁找工作，高薪厚職不在話下，那時的大學生遂有「天之驕子」之稱。大學畢業生普遍擁有高水平的英語讀、寫、聽、說能力，縱然在數量上對比整體人口仍屬少數，但由於當時社會發展正處於起步階段，對有關人才的需求量與今天比較不可同日而語，因而尚未出現人才短缺的情況。八十年

代中期以後，香港經濟起飛，租金及薪酬的上升導致大量廠房轉往成本較低的內地繼續經營，製造業逐漸式微，在香港取而代之的是知識型經濟，其中發展最蓬勃的是銀行業、投資及金融業、進出口業、電訊業、運輸及物流業、旅遊業、酒店業、餐飲業、保險業、批發及零售業，以及地產服務等行業。隨着新興行業發展，社會的勞動力組成也跟着改變。過去以製造業為主的社會，需要大量勞動力，普遍學歷要求較低、語言能力要求也不高，但當社會結構向知識型經濟轉變，擁有較高學歷、較佳語言能力的人士，逐漸成為社會勞動力的主要構成部分。除了高層職級需要運用英語，就連一般本地公司之間的聯絡、與客戶溝通往來、閱讀資料和文件，以至公司內部的資訊傳遞、各項文書記錄，都需要一定的英語能力。

與此同時，回歸前香港人在職場上已開始運用普通話，這與中國近幾十年的發展有關。在上世紀八十年代，由「改革開放的總設計師」鄧小平領導的共產黨中央政府熱切推動和執行改革開放政策，鄧小平提倡黨的實用主義社會政治路線，即後來所說「有中國特色的社會主義」（socialism with Chinese characteristics），使中國內地從自我封閉的共產國家，慢慢轉變為愈來愈倚賴出口業的經濟體。中國在 2001 年加入世界貿易組織（World Trade Organization，簡稱 WTO），邁出融入全球經濟體系的第一步，並在 2010 年取代日本成為世界第二大經濟體，更在 2013 年首次超越美國成為全球最大貿易國（世界貿易組織《全球貿易數據與展望》）。這些顯著的成就影響着香港的人力資源分配和需求。從地緣政治的角度出發，香港位於中國南海前沿，直至 1970 年代末改革開放前都是中國通往世界的唯一門戶。隨着愈來愈多內地人加入區域性商圈，以普通話為媒介的商機和貿易往來不斷增加，務實的香港人開始學習以普通話跟內地夥伴、客戶溝通。1997 年 7 月 1 日香港回歸中國，特區政府因勢利導積極提倡「兩文三語」語文政策，大力推行普通話，編製課程教材，制定教師語文基準，使普通話在香港中小學教育中得以長足發展，成為回歸後香港基礎語文教育的重要成果之一。

2009 年 4 月，由特區政府牽頭成立的經濟機遇委員會（Task Force on Economic Challenges，簡稱 TFEC）列出六個有未來發展潛力和優勢的產業，分別是檢測和認證、醫療產業、創新科技、文化及創意產業、環保工業和（國際）教育產業（GovHK, 2009）；政府認為這些優勢產業均對保持香港持久活力和促進未來發展至關重要。及至 2019 年，政府在《施政報告》中提出將「繼續支持香港傳統四大支柱行業，即金融服務、旅遊、貿易及物流和專業及其他工商業支援服務，亦致力推動創新及科技、文化及創意和環保產業……把握『一帶一路』倡議和粵港澳大灣區帶來的機遇，為香港經濟帶來新增長點，為香港企業和專業服務拓展更大的市場」（第 47 段）。而隨着《粵港澳大灣區發展規劃綱要》（2019）出台，特區政府未來的重點工作包括：

(1)　鞏固和提升香港國際金融、航運、貿易中心和國際航空樞紐的地位；

(2)　建設國際科技創新中心；

(3)　為優勢範疇開拓發展空間；

(4)　加強大灣區內城市互聯互通；

(5)　推動青年創新創業；

(6)　充分用好香港的國際聯繫和國際網絡，向海外推廣大灣區，吸引資金和人才落戶大灣區。

從政府的未來規劃可見，無論是面向國際而發展的優勢產業，還是未來與內地共同合作發展的重點工作，對中文（包括粵語、普通話和標準書面語）和英文能力都有極高的要求。

通曉兩文三語的人才需求日益增加，這也反映在接受專上教育的學生比例上，從 1980 年代初適齡組別的 2.4%，增加至 1990 年代中的 18%（Lin & Man, 2009; Poon, 2010, p. 33）。然而，倘若翻查文獻，即可發現似乎在中小學義務教育之外，其他用於提升全民兩文三語水平的措施明顯有所不足，以致近年港人的語

文水平一直為人詬病，特別是年青一代。加之，即使香港教育已經連番改革，中小學的語文教學多年來仍不斷受社會各方批評，要求檢討改進的聲音此起彼落。香港人俗語說「有危即有機」，或許目前在整體中英文能力下滑的危機下，亦是重新審視語文教學、扭轉頹勢的契機。

兩文三語的困境、母語教學與教學語言分流

香港是國際化的大都市，從二十世紀八十、九十年代開始漸漸蛻變成知識型經濟體，而能否維持這種經濟模式，語言人才是成敗關鍵之一。香港屬外向型經濟（export-oriented economy），大部分經濟活動，面向國內外市場，都要求頗高的英語和普通話能力，故此這兩種語言對香港社會經濟的活力、持續繁榮和長遠發展非常重要，英語和普通話在香港特區政府語文教育政策中一直扮演着重要角色。

香港的「兩文三語」政策也非一開始就確立。在英國殖民統治時期，政府文書大都以英文為主，中文沒有法律地位。1970 年代起，香港教育界及大專學生開始爭取中文成為法定語文（official language）。1974 年 2 月，港英政府通過《法定語文條例》（香港法例第 5 章），確立「在政府或公職人員與公眾人士之間的事務往來上以及在法院程序上，中文和英文是香港的法定語文。」（《法定語文條例》第 5 章第 3 條第 1 節，1995 年修訂）中文才與英文享有同等的法定地位。在過去很長時間，香港法庭都使用英語審訊，直到 1995 年底，才出現首宗以粵語審訊的案例。

回歸後從第一任行政長官董建華開始，因應香港社會長遠發展所需，「兩文三語」一直為香港語文教育政策的終極目標，期望中學畢業生中英兼擅，能書寫通順的中、英文，操流利的粵語、普通話和英語。然而實行起來卻困難重重，這是由於香港社會長期欠缺說英語和普通話的自然環境，導致英語和普通話的推廣發展緩慢，或者準確來說是缺乏行之有效的發展措施。政府意識到要確切地把

香港是國際化的大都市，從二十世紀八十、九十年代開始漸漸蛻變成知識型經濟體，而能否維持這種經濟模式，語言人才是成敗關鍵之一。

握兩文三語，必須透過不同向度的支援鼓勵市民持續學習。教育部門為了推行這項政策，回歸後一直在義務教育、高等教育和在職進修等不同層面上投放大量資源，以期提高市民運用中英文的能力。迄今為止僅在教育範疇裏，政府已投放了數以十億元於以下項目：

(1) 在教育局內專門成立「語文學習支援組」以配合政策有效推行；

(2) 在常規撥款以外為中小學提供額外津貼，提升語文水平；

(3) 設立語文基準試、語文教學資料庫，以保證中小學老師的語文水平達標，並提升整體語文教學的質素；

(4) 提高對大學生的語文要求，包括中英文科在公開試中必須取得一定成績、並向高等院校提供額外資助等；

(5) 為少數族裔提供語文學習的支援，特別是中文科和普通話科。

這些政策措施說明了政府推行語文教育政策的決心。不過，就教學效能而言，Poon（2010, p. 47）曾指出：「在 1997 年主權移交後，即使政府已花了數以十億計的公帑以推廣兩文三語政策，但諷刺的是，香港學生的語文水準卻進一步下滑，尤其是英語水平。」這一評論實在可圈可點。若情況未能改善，難免阻礙社會穩定發展。

在香港這個「亞洲國際都會」，要達成通曉中、英「兩文」和粵、英、普「三語」的任務，面對着三個頗為嚴峻的問題：第一個問題，是香港人在現實生活中

缺乏使用和練習英語與普通話的語言環境。換句話說，這兩種語言的地位就像外語，香港的粵語慣用者很少在日常生活中使用。在香港，粵語使用者之間的談話假若僅使用英語或普通話，會非常引人注目，帶頭說英語或普通話的人甚至需要說明使用有關語言來溝通的原因。從另一個角度而言，基於人口組成或慣用語言模式，香港長久以來都被歸類為屬於以粵語為主要語言的華人社會，故居民之間的溝通，廣受接納的非標記（unmarked）語言無疑是粵語。正如 Bolton（2003）所觀察，在更早期有關香港人語言使用習慣的社會語言學研究裏，不少評論都指出香港是一個族羣相對單一的社會。香港人的語言身份意識根深蒂固，在日常生活中甚少以外語溝通，導致許多英語學習者不得不向語言中心繳付高昂的學費（通常以每小時計算），而僅僅為了得到以英語為母語的導師從旁指導的機會，與其他目標相同的學習者一起練習目的語。這些學習者所需要的，就是反覆練習的機會，借用某間語言學習中心廣告標語的說法：「『學習』英語是錯的！」（English Town，2009 年 5 月）。其實要掌握英語並非單單透過學習，多練習才是正確的教學理念，「習」比「學」重要得多。而學習普通話的情況亦相同，許多人意識到能說高水平的普通話能增加工作機遇，然而在課堂之外卻難以在日常生活中找到練習的機會，因而除了向語言中心求助之外別無他法（Li, 2017）。

第二個問題，是目標語言的學習困難，中文（粵語、標準漢語）和英文在語言學上從語音、語法、詞彙、敍事方式以至書寫系統本來就存在高度分歧。從語言類型學（linguistic typology）角度來說，漢語和英語屬於不同語系，上述各種語言特徵的差異極大。就習得的難易程度而言，粵語使用者從母語獲得的語言知識甚少能遷移至英語學習之上，英語對大部分操粵語為主的香港人來說更像外語（foreign language）而非第二語言（second language）。另一方面，香港人要學習普通話同樣不容易，雖然在詞彙上，普通話與粵語存在大量同源詞（cognate），而且書寫系統均為漢字（暫不論繁簡之別），但由於粵語和普通話的語音各有特色，且在音調音韻上有不少容易混淆之處，香港的粵語使用者在不同階段努力掌握普

通話發音系統的過程中，所遇到的種種困難不容忽視，語言、認知和學習三者之間的關係仍有待進一步研究（參見第二章第五節「從對比語音學看普通話學習難點」，頁 58）。平情而論，標準中文的遣詞用句以普通話為基礎，從「言文一致」的角度來看，基於粵語和普通話之間的明顯差異，以粵語為母語的香港學童在學習書面中文時，實際上無法做到「我手寫我口」，由此便產生了雙語的間隙，學生必須克服閱讀和寫作時所帶來的學習困難。這種口語和書面語之間的分工，類似古代中國、韓國、日本和越南的言文分工模式，令香港成為東亞仍然使用這種雙語制的主要地區，可稱為「現代雙語模式」。粵普差異造成的雙語間隙，引伸出來的其中一個問題，是說粵語的學生學習以普通話為基礎的書面語，如何能消除雙語制所帶來的學習困難？雖然政府曾資助不同的研究項目，去探討以普通話作為教學語言的學習效能，但這些研究通常是小規模的，而已公開發表的實證研究又相對較少（Li, 2000, 2006, 2015a, 2017）。

第三個問題，是目的語水平應達到何種程度，才算適宜和合理。客觀而言，政府、商界及教育界從未具體明言「兩文三語」應該達至何種水平，究竟是「程度均衡的兩文三語」（balanced biliteracy and trilingualism）還是「功能主導的兩文三語」（functional biliteracy and trilingualism）？這是制定政策的一個重要前提；而社會各界一旦就目標達成共識，我們又該如何從現有水平達至目標水平呢？Poon（2010, 2013）綜合歷史、社會、政治和經濟等多個角度，詳盡分析香港的語文問題之後，提出一個明晰有力的結論：無論回歸前或回歸後，歷屆政府都一直疏於處理香港的語文問題，主要原因是缺乏語文規劃，尤其是地位規劃，而語文規劃則正正是引導語文教育政策實施方向的藍圖。至於「兩文三語」的學習到底是「程度均衡」還是「功能主導」的問題，在衡量多語溝通環境下不同的範疇會側重不同語言、偏好語言選擇、使用難易度等一系列因素後，「程度均衡」的兩文三語發展似乎從未符合政策所描述的目標（Meisel, 2004, p. 94）。Meisel 整合了不同多語地區語言發展的研究後，提出以下觀察：

關於雙語使用者能否達至「程度均衡的雙語能力」，這問題極具爭議，曾引發多番爭論，有專家多次指出，程度均衡的雙語能力大概是不可能實現的……（程度均衡的雙語）明顯是指兩種語言的水平和表現均優……主要是因為雙語同樣頻繁地使用在所有範疇內的情況並不普遍，因此掌握均衡語言能力的雙語使用者不多。（Meisel, 2004, p. 94）[3]

在過去二十多年政府公開的文件中，其實不難從種種蛛絲馬跡中發現在目前「兩文三語」語文教育政策下，政府的真正期望是學生在中英文的「聽、說、讀、寫」四大範疇中都達至母語程度，即為「程度均衡」而非「功能主導」。考慮到以粵語為母語的人士在使用中英兩文和粵英普三語時，均有不同程度的個人語言水平和各自的溝通目的，我們始終認為「功能主導」的兩文三語才更符合現實情況，更為可行可取。

教育對下一代的人生和發展影響深遠，關乎取得社會上各種象徵性資本（symbolic capital）的機會（Bourdieu, 1986, 1991），因此不難理解為何社會大眾對教學語言會如此關注。有關的社會關注，又反過來解釋了在分流政策之下，為何學校的教學語言會成為其學術水平及排名的指標。要了解錯綜複雜的教學語言爭議，以及後來微調政策的轉向，必先要明白「母語教學」推行的來龍去脈。1978年，香港開始推行九年義務教育（小一至中三）。1981年，政府委任呂衛倫（Sir John Llewellyn）為國際顧問團主席，帶領四人專家小組，檢討香港的語言情況和教育制度。經過全面調查及與不同持分者會面之後，小組於1982年向政府提交《呂衛倫報告書》（Llewellyn Report），明確地指出當時的困境，並闡明可行的政策建議。儘管當時社會已廣泛意識到，學生以母語學習是最為有效的（聯合國教

---

3. 原文為：The question of whether a bilingual person can achieve (...) 'balanced bilingualism' has led to controversy, and it has, indeed, been argued repeatedly that such balanced bilingualism might not be possible. (...) [balanced bilingualism] clearly refers to language proficiency and to performance in both languages. (...) Mainly because most bilinguals do not use both languages equally frequently in all domains, they tend not to be 'balanced' in their proficiency for each of the languages.

科文組織 UNESCO，1953），但專家小組亦了解到，香港經濟繁榮的持續發展和政府的有效運作，很大程度上依賴為數不少精通英語的人才。面對這樣一個「在公共政策上典型的兩難境況」，呂衛倫認為有必要作出最明智的選擇。倘若把香港華人的母語排在首位，結果或會導致香港失落國際金融中心的地位，政府運作也將受到嚴重影響；另一方面，若要確保有足夠的英語專才，就不得不犧牲「大部分學生的學習效益」作為代價（Llewellyn et al., 1982, p. 34）。呂衛倫從維護香港社會最大的利益出發，在報告書中提出了折衷方案 —— 小學教育中完全採用母語教學，中學教育以及之後的專上教育，逐步推行中英雙語教學政策（p. 34）；報告中的建議為十多年後的母語教學、教學語言分流政策埋下了種子。

《呂衛倫報告書》（1982）發表之前，多個由英國教育研究人員和專家組成的小組都曾提出香港應採用本地學生的母語作為教學語言，然而提議一直被殖民地政府所漠視，理由是社會上的語言需求，以及英語在國際貿易和商業上佔有不可或缺的地位，社會和經濟因素遂成為了當局反駁「母語教學」的掩飾託詞。然而，1984 年中英雙方簽署《中英聯合聲明》（Sino-British Joint Declaration）之後，香港的政治未來已成定局，港英政府對「母語教學」的態度就出現了變化。《呂衛倫報告書》另一項深遠的影響是建議成立「教育統籌委員會」（Education Commission），定期檢討香港的語文教育政策，其中包括權衡長、短期的工作重點，仔細檢視所需的教育資源，以及擬定政策綱領供政府考慮及參考。教育統籌委員會（教統會）終在 1984 年 2 月成立，直至 1997 年香港回歸中國，十三年間共發表了七份報告書，內容全部傾向支持「母語教學」，而在《教育統籌委員會第四號報告書》（ECR4, 1990）中，教統會更提出了具體的教學語言分流政策。1997年 3 月，教育署發表《中學教學語言強力指引》（1997a）諮詢文件，後經修訂於同年 9 月推出《中學教學語言指引》（1997b），為現行的中學教學語言安排定下基調（Lee, 1998, p. 113; Poon, 1999）。

回歸後第一任行政長官董建華曾在 1997 年、1998 年和 1999 年的三份《施政報告》和隨後的《工作進度報告》中，公佈了「兩文三語」的語文教育政策及貫

徹這一政策的具體措施。回顧本地授課語言的狀況，1997 年香港中學 467 間中，以中文為教學語言的中學（Chinese as medium of instruction，簡稱 CMI，中中）有 74 間，佔全港中學 16% 左右，以英文為教學語言的中學（English as medium of instruction，簡稱 EMI，英中）則有 393 間，除了有關中文的科目用母語教學以外，其他科目都要用英文教學。從英文中學教師的英文水平和學生的接受能力兩方面來分析，實際上很多都達不到英文教學的要求。回歸後，香港教育統籌局（今教育局）於 1997 年 9 月發出了《中學教學語言指引》，建議所有官立和津貼中學在 1998–99 年度的中一開始，必須採用中文作為教學語言，並逐步把母語教學擴展至各級。1997 年 12 月，《中學教學語言指引》評審委員會由 124 間申請英語為教學語言的學校中，根據評審準則批准了 100 間學校，後經一些學校申訴再審又增加了 14 間，即共 114 間中學可採用英語為教學語言，因而在本港用母語教學的學校由 74 多間大幅增至超過 300 間，佔全港中學的四分之三，可謂達到了政府推行「母語教學」的目的（田小琳，2001）。另一方面，教育當局亦盡可能安排有能力使用英語學習的學生接受英語授課教育，以提升英語教學的效能。在 2010–11 年度之前，全港小六畢業生在「教學語言分組評估」（Medium of Instruction Grouping Assessment，簡稱 MIGA）計分機制中被篩選；而自 2010 年 9 月起，MIGA 被新的「中學學位分配辦法」（Secondary School Places Allocation，簡稱 SSPA，即「升中派位」）所取代，新辦法按成績所反映的能力把小學畢業生分流至以中文或英文授課的中學。自 1997 年回歸以來，「母語教學」政策已實施超過二十年，不同研究調查都顯示語文學習的效果不盡如人意。更甚者，此政策引起不同持分者各種各樣的不滿（見表 1.1）。

根據 Poon（2010）的綜述，回歸後的「母語教學」政策原擬涵蓋所有中學，包括政府官立中學，亦即全港所有中學全面實行中文教育，但後來因為受到媒體的廣泛關注及嚴重抨擊，以及教育界的強烈反對而調整為「教學語言分流」，最終共有 114 間中學通過評審，獲准採用英語教學。Poon（2010）指出「母語教學」政策推出時，雖然受到政府中學校長協會、香港教育專業人員協會，以及香港教

表1.1　各持分者對中學教學語言安排的不滿

僱主	聘請英語或普通話能力高的僱員遇到莫大困難。
家長	不滿子女接受以英語作為教學語言的學習機會減少。
中中校長	無奈接受公眾成見帶來的傷害，大眾一般認為學校英語教學「能力不逮」；學生數目亦因而逐年減少，對學校的前景帶來威脅。
英語教師	難以完全遵從教育局不容許任何形式的課堂語碼轉換（classroom code-switching，又稱中英混雜語授課）的指引。指引中的教學方式對學生全面掌握課程內容帶來窒礙。
中中學生	必須忍受被社會標籤為「二等」學生。
英中學生	必須使用並非最熟悉的語言來學習，並要應付隨之而來不同程度的認知學習問題。

改編自Li (2017)

育工作者聯會的普遍支持，可是大部分家長、教師和學生對此政策顯然出現程度不一的牴觸情緒（p. 38）。香港青年協會曾於1997年8月進行過相關調查，訪問結果顯示，縱使55%的學生和家長認同在課堂上「以中文作為授課語言」能有效地提高教與學的效果，但卻有高達73%的學生和家長擔心以中文授課會減少接觸英語的機會，從而影響英語水平，同時亦有超過一半的受訪者認為，中文中學的學生日後考取大學時將失去競爭力。基於不同學校的家長教師會，曾不約而同地於本地數份主要報章刊登廣告以示對英文授課的支持這一事實，Poon（2010, p. 38）認為在伴隨「母語教學」而來的教學語言困局中，家長和教師作為主要的持分者，其憂慮實不容忽視。

主要持分者的關注與教學語言微調政策

「兩文三語」政策是按香港社會的實際需要所制定的，其背後的推動原因顯淺易見。香港這個前英國殖民地於上世紀末審時度勢，逐漸轉型為知識型經濟，而社會轉型意味着更高的語文要求，以面對未來的挑戰和衝擊。香港既無法擺脫

對兩文三語的需要，在短時間內也難以扭轉市民的語言習慣，這是一個不得不接受的現實。在欠缺有利於語言學習的環境下，加上中文和英文之間，以及粵語和普通話之間存在巨大的語言差異，要解開上述教學語言的困局，似乎沒有既簡單又快捷的辦法。

香港的語文教學政策，近二十年來一而再、再而三地引起爭論。縱然英語很少作為羣體之間的口頭溝通媒介，英語對白領階層的重要性卻實在無可置疑，對大部分香港人而言，英語更是從幼稚園到高等教育都必需要學習的科目，而學校亦幾乎是接觸英語的唯一地方。香港的學校於小學教育階段，除了英文科，教學語言主要是粵語，只有少數例外。到升讀中學開始，根據 1998 年 9 月實施的「母語教學」政策，教育當局訂明了除非校方能夠證明不少於 85% 中一新生有能力使用英語進行有效的學習，否則中學必須以中文作為授課語言（即口語為粵語，書面語為標準中文）。而所有中學的英語教師，都要通過嚴格的考核基準才能獲得相關的教學資格。[4] 教學語言分流機制落實之後，各主要持分者曾表達以下關注：

(1)　**僱主**

香港現今的商業環境就如其他大中華地區一樣，精通多語的人士擁有無比的優勢。多語人才日漸受到跨國企業的重視，並將之視為商業上通往成功的鑰匙（Li, 2017）。因此本地僱主對推行母語教學所帶來的「英語能力下降」問題也相當關注，而商界領袖就香港學生「英語能力下降」的意見，亦經常被傳媒重點報道（Bolton, 2003）。雖然類似的批評並未蔓延至香港人的粵式普通話，但隨着本地商界在中國內地的業務增長，各行各業日漸重視普通話的應用，類似的批評日後或可能頻繁地出現。而為提升僱員的語文水平，企業近年紛紛透過內部培訓或以資助各類語言增值

---

4. 即「教師語文能力評核」（Language Proficiency Assessment for Teachers），又稱為基準試，是香港語文科老師入職前的評核考試，由香港考試及評核局及教育局共同主辦。

活動的形式提升員工的語言溝通技巧，尤以專業英語和商務普通話的課程備受關注。

(2) **家長**

大多數香港家長都竭盡所能努力為他們的下一代培養英語能力，例如聘請以英語為母語的私人補習導師，為子女報名參加各類以英語進行的課後興趣班，利用暑期報名參加海外沉浸式英語課程，甚至舉家搬遷到英文中學集中的地區，以增加子女獲派第一組別學校的機會等。經濟條件允許的話，大部分本地以粵語為母語的家長都會採取主動，確保自己的子女從學前到大專教育的激烈競爭過程中「不要輸在起跑線上」，而在這個漫長的篩選過程中，英語能力的改善與子女的人生機遇可謂緊密相連。就學習效果而言，在課堂以外得到額外英語學習支援的學童，其能力水平通常比僅僅在學校接觸到英語的同輩更為優勝（Lin, 1997a）。然而，許多香港家長並未意識到，如此排除萬難將子女送往英文中學學習，學習成效實有賴兩個關鍵因素：其一，能提供多少課堂以外的英語學習支援；其二，在兒童語言習得的黃金時期（4–8 歲），子女用英語學習知識性科目的根基是否紮實。

(3) **校長**

校長有責任確保學校不被殺校，而學校的命運與能否吸引成績優秀的學生入讀密切相關。香港的家長傾向讓子女在英語授課的學校學習，故此學校若能通過評審機制，獲確認為英語授課的中學，優勢自然大增。政府也着力把關，每年均投入大量資源監察英文中學，檢測教師質素和英語教學能力。在母語教學的政策下，其中一個重要爭議在於中文中學被標籤，令「中中」的學生與「英中」學生相比較次一等。這一點一直是支持及反對母語教學政策的巨大分歧，也是後來於 2009 年引入「教學語言微調」政策的主因（Poon, 2013）。對於中文中學的憂慮，教育當局曾表示

「微調」措施的目標之一是為了模糊「中中」和「英中」的分界線,以減低教學語言分流政策伴隨而來的標籤效應和社會偏見。

(4)　**教師**

有關教學語言分流政策,前線教師最為關注的有兩點。第一,以中文學習的學生被社會大眾標籤為學習能力較遜的一羣。第二,不論是「中中」或「英中」,教育當局目前仍不接受英語教師在英文課堂上混用雙語,理由是「混用」粵英兩種語言會令學生減少接觸英語的時間;在這指引之下,當學生出現學習困難時,雙語教師無法轉用學生最熟悉的語言去講解學習內容。有關第二點,不少研究都曾提出具彈性的雙語教學法,讓學生的母語轉化成學習資源並融入到教學策略之中,並以之作為循序漸進學習目標語言的踏腳石 (Cenoz, 2015; Chan, 2015; Lin, 2015a, 2015b; Lin & Wu, 2015; Lo, 2015; Lo & Lin, 2015; Tavares, 2015)。

(5)　**學生**

對小學生而言,語言分流的升中派位政策,篩選程序嚴謹,但這正正是構成學習焦慮的主因。升中派位結果公佈之後,無論獲派到英文或中文授課的中學,學生都各有擔憂:「英中」學生擔心需要花大量時間,去記背教科書裏沒完沒了的英語專業術語詞彙;而「中中」學生則擔心因接受母語教學,導致特定範疇內英語學術詞彙量不足,日後升讀大學時將處於劣勢。事實上,不少研究均顯示中文中學的畢業生因為對英語的學術用語缺乏認識,在公開考試中喪失優勢,以致其入讀大學的機會大減。到底何時才是從中文授課轉到英文授課的最佳時機(即中四、中五還是中六),這問題顯然非常棘手。平情而論,現時全港接受中文授課的中學畢業生約佔七成,他們是各個持分者組別裏最為脆弱的一羣,對標籤效應所帶來的傷害有切身的感受,要克服「二等學生」所造成的心理障礙,實屬不易 (Li, 2017)。

至 2005 年，政府曾就強制以中文作為教學語言的政策展開檢討。在 2005 年 12 月教育統籌委員會（教統會）發表的《檢討中學教學語言及中一派位機制報告》裏，上文提及的要求保持不變，報告同時亦交代設立這些要求的目的，是為了確保選擇英文授課中學的學生有能力使用英文作為學習媒介，至於學生是否符合有關資格，則由「教學語言分組評估（MIGA）」的結果去決定。評估分為三個組別：

(1)　　以中文或英文學習同樣有效；

(2)　　以中文學習更為有效；

(3)　　以中文學習更為有效，但亦可以用英文學習。

教統會公開報告後，旋即惹來各方嚴厲批評，事情連日被大眾傳媒大幅渲染，在承受了一定的社會壓力後，教育局最終作出讓步。局方於同年宣佈引入新機制，中文授課中學有機會「上車」成為英文授課中學，而英文授課中學若不能通過嚴格的評審要求，就必須「落車」變為中文授課中學，這個機制被本地教育界人士稱為「上落車機制」。然而後續發展卻頗具戲劇性，時任教育統籌局局長羅范椒芬在香港教育學院（香港教育大學前身）風波中被指干預學術自由，負面新聞被媒體長時間廣泛報導，事情擾攘一番最後在 2007 年 6 月以局長下台作結，而有關的新機制亦因局長辭職而遭到擱置。直至 2009 年 5 月，教育局才再推出雙重語言分流的「教學語言微調政策」（fine-tuning policy of medium of instruction），以取代「上落車機制」，並於 2010 年 9 月正式實施（教育局，2009，2010，2012a，2012b）。微調框架適用於初中，讓學校更自由地選擇特定班級或科目的教學語言，學校可以在符合「學生能力」、「教師能力」和「學校支援配套」的三項條件下，採用最適切的教學語言（須為教育局指引列明的科目）。自此學校不再二分為「中中」（CMI）和「英中」（EMI），所有學校均享有不同程度的酌情權，可在六年為一周期內的每個學年，按校本情況以其專業判斷訂定教學語言安排。簡單來說，所有中一學生均可以用英語來學習的中學，可讓部分學生以母語學習部分非語文科目；與此同時，採用母語授課的中學也可在課堂上實施延展英語教

學活動，以增加學生在校內接觸英語的機會。[5] 微調方案旨在透過模糊中文和英文授課學校之間的界線，從而減低標籤效應及減少社會分歧，值得社會支持。使用不熟悉的語言作為學習媒介，本來就不容易吸收知識、分析問題，過程疲累且充滿沮喪，遑論發展探究精神及培養敏銳的思考能力。故此，語文教育政策最終還是需要更多措施配合，學生的認知及學習能力才會有更佳發展。

課堂單一語言環境與彈性雙語教學

現再回頭檢視香港的教學語言政策措施，政府於 1996 年 3 月公佈《教統會第六號報告書》，重申「母語教學」政策的目標，為確保學校採納授課語言建議，報告書要求教育署制裁有違指引的學校。按照教學語言分流機制，小學畢業生根據他們在「教學語言分組評估（MIGA）」的中英文學術成績，分流至英文或中文授課的中學就讀；亦即是說在九年強制教育之下，在中學頭三年內實施「晚期沉浸式教育」（late immersion education），一直至初中畢業。有關政策規定教師和學生應於課堂內使用單一語言，即英語或粵語，課堂中任何形式的「語碼混用」（code-mixing）均會被視為不利目的語的發展，尤其是在英文授課中學的課堂上，「語碼混用」常被視為學生英語能力不足的明證。英語課堂上「單一語言環境」的推行，是基於 1990 年 11 月公佈的《教育統籌委員會第四號報告書》（ECR4, 1990）中「最大接觸」（maximum exposure）的假設。根據報告書的評估，全港只有大約三成的學生有能力以英語學習，因而教學語言分流計劃的主要構思，是盡力增加學生在課堂上接觸英語的時間，以促進英語能力的發展。報告書又同時指責英語教師在課堂上中英語碼混用（pp. 100–101），要求政府定期檢討和監察中學教學語言的使用，有需要時應採取更有效的措施，協助老師減少使用中英混雜語授課，以免學生的英語水平下降。與「最大接觸」假設相應的措施為：（1）教

---

5. 見立法會教育事務委員會討論文件《香港學生中、英語文水平及微調中學教學語言安排事宜》（2015 年 12 月 14 日，編號 CB(4)321/15-16(01)）「背景」一節。

無論是社會上還是課堂上，出現「語碼混用」的成因其實非常複雜，籠統地將「語碼混用」視為窒礙學生目的語（英語）發展的元兇，理據非常薄弱。

學、教材和考試三方面都只採用一種語言；(2) 按照學生的英文水平為他們分組（MIGA）。「最大接觸」論的前設最早可以追溯至 1984 年 10 月發表的《教育統籌委員會第一號報告書》（ECR1, 1984）中有關語文教育的六個建議，當時提出以目的語作為「單一教學語言」，目標是使學生成為流利的英語使用者。Tung（1992, p. 128）認為《教育統籌委員會第四號報告書》以「最大接觸」論作為前設，一方面是嘗試討好商界，滿足他們聘請英語員工的需求；另一方面是要滿足家長的期望，將英語授課與子女前途劃上等號。Tung（1992）進一步指出，提倡純粹的「最大接觸」論以爭取社會大眾支持是一種誤導，因為這個未經實證研究檢測的理論在學術討論中受到廣泛質疑。我們不禁要問，假若按照當局的評估，全港只有大約三成學生適合用英語學習，那麼剩下的七成學生呢？從教育的角度來看，為了增加接觸目標語言的機會而棄用學生較為熟悉的母語，不惜犧牲學生對學科知識的理解，這樣的理念在道德上顯然是站不住腳的（Tung, 1992, p. 128；另見 Cummins & Swain, 1986, p. 80; Li, 2017, p. 154）。

事實上，無論是社會上還是課堂上，出現「語碼混用」的成因其實非常複雜，籠統地將「語碼混用」視為窒礙學生目的語（英語）發展的元兇，理據非常薄弱。愈來愈多專家認為，課堂上的語碼轉換（句外層面）或語碼混用（句內層面），絕非低質素教學的元凶，假若運用得宜，反而有望成為在知識學科課堂上能提升教學質素的工具（Li, 2017; Lin, 2016）。換句話說，所謂「語碼混用」，完全有條件成為雙語老師的教學法之一，讓學生的母語轉化為他們掌握英語學習內

容的重要資源，令學習英語課程內容的障礙得以減少，過程變得較為暢順。至於課堂外的「語碼混用」，不少實證研究均顯示，以粵語為母語的學生使用「語碼混用」是由「教學語言效應」（medium-of-learning effect）所引發的，即以英語作為第二語言的學生，對英語專有詞彙產生心理上的依賴，正正是以英語作為教學語言所導致的直接後果（Li, 2008, 2017; Li & Tse, 2002）。「語碼混用」明明是隨着英語沉浸增加而出現的一種語言中介（interlanguage）現象，但卻被社會視為弊病，引起各種誤解，教育局甚至推行禁止在課堂上出現「語碼混用」的政策。有關舉措實際上等同扭曲學生的心理成長，窒礙語言水平的提升。

政策實施多年後，從歷年公開考試的英語成績可見，[6] 晚期沉浸式教育政策的成效似乎不及預期。更令人失望的是，經三個縱貫式研究（Tsang, 2002, 2006, 2008）的實證發現，雖然中文中學中一生的早期學術表現更勝英文中學的學生，但隨後差距會漸漸收窄；而相比從初中就用英文學習的同屆學生，中文中學的學生入讀大學的機會低一半。這個客觀的結果引來社會極大迴響，並引發了就不同雙語教學方式的辯論。以目前大環境來說，要提升香港人語言水平的方法相當有限。鑑於課堂教學是大多數香港人接觸英語和普通話的唯一途徑，在將近二十年間，學術界一直就教授英語（和普通話）的最有效方法爭論不休。[7] 若要進一步調整政策，必需先就本地的雙語教學策略進行有系統的實證研究，方能總結出有意義的學習規律以制定教學計劃。其中一個備受注目的替代方案由 Lin & Man (2009) 提出，他們曾就教學語言爭議的關鍵問題提供了詳盡報告，當中檢視、比較了不同的雙語教學模型，以及借鑑加拿大、新加坡和馬來西亞等雙語或多語國

---

6. 2012 年 9 月之前為香港中學會考（HKCEE）和香港高級程度會考（HKALE）；2012 年 9 月之後改制為香港中學文憑試（HKDSE）。

7. 如何教授英語，見 Chan, 2015; Johnson, 1997; Johnson & Swain, 1997; Lin, 1996, 1997a, 1997b, 1999, 2015a, 2015b; Lin & Wu, 2015; Lo, 2015; Lo & Lin, 2015; Tavares, 2015；如何教授普通話，見唐秀玲、莫淑儀（2000）；唐秀玲、莫淑儀、張壽洪和盧興翹（2000，2006）。

家實施的經驗，分析它們與香港之異同，最後提出了「混合式語言教學」一說，即音樂、藝術和數學等不太倚重語言的科目用英語教授，歷史、文學和地理等較倚重語言的科目則用母語教授。

此外，練美兒（Angel Lin）的研究團隊曾以英語教學為研究焦點，採用嚴格且有條理的研究方法來進行實驗，了解沉浸式教育的不同模式、雙語教育的不同方法和內容，以及內容和語言整合學習（content-and-language integrated learning，簡稱 CLIL）的教學原則，最後就「彈性雙語教學法」得出可供檢驗的策略，並以之為基礎，嘗試解決英語學習中所遇到的種種困難。研究結果表明，學生的母語可作為課堂學習資源，為學生營造有利學習英語的環境；而理想中的雙語教學可分為兩個層次，即先鼓勵學生用母語去思考、理解複雜的問題，以母語為踏腳石，再將內容轉化為符合目標語言規則的文本（Lin, 2015a, 2015b; Lin & Wu, 2015; Lo & Lin, 2015；另見 Cenoz, 2015; Chan, 2015; Li, 2017; Lo, 2015; Tavares, 2015）。從教學進度、師生互動和學生反應三方面來看，其成效顯然值得關注、研究和進一步拓展。

近年來，學生在學習第二語言或外語如英語時，其自身第一語言的教學價值和輔助角色開始受到認同，許多應用語言學家和雙語教育專家，都傾向使用較為中性的專有詞彙如「語言穿梭」（translanguaging）（García, 2009; García & Li, 2014）、「跨語際語用」（translingual practice）（Canagarajah, 2013a, 2013b）或「彈性教學」（flexible education）（Weber, 2014）來描述有關情況。「語言穿梭」一概念首先由英國威爾斯的研究員提出，最初是指在教學時的輸入（聽、讀）為 A 語言，而輸出（說、寫）則為 B 語言（Williams, 1996）。這個術語的含意現已延伸覆蓋至所有雙語使用者之間的社交互動場景，包括在教室內外。「語言穿梭」強調語言學習動態的一面，即兩個語言互為激發，不是純粹從 A 語言轉換到 B 語言；而雙語者的語言系統其實是兩個語言的融合，並非各自分立的兩個系統。這些研究發現均有參考價值，可作為日後調整教學語言措施的依據，在清楚了解有

關課堂語言的選擇和知識學科學習成果（learning outcomes）的關係後，以評估透過「語言穿梭」來提升學習效能的可行性。

教育當局自推出「微調政策」後，似乎對英語課堂上的「彈性雙語教學」採取較為寬容的態度。雙語之間的自然轉換，是語言學上的自然現象，並不是由上而下的政策所能消除的。根據 Lin & Man（2009）的觀察，多語言轉換的教學法倘若運用得宜，不再退避三舍將學生的母語視為學習第二語言或外語的敵人，將可有效彰顯雙語教學策略的優勢（另見 Lin, 1996, 1999）。從學習者的角度而言，我們認為這個策略非常可取，不論學生的英語能力如何，課堂上的「語言穿梭」都不應禁止（Lo, 2015）。再者，與上述策略息息相關的是，倘若課堂上的雙語教學策略得到肯定，雙語教師即可以此為教學媒介，在適當時候鼓勵英語能力較弱的學生先以母語闡述觀點及展開討論，從而讓學生的母語作為加強認知和學習的寶貴資源得以充分發揮。然而需要指出的是，在英語課堂上進行跨語言的教與學，以保障學生使用母語作答的權利，並不等如鼓吹漫無目的、毫無教學理念的「語碼混用」；課堂上「雙語教學」的核心主張，是把運用得宜的「語言穿梭」視為教師雙語教學技巧之中的組成部分，其目標是要取得最大的教學成效（Lo, 2015）。一旦禁止「語碼混用」的束縛獲得鬆綁，雙語教師便可憑藉其教學經驗與專業判斷，專注設計能達致最佳效益的教學方案。Lo（2015）的研究中曾演示替代教學策略，現簡述如下（Li, 2017, p. 191）：

(1) 雙語教師鼓勵學生先以母語進行討論；

(2) 教師使用英語重新演繹學生的回應，旨在提供規範的英語表達；

(3) 在學生回答引導問題前，教師採用「思考－配對－分享（think-pair-share）」的策略，鼓勵同儕之間互相學習，以提升學生的自信；

(4) 教師循循善誘地在問答的過程中提供線索，或以改善提問方式，輔助學生使用目的語作答；

(5) 教師作示範，使用英語重複並佐以例子說明主要概念，以鞏固學生的認知。

實證研究顯示，就實踐雙語教學而言，上述教學策略若與內容及語言整合教學法（CLIL）搭配，對促進學生的二語學習，成效顯著（Lin, 2015a, 2015b）（另見第二章第三節「以『語言穿梭』提升英語學習效能」，頁 49）。

英語習得──社會語言學和語言學因素

「兩文三語」政策下，政府投放大量資源，冀望能對學生的整體英語實力有所提升，可是學習成效卻與資源投放不成正比。要了解影響英語學習的社會因素，首先得從英語在香港社會的性質説起；在香港特別行政區的教育體制下，英語到底是第二語言（second language）還是外語（foreign language）。

粵語是大部分香港人的慣用語，同時亦是鄰近廣東地區居民主要的母語及地方通用語，語言大環境乃英語長期習得發展緩慢的重要原因。近年，在香港定居的非華人比例一直低於總人口的 5%，以英語為母語的人口更一直屬於少數。上文提及，即使在 1842 年簽訂《南京條約》後的英殖時期，英國人在社會中亦屬少數，當中不少的公務員、軍人更於 1997 年香港回歸後回到英國。不過，香港成為英國殖民地後，政府官員大部分均由英國人擔任，縱然在 1974 年前港英政府並沒有在法律上確立英文的法定語文地位，英文卻是當時唯一的實際官方語文；這有助解釋社會上為何英語蹤跡處處，如街道名稱、企業名稱、教學用書、公共廣播等，不過香港人依然很少使用全英語作為溝通媒介。

在缺少使用英語和外部英語環境的情況下，使用全英語作為溝通媒介自然被視為不尋常，甚至會被認為沒有考慮到對話者的文化語言身份（So, 1998）。這個方面，香港人與新加坡人的取態大異其趣；新加坡建國後翌年（1966 年）開始實施雙語教育政策（bilingual education policy），在該政策下學校教授英語作為第一語言，並採用英語作為主要的教學語言，五十年過去，新加坡的語文政策被認為是成功的。對新加坡華人而言，在對話中隨時轉換語言或從一開始就選用英語，可謂輕鬆平常。新加坡的大環境以英語為主流，居民在日常生活中可以活用、練

習英語，自然造就了提升英語能力的機會。相較之下，大部分香港人在非工作場合當中很少使用英語，脫離學校環境之後更失去接觸和運用英語的機會。由於練習和使用量太少，英語能力日漸退步是可以理解的。正如回歸前後香港考試及評核局前局長蔡熾昌（Choi, 1998）所觀察：

> 一個讓大部分學生都能掌握英語的環境，在香港從未出現過。究其原委，原因眾多，主要是因為缺少需要使用英語的語言環境，因此拿香港和新加坡的英語水平來比較是不公平的。大多數香港學生需要在課堂以外使用英語的機會不多，他們學習英語僅僅因為它是一門需要通過考試的學科。（Choi, 1998, p. 189）[8]

從社會語言學（sociolinguistics）的角度而言，在不同學習階段出現許多常見的「錯誤」或不準確的詞彙文法問題，乃香港缺乏有利學習英語的環境所致。Setter et al.（2010）把這種偏離標準的「港式英語」（Hong Kong English，簡稱 HKE）視為「萌發語種」（emergent variety），其使用者的語言能力有相當大的差異。Bolton（2003）在「中式英語」（Chinese English）的專論中提到了「港式英語」，他指出很久之前，香港社會已經廣泛認為英語水平正在下降。在主權移交之前，港英政府嘗試透過語文教育政策去解決語文水平下降的問題，這是當時須正視的「語言問題」之一。[9] 1980 年代末至 1990 年代初，香港高等教育發生了巨大的變化——從精英化走向普及化，政府資助的大學數量從兩間增至八間，意味着更多人有機會接受高等教育。數據顯示，改革前後接受大學教育的年青人比例從以往不足

---

8. 原文為：Hong Kong has never been able to provide conditions where the majority of its students can master English. There are many reasons for this, but the prime one has to be the lack of a language environment requiring the use of English. That is why it is unfair to compare English standards in Hong Kong and Singapore. Most Hong Kong students need not use English outside the classroom [and they] study English merely because it is a school subject and they are required to pass the examination.

9. 另一個問題是課堂上「混合語碼」的使用，見 Li, 2008b; Lin, 1997c, 2000; Poon, 2010, 2013。

3% 大幅提高至 18%，客觀上導致平均學術表現下滑，當中自然包括英語水平，這是當時社會各界始料不及的。

誠然，香港教育體制經過多年發展，大專院校數量增加、升學機會提高，能夠入讀大學或於不同院校升讀專上課程的適齡人口比率自然跟着上升，而高等院校學生的學術表現，亦出現了每況愈下的情況。不過，社會各界人士如雪片般的投訴，卻常常忽略了香港人在課堂之外缺乏有利環境練習英語，學生難以透過學校以外的語境來鞏固課堂上所學知識的事實。就這種迥異於新加坡的「社會語言學生態」，So（1998）評論道：

> 香港的社會語言生態環境難以促進個人的雙語能力發展，更不消説期望他們能沿着「兩文三語」政策的方向達致中英語文俱佳的目標。事實上，現時的社會語言生態環境不僅令運用英語的空間漸趨狹窄，同時亦導致推廣普通話的政策舉步維艱。（p. 166）[10]

So（1998）的論點通過一項調查得到證實，該研究共有數千名小五、中一及中五學生參與，受訪者須從一系列導致英語和普通話學習困難的因素中作出選擇，結果大部分人選擇了「課後缺乏使用機會」（見表 1.2）。So（1998）所述的香港社會語言生態，在回歸後二十多年的今天並沒有太大的改變。由此帶出了一個值得深入探討的話題——英語在香港的功能和地位，到底是第二語言還是外語？這跟語文教與學有着莫大的關係。現實情況反映出香港華人之間絕少使用英語溝通，這使得英語的地位在口語的層面更像外語而非第二語言（Evans, 2016, pp. 91–92; Evans & Morrison, 2011; Li, 1999/2008, 2018）；但另一方面，英文是法定語文，從

---

10. 原文為：the sociolinguistic ecology in Hong Kong is not conducive to the development of individual bilingualism, let alone bilingualism in the mode of liǎng wén sān yǔ [biliteracy and trilingualism]. In fact, we are looking at a sociolinguistic ecology wherein one will find it quite difficult to promote the social spread of Putonghua, and quite easy to lose the present degree of spread of English.

表1.2　認為「課後缺乏使用機會」是語文學習主要困難的受訪人數

目的語	小五 人數（比例）	中一 人數（比例）	中五 人數（比例）
英語	573（57.4%）	761（70.8%）	979（91.1%）
普通話	340（70.3%）	303（76.0%）	115（53.9%）

1994年語文水平調查，改編自 So (1998, table 5, p. 167)

過去殖民地時代開始已被廣泛使用於政府、教育、法律及商業等主要領域，且較常以書寫而非口語形式出現，因此英文在功能上又似乎屬於第二語言。正因為英語在香港屬於非典型的外語或第二語言，因而在討論「香港英語」（Hong Kong English）的學術文獻中，各地英語研究者往往就歸類問題得出不同的分析和結論。比如 Kachru（2005, p. 90）就把香港的英語和中國的英語同樣歸類為「快速擴展」的外語；Falvey（1998, p. 76）亦抱持類似觀點，認為把英語視為香港人的第二語言是個「迷思」（myth），他基於英語「主要在課堂上習得，缺少語言環境的支援」的事實，指出英語在香港的地位其實更像外語。抱持相反論點的則有 McArthur（2001, pp. 8–9），他認為可以把香港的情況類比為孟加拉、汶萊、加納、印度、馬來西亞、尼日利亞和新加坡等地，將其視為「以英語作為第二語言的地區」。

有關世界英語（World Englishes）的理論發展，印度裔美國語言學家 Braj Kachru（1985）曾將英語在世界各地分佈情形用三個同心圓（three concentric circles）來表示（見表 1.3）。Kachru 認為外圈國家屬發展規範型（norm-developing），通常致力於建立本土英語的規範（localized norms），發展出具語言和文化特色的英語，譬如新加坡英語（Singapore English）；擴展圈國家則是依賴規範型（norm-dependent），即遵循內圈國家，如英國或美國所提供的語言標準來學習英語。根據三個同心圓理論，Bolton（2003）指出由於英文在香港具有法定地位，故應該把香港英語置於「外圈」（outer circle）位置，並提出「港式英語」的說法，意味着這是一種帶有本地語言色彩的英語。

表1.3　Braj Kachru英語世界的三圈分類法

分類	定義	例子
內圈（inner circle）	傳統以英語為母語的國家	美國、英國、加拿大、澳洲、紐西蘭等
外圈（outer circle）	賦予英語官方地位而成為通行語言的國家	新加坡、印度、馬來西亞、菲律賓等
擴展圈（expanding circle）	泛指世界其他以英語為外語的國家	中國、日本、俄羅斯、沙地阿拉伯、希臘、波蘭等

　　我們認為 Kachru 的三個同心圓理論以國家為分類單位是有盲點的，當地區內部有着巨大差異，像香港這類地方，用有關方法來劃分英語地位和功能並不完全適用。畢竟從比例上看，香港僅一小部分人的英語接近母語水平，其餘大部分所謂「中英雙語者」的語言水平從「僅能讓人明白」至「專業」等程度不一。香港人英語水平呈現兩極化（polarization），同時亦顯示了社會的階級分層。例如中產階級或家境富裕者擁有財力和資源，其子女能在課後參加補習班，甚至在家庭環境中得以使用英語，因此英語對他們來說似是第二語言而不是外語；相反，基層人士或工人階級的子女在英語學習方面得到的支援明顯較少，或甚至沒有任何課後支援，英語對他們來說則更像一種外語（李楚成、梁慧敏，2020）。由此可見，社會階級是影響英語習得的重要因素，而貿然把香港的英語教與學發展預設於 Kachru 的「外圈（outer circle）」位置，似乎未有深入考慮香港社會的實際情況。

　　除了缺乏使用和練習英語的有利環境，語言學習的障礙亦可從語言學（linguistics）角度解釋。在類型學而言，漢語和英語是兩種非常不同的語言，英語屬於印歐語系（Indo-European languages），漢語則屬於漢藏語系（Sino-Tibetan languages），兩種語言在本質上並不相似。從語音學的角度來看，許多英語發音（指標準發音，Received Pronunciation (RP)）對以漢語為母語的人士來說非常陌生，包括齒擦音（th 音如 this, thing）、輔音叢（如 problem, street）和音節重

音（如 po<u>lice</u> 重音在第二個音節），其中輔音叢在漢語語系裏極其罕見（Hung, 2000, 2002；參照 Deterding et al., 2008），不能準確分辨 <u>pl</u>ay 和 <u>pr</u>ay，<u>gl</u>ow 和 <u>gr</u>ow 的學習者比比皆是。其他發音困難則源於以漢語為母語的人士未能充分了解英語的發音特點，例如不清楚英語的輔音普遍能出現在音節的最後位置（如 test, stre<u>ngth</u>），語言類型上的分別是以漢語為母語人士學習英語時面對的主要困難來源之一（詳見附錄表 1a，頁 206）。

除了語音之外，英語和漢語在基本結構上也有很大分別。首先就語法而言，英語的子系統如時態（tense）和冠詞（article）都是漢語所沒有的；其次就詞彙而言，漢語中來自英語的只有借詞（loan word），兩者的同源詞可謂幾乎完全沒有。若比較兩種語文的書寫方式，英語是拼音文字（alphabetical），漢語則屬非拼音的表意文字（logographic）。基於這些重要的類型學分歧，有別於其他如英語和德語（日耳曼語族）或西班牙語和意大利語（羅曼語族）等所謂「同源語言」，漢語使用者幾乎不能把自身母語的語言知識運用到英語學習上。因應漢語（粵語口語和中文書面語）和英語在語言類型學上的顯著差別，漢語使用者在學習英語時，必須由零開始，重新理解、記憶和運用一個與母語迥異的語言系統，而這個系統無論在語音、語法、詞彙和書寫模式等各方面，都無法從母語之中獲取任何提示或類比。上述語言學因素有助解釋為何對大部分以粵語為母語的香港人來說，不論政府投放多少資源，學習英語仍然如斯困難，更遑論「均衡地」完全掌握讀、寫、聽、說四種語文能力的要素（另見第二章第二節「英語學習困難的成因」，頁 43）。

普通話科與普教中

至於「三語」中的普通話，其作為國家語言，是團結國家的重要標誌，所有內地人都要學習普通話，香港學童亦不能例外。普通話的地位在香港回歸後得到迅速提升，其中最重要的標誌是自 1998 年 9 月起，普通話科成為中小學的核心課程，再加上 2000 年起列為中學會考的獨立科目，可說是語文教育政策的一個劃

時代變化。根據政府《一九九八年施政報告工作進度報告》裏提供的資料，以下
幾項工作在回歸後第一年均已落實：

(1) 師資方面：「在 1997 學年，約有 900 名普通話教師獲在職培訓。1998 和
1999 學年，將合共再有 1,900 名教師受訓，在 1998 至 1999
學年，我們已能供應足夠曾受訓練的普通話教師。」

(2) 課程方面：「小一至小六新普通話課程已編制完成。在 1998 至 1999 學
年，小一開始採用新普通話課程。」

「中一至中五的新普通話課程已編制完成。在 1998 至 1999
學年中，中一及中四分別採用了新編普通話課程。」

(3) 考試方面：「在 2000 年，普通話會列為香港中學會考獨立考試科目。」

可見普通話科的課程研究和教材編製工作、師資培訓工作、作為中學會考的獨立
考試工作等，在回歸初期都已進入正常軌道運作。相比英語已演變為一種國際或
全球通用語（Jenkins, 2003; Kirkpatrick, 2007; Seidlhofer, 2004），儘管普通話仍遠
遠未足以與其爭一席位，但亦快速成為大中華地區華人族羣之間的通用語。世界
各地的孔子學院（Confucius Institute）數量更不斷增加，就宗旨和目標而言，以
推廣中華文化為己任的孔子學院可媲美其他國家更具歷史的同類學院，如英國文
化協會（英語）、法國文化協會（法語）、歌德學院（德語）和西班牙文學院（西
班牙語）。全球對漢語學習的需求不斷增加，顯示了中國的政治和經濟在國際上
的影響力不斷增強，意味着在不久的將來，通曉普通話和中文書寫的雙語人士可
能在全球市場裏更具競爭力。換而言之，能說流利英語和普通話，對於準備在多
語工作環境裏一展拳腳的人士來說是一大優勢，這也是香港「兩文三語」語文教
育政策中如此重視英語和普通話的主因。特區政府統計處 2016 年中期人口普查報
告顯示，能說普通話的 5 歲及以上人口比例，由 2006 年的 41.2% 增至 2016 年的
50.6%，十年間大幅上升約 9.4 個百分點。可見從 1997 年到 2016 年，回歸二十年來
普通話在香港普及程度的躍升，實在少不了學校教育的推動作用（祝新華、陳瑞
端、溫紅博，2012）。

然而，普通話自正式納入教育體系之後，有關教學語言的辯論就愈趨複雜。自 1998 年起，普通話成為小學的核心必修科（在中學則是選修科）。在特區政府的大力支持下，一些學校開始以普通話作為中國語文科的授課語言（Putonghua as Medium of Instruction，簡稱 PMI），亦即坊間所謂的「普教中」。以中文科作為切入點，理由是香港的小學課程本來已經相當緊湊，倘若以普通話取代粵語，把普通話元素增添至英文科以外的其他科目的同時，而不會對教師的教學編排和課程的重點學習成果造成干擾，可謂絕不可能。況且從學生的學習能力去考慮，對母語為粵語的學生而言，以普通話作為教學語言去學習非語文科目亦不可行。因此，大部分小學都以普通話獨立成科的形式教授普通話，每星期設置兩至三個 35 至 40 分鐘的教節，專門教習普通話的語音以及粵普詞彙和句子對譯，而部分學校與此同時再施行「普教中」。由於中國語文科的課堂時間有限，初期只有少數小學及為數更少的中學推行「普教中」。香港語文教育及研究常務委員會（SCOLAR, 2008）曾根據 2004–05 學年 20 間進行「普教中」學校（11 間小學，9 間中學）的課堂數據，確定六個影響「普教中」教與學成效的重要因素：

(1)　師資
(2)　學校管理層的態度及策略
(3)　語言環境
(4)　學生的學習能力
(5)　課程、教學及教材安排
(6)　教與學的支援

　　研究顯示，雖然以普通話教授中國語文科普遍能提升學生的普通話水平，但證據不足以顯示學生在閱讀、寫作、聆聽、說話四個語文能力方面有所進步，而後者才是中國語文科最主要的學習目標（唐秀玲、莫淑儀、張壽洪和盧興翹，2000，2006；SCOLAR, 2008）。相反地，鄧城鋒（2008，頁 2）曾進行有關「普教中」教學成效的研究，他指出事實上「普教中」的學生在中國語文科的整體學習表現呈惡化跡象，其中主要的教與學問題如下：

(1)　中文科老師的普通話不標準；

(2)　課堂花太多時間教授普通話和糾正學生的發音偏誤問題；

(3)　普教中的老師忽略了學生在普通話方面的學習成果；

(4)　普教中的老師對使用平常「粵教中」的教學策略缺乏信心，令教學質素大受影響；

(5)　學習效能未見有所提升，尤其是學生的詞語運用能力（use of grade-relevant vocabulary）及創意寫作能力。

上述以「普教中」成效為焦點的研究反映出若要推行「普教中」，必須全面涵蓋理論和實踐兩個方面，既要在校本課程發展的層面上，考慮課程設計、預期學習成果、教學方法和教材編寫，也要在教師專業發展的層面上，幫助中文科教師掌握適當的支援策略及技巧，並定期進行教師培訓。

　　政府曾經表明，以普通話教授中文是長遠目標。可是社會上不少人擔心學童一旦不再用粵語朗讀中文字彙，作為社會強勢語言的粵語將失去原來的生命力。況且就教學效果而言，使用學生和教師最熟悉的語言（對大多數香港人而言是粵語）作為教學語言，肯定可去除教師和學生之間在教學上的語言障礙，學生在學習時沒有語言障礙，能比較容易吸收知識、分析問題和表達意見，學習興趣亦因而能提高。另外，一些較激進的人士則倡議，最佳辦法是把粵語正式定為中學的主要授課語言，增加粵語在書面語的成分，明正言順地達至真正的「母語教學」（Bauer, 2000）。不過，這個倡議能否得到主要持分者，即政府、家長和教育界人士的廣泛接納，答案顯然不太樂觀（有關普通話推廣更多論述，參見第二章第四節「普通話推廣面對的挑戰與對策」，頁52）。

語文教育的全面規劃

　　屈指一算，香港在語文教育上實行「兩文三語」已經二十多年，理應達致一定的成效，可是不但未見社會整體語言水平有所提升，相反，近年不少學者、教

> 整體來說香港學生的語文水平日漸下
> 滑，學生無論在遣詞用字、句子建構、
> 文章編排和成語運用等範疇，都出現能
> 力下降的現象。

育界人士及立法會議員都紛紛質疑政策的成效。無可否認，新一代學生在學校中
獲得的學科知識比上一代豐富，然而作為「軟性」技能（non-technical skills）之一
的語文能力，卻給人水平低落、每況愈下的感覺。這一點也不純粹是「感覺」，不
同的研究報告都表明，整體來說香港學生的語文水平日漸下滑，學生無論在遣詞
用字、句子建構、文章編排和成語運用等範疇，都出現能力下降的現象（Li, 2017;
Leung, 2018）。當社會高談要力挽學生語文能力於既倒，特區政府每年在《施政報
告》中大談教育方面的種種措施，我們不禁聯想到語文既是學習的基石，也是優
質教育的基礎。這邊廂教育部門不斷投放資源培養學生「兩文三語」有效溝通的
能力，但那邊廂學生的語文水平是否持續提升、符合社會期望，卻備受質疑。

　　「兩文三語」政策下，目前中小學的語文學習支援工作主要由教育局來承擔，
局方透過規劃和制定語文課程來提升學生的語文能力，以達政策培養中英兼擅
人才的終極目標。專上教育方面，雖然大學教育資助委員會（University Grants
Committee）沒有硬性規定學生必須修讀帶學分的語文課程，也不會插手課程內
容的規劃；不過由於「兩文三語」政策適用於教育體系下的所有學生，除了義務
教育，高等教育也有責任推行不同的措施，以幫助學生提升兩文三語的能力，況
且大學校園本來就是一個採用兩文三語來學習學科專門知識的環境。要在大學層
面提升學生的語文能力，幫助學生在投身職場前奠下穩固的語文基礎，可採用學
分制，制定必修的語文課程，又或在通識類課程中加入語文學習的元素。2012 年
四年新學制推行之後，大學生最少須修讀 120 學分才能畢業。舉香港理工大學

為例，必修語文課程佔全部學分約十分之一，包括大學核心語文課程（Language and Communication Requirements，簡稱 LCR），以及主修科的專業語文課程（Discipline-specific Requirements，簡稱 DSR），共 13 學分。語文學習無可避免地有寫作和閱讀的要求，譬如附加於通識科的中文寫作訓練，學生必須撰寫不少於 3,000 字的中文論文；閱讀方面，學生須看約 10 萬字的論文、專書資料和網上自習材料。堅持多讀多寫的教學策略或屬老調重彈，但卻也取得了一定的成效。

2015 年課程發展議會公佈《更新中國語文教育學習領域課程》諮詢文件，提出了「中國語文教育除了要均衡兼顧書面語（包括語體和文言）及口語（包括粵語和普通話）學習外，亦要關注學生運用規範書面語能力，以避免學生表達受口語或網絡語言影響。」語文教育政策的目標清晰可期，可是如何更好地落實語文政策以提升本港的競爭力，回歸後經過二十多年的曲折探索，不少學習問題卻仍然莫衷一是。究其原因，我們認為是因為政策的實施和成效很大程度上欠缺語文教育方面的全盤規劃及有效推廣。假使只有語文地位的確立而無語文習得的規劃，政策縱然有宏大的發展方向和願景，預期目標亦難以達到（參見第五章〈香港「兩文三語」政策下的語文規劃〉，頁 155）。

倘若能從教學改革入手，提早引入有效的多語教學，將會是提升日後學生語文水平的關鍵。前述的教學語言分流計劃，其中一個不足之處與經費撥款有關。目前大部分教育撥款都投放在中學和高等教育之上，即所謂「晚期沉浸式教育」，然而高中或大學畢業生的語文水平卻不如理想。根據英語教學專家的研究，以英語作為外語的教學，最少需要 200 小時的學習才能讓一名大專學生在國際英語水平測試（IELTS）中提升 0.5 分（Li, 2017），而這只是個平均數，並不表示 200 小時的學習必能提高考試成績。因此就語文教學方面，現時投放在專上教育的資源必須作出檢討；過去幾十年心理語言學和神經語言學提出的證據顯示，愈早學習第二語言或外語則成效愈為顯著，故此更合理的做法是把適當的資源和支援，投放在最有效的語言學習階段，即學前（幼稚園）到小學低年級的時期（4–8 歲期間）。就目前所見，這兩個階段無論在監管措施和政府投放撥款方面，都被放

到較後的位置。考慮到前面提及的種種困難和限制，在條件具備的情況下，特區政府在審視語文教育政策時，參考有關「語言習得關鍵期假說」（critical period hypothesis）的研究結果是有必要的。這個假說提出在個體發展過程中，環境影響能起最大作用的時期為嬰兒期及童年初期；在適當的環境影響下，個體行為的習得相對地較為容易，效果更佳，發展也特別迅速。語言習得關鍵期的說法已提出逾半個世紀，各地亦有不少研究證明兒童學習語言的確具有獨特優勢，學習外語更是如此（Kuhl, 2010, p. 715; Mayberry & Lock, 2003, p. 382）。因此，如能在語文教學改革中將學習關鍵期的因素列入考慮，相信多語言的習得一定能取得事半功倍的效果（參見第二章第七節「語言習得關鍵期 —— 兒童學習之黃金階段」，頁 63）。

結語

　　每個地區的語文政策，都受當地的政治、社會和歷史背景等因素影響。香港推出「兩文三語」作為語文教育政策絕非偶然，而是回應了香港開埠以來百多年的社會發展需要；時至今日，精通兩文三語的人才仍然肩負着社會持續繁榮向前邁進的重責。然而，儘管特區政府自回歸後一直大力推動「兩文三語」，成效卻一直未如人願。當目前社會各個界別都急需更多中英文水平俱佳的人才，而中學、甚至大學畢業生的語文水平及雙語能力又差強人意，政府是否應該思量緩急之計？在政府不斷強調民生、創科、金融等「實務」的今天，作為學生投入職場前最後在校學習中英文的場所，是否值得投放恰當的資源，去研究適用於大專、大學階段的語文學習課程，集中資源於職場所需的中英文培訓，並把有關資助延伸至畢業之後？人才是各界企業、機構、以至政府運作的基石，要確保社會持續繁榮穩定，我們認為應認清妨礙兩文三語學習的具體因素，找出方法提升成效，以完善目前的「兩文三語」政策和措施。

2

「兩文三語」政策下
英語和普通話的學習

除了語言發展，學習多種語言對認知發展和大腦發展都
有幫助。最新的研究發現，多語發展可以激活孩子大腦
不同的部位，強化執行能力，例如專注力、靈活性和創
作力，因為孩子選擇用甚麼語言跟甚麼人溝通，其實都
是一種抉擇，這是單語孩子不需要面對的。

——葉彩燕教授

香港回歸前由英國人管治，縱然在 1974 年制定《法定語文條例》之前，港英政府並沒有明確地在法律文件中提及英文的法定地位，但本港的行政、立法和司法均以英文進行，英文實際上就是官方語言。雖然香港的人口一直以母語為中文的華人為主，然而基於政治因素，英文力壓其他語言取得較高的社會地位並影響至今。由於英文在香港的地位特殊，即使回歸後香港不再是英國的殖民地，也退出了英聯邦（Commonwealth of Nations），特區政府仍投入龐大的資源，由學校層面以至成人教育，通過中小學課程、工餘進修、電視節目、網絡資源等不同途徑提升市民的英文能力，又不時檢討教師資歷、語文基準、現有課程、教學方法、學生水平、支援策略、學校資源和教學補助金，社會大眾普遍認同政策措施的大方向。至於普通話，在 1990 年代前並未受到香港社會的普遍重視，在中小學教育體制中亦非必修科。直至回歸前夕，港府認識到普通話乃國家官方語言，學好普通話是大勢所趨，因而開始逐步在義務教育中推廣普通話。普通話自 1998 年起遂成為香港小學一門核心科目，香港所有大學、大專院校及社區學院也陸續開設了普通話課程（祝新華、陳瑞端、溫紅博，2012）。除了教育工作，從社會層面來說，內地與香港的交流互動增加，亦有助於廣泛提升市民的普通話能力。

　　縱然如此，由於粵語和普通話、英語在語言學上的差異，以及缺乏社會語境，容易造成語言習得上各種教與學的挑戰與困難。為了確保在小學初期階段取得語言學習的成功，以完全發揮「兒童學習黃金期」（Mayberry & Lock, 2003, p. 382）的優勢，免卻日後在中學或大專階段才以晚期沉浸教育（late immersion education）的方式作為補償，在小學、甚至學前階段以打穩基礎為目標的語文規劃，以及其投入質量絕對是至關重要。在落實政策時，我們主張教育資源要用得其所，推動語言學習必須有相對的學理基礎，才能收到較顯著的效果。若對學科知識、教學策略與各學習領域欠缺堅實的實證基礎，又缺乏完整的系統規劃，貫徹學習目標時便容易流於事倍功半。

政府為提升英語水平而設的政策措施

回歸後，英語教育一向是特區政府優先處理的事務，政府認為香港人必須保持卓越的英語能力，才能鞏固本港作為國際都會的地位。第一任行政長官董建華在 1999 年的《施政報告》中重申政府重視英語的政策：

> 香港作為一個國際大都會，在運用英語方面，必須進一步普及和改進。自九十年代初以來，本港工商界一直批評本港年輕一代的英語水平下降。（第 72 段）

在推行母語教學的同時，政府制定了「以英語為母語的英語教師」計劃（native English-speaking teacher scheme，簡稱 NET）。從 1998–99 年度開始，政府每年花費約一億七千萬元（港幣，下同），聘請海外以英語為母語的教師，分派到以母語為教學語言的官立和津貼中學，每一學年名額約 700；[1] 亦同時為學校提供經常性補助，用於英語教學方面的支援，款額以班為計算單位，中一至中三每班 600 元，中四至中五每班 900 元。從 2000–01 年度開始，當局額外為 30 多間小學提供專業津貼以聘請教學助理支援英語教師，另外亦為超過 100 名非主修英國語言文學或英國語文教育的英語教師提供進修英語的機會（田小琳，2001）。為表明推行「兩文三語」政策的決心，政府自 2008 年起在義務教育、高等教育和在職進修等層面上繼續投放大量資源，推出各項措施以提高香港全社會英語水平（見表 2.1）。根據 2015–16 年度《財政預算案》（the Budget），特區政府當年就教育投放了一筆 714 億元的經常性開支，佔政府總開支 22%，即生產總值的 3.4%。雖然比較其他經濟合作與發展組織（OECD）國家教育開支佔生產總值的 5% 至 6% 還是略低一些，但無論從生產總值還是教育總開支的角度來看，這兩個方面的數據與之前一年相比，均分別輕微上升了 0.1% 和 0.2%。其中，對比中文教育和普通話教學所獲得的資助，英語教育獲得的支援佔最大比重。

---

1. 英語教師計劃從 2002 年度開始擴展至全港公營小學，並於每年進行招聘工作。

從表 2.1 可見，除了正式的學校教育，政府還推出各種措施鼓勵在職人士透過「職業英語運動」（Workplace English Campaign，簡稱 WEC）及「持續進修基金」（Continuing Education Fund，簡稱 CEF）以提高他們的語文水平（Li, 2011; Miller & Li, 2008）。職業英語運動由 2000 年開展，是一項由語文教育及研究常務委員會（語常會，英文簡稱 SCOLAR）督導的語文基金項目，是回歸後由第一屆行政長官董建華領導的特區政府積極諮詢商界領袖的結果，目的是令市民認識良好英語於職場上的重要性，以及提高本港在職人士的英語知識，改善英語能力，「兩文三語」政策由是從直接資助的教育界延伸至商界。職業課

表2.1　香港特區政府為提升英語水平而設的各項措施

(1)　義務教育
• 改革中小學課程指引
• 重新規劃公開考試
• 在中一至中三推行「中英文教學語言分流政策」
• 聘請以英語為母語的英語教師（NETs）
• 英語教師語文能力評核（LPAT-E）
• 提升英語水平計劃
(2)　高等教育
• 為大學的語文課程提供額外資助
• 為鼓勵修讀學士學位的學生參加國際英語水平測試（IELTs），其考試費可獲退還[2]
(3)　在職培訓
• 開展職業英語運動（WEC）
• 推出持續進修基金（CEF）

改編自Miller & Li（2008, p. 80）

---

2. 此政策已在 2013 年撤銷。

英語運動聯同商界，各注資 5,000 萬元，資助不同崗位的僱員透過工餘時間參加各種持續進修課程，所有需要在工作中運用英語的僱員，均獲得職業英語運動的資助資格（職業英語運動，2015）。除鼓勵有志進修的僱員報讀資助程以提高英語水平外，職業英語運動同時也推出「香港職業英語基準」（Hong Kong Workplace English Benchmarks，簡稱 HKWEB），設立四個能力等級（第 1–4 級），為六個工種訂明在英語寫作和會話方面須達到的水平，讓僱主在招聘或提升僱員質素時提供可靠的參照。此六個工種包括（職業英語運動，2015）：

(1)　文員
(2)　行政人員/專業助理
(3)　前線服務人員
(4)　低英語要求行業
(5)　接待員/接線生
(6)　秘書

基準以第 4 級為最高，每一個等級再細分為高中低三個等級，而每一個工作類別均設有英語會話及書面英語兩項基準。這個英語基準雖然只適用於在職僱員，但實際上對學校的英語教育起到很大的推動作用。計劃甫推出後即受到商界多個僱主團體的歡迎，紛紛表示會鼓勵員工參與。然而，職業英語運動並非政府的恆常項目，此培訓資助計劃早已於 2009 年截止申請。此外，2002 年成立的持續進修基金，為有志進修的成年人提供持續教育和培訓資助，申請人在完成「可獲發還款項課程」（reimbursable courses）及取得有關的成績要求後，獲退還的學費可高達八成，資助上限為 10,000 元。申請學費退還的課程以英語和普通話課程為多，如 2007 年年初就有逾 35 萬宗申請獲批，淨支出超過十億元；這筆資助為政府該年度開支的 22%，為數不菲（Miller & Li, 2008, p. 89）。2018 年政府更獲立法會財務委員會批准，向持續進修基金注資，提高基金的資助上限，由現時每人 10,000 元增加至 20,000 元，更擴大基金課程的範疇至所有在資歷名冊登記的合資格課程，2019 年 4 月 1 日起正式生效。這些經優化的舉措，反映了特區政府對高質教育的關注和決心。

儘管回歸後當局重視如斯，多次重申英語教育為「兩文三語」語文教育政策的主要內容，但是期望畢業生擁有良好語言水平的目標卻遠遠未能達到，與投入的資源不成正比。曾任香港大學校董的銀行界人士李國寶曾公開表示：

> ［我們］感到最為不滿的是應聘者的教育水平，中學、大專或是大學畢業生都一樣，尤以差強人意的英文水平為甚，但我們別無選擇，不得不因應招聘需要而聘用他們。（Bolton, 2003, p. 223）[3]

類似的憂慮不時出現，有時甚或被公共媒體聚焦討論，引起社會公眾的關注。2003 年語常會發表《提升香港語文水平行動方案》（Action Plan to Raise Language Standards in Hong Kong）就其語文教育檢討發表總結報告，其中引述了兩項被廣泛轉載的本港商業展望調查結果，指出中學畢業生的英語及普通話口語程度令人擔憂：[4]

> 公開考試（例如香港中學會考）的成績顯示，過去三十年，學生在語文科目的表現相當穩定。不過，近年來僱主日益關注到僱員的語文能力不足，特別是英語及普通話的口語能力。對於我們提升香港整體語文水平的呼籲，市民所給予的廣泛支持也正反映普羅大眾的關注。（SCOLAR, 2003, pp. 3–4）[5]

---

3. 原文為：[We are] dissatisfied with the educational level of the people [we] are forced by necessity to employ – whether products of our secondary schools, colleges or universities. The main grievance is the poor level of English.

4. 此兩項調查在 2001 年分別由美國商會及香港總商會展開。語常會在《提升香港語文水平行動方案》（SCOLAR, 2003, p. 3）中也引用了 2000 年由政府統計處提供的《人力培訓及工作技能需求機構單位統計調查報告》，指出報告中也有類似發現。

5. 原文為：The results of public examinations such as the Hong Kong Certificate of Education (HKCE) Examination indicate that students have performed fairly consistently in language subjects over the past three decades. Yet employers have expressed increasing concern in recent years about the inadequate language proficiency of their employees, particularly in spoken English and Putonghua. This concern was confirmed by the overwhelming public support towards our call to raise language standards in Hong Kong.

雖然教育當局經常強調根據不同公開考試及國際英語水平測試的成績，本港學生的英語水平並沒有下跌的趨勢；不過，踏入千禧後第二個十年，香港學生的英語表現仍持續為社會詬病。立法會議員謝偉俊曾向教育局局長提出以下質詢：

> 有需要使用精準英語的法律執業者英語能力亦有下降趨勢，例如曾有大律師被法官在法庭上批評用字不準確⋯⋯[教育局]有否評估現行教育制度下英語課程教育出來的港人英語能力，何以持續下降？(政府新聞公報，2014)

Ernesto Macaro 和 Yuen-Yi Lo 曾以三間中學為樣本，檢視學校為適應政府推行教學語言微調政策而作出的相應策略，發現學生的語文能力和教師的教學技巧是主要問題所在（Wan, 2011）。這一研究結果其後被《南華早報》改寫成題為 English lessons failing pupils in many schools 的焦點新聞加以發表，引起了公眾廣泛迴響（有關教學語言微調政策的論述，參見第一章第三節「主要持分者的關注與教學語言微調政策」，頁 15）。

英語學習困難的成因

有關學生語文能力與教師教學技巧的爭議，當中需要更多討論和研究。而根據學生的背景，或許可以獲得啟示；這些難以達到社會期望中「良好英語」水平的香港學童，多為缺乏家庭英語支援的尋常人家，其英語學習環境僅限於小學到中學義務教育的課堂教學，下課之後就沒有機會接觸或運用英語。他們特別容易犯下語法上的一些「常見錯誤」(common errors)，這些錯誤通常涉及社會語言學及語言學因素（詳見附錄表 1b，頁 208）。正如 Lau（1997）指出，導致港人英語水平低下的根本原因是社會性的，因為對大部分港人而言，即使在殖民地時期，一個純正的英語環境在香港也從未出現過，以致港人學習和使用英語每每舉步維艱（參見第一章第五節「英語習得 —— 社會語言學和語言學因素」，頁 25）。

缺乏有利運用英語的環境，可說是源於佔本地人口九成以上、以粵語為主要語言的羣體對「香港華人」身份的認同。這一人口比例解釋了其語言選擇偏好

或習慣（即本地及區域通用語粵語），也解釋了為何華人羣體強烈抗拒使用全英語作族羣溝通語言。若在溝通之中使用全英語卻不加以解釋，又非處於特殊情況，例如把非粵語使用者納入對話人之列，通常會被視為標奇立異。與這種社會性的語用障礙同時存在的是語言學習障礙，更確切地説是語言習得（language acquisition）上的障礙，亦即主要來自漢語和英語兩大語種之間的巨大差異。對此，1990 年教育統籌委員會工作小組曾發表《教育統籌委員會第四號報告書》（ECR4），就關於教育語言問題作出了簡要説明：

6.3.2. (i) 大多數市民在日常生活中都使用中文（粵語）。英語的使用範疇只限於教育、政府及商務等幾方面。

6.3.2. (iii) 兒童一方面要學習英語，另一方面又要透過英語學習其他科目，由於家長認為這樣做對子女的前景最為有利，此舉讓兒童構成壓力。不過，要以英語學習其他科目，許多兒童都顯得力不從心。

（The 4th Report of the Education Commission (ECR4), 1990, p. 70）[6]

可惜的是，現時絕大部分研究和評論似乎都偏向從總體現象作出探討，而缺乏對香港社會實況的具體分析，更遑論就課堂上英語教師在教學語言運用方面的細緻描繪（Li, 2017）。我們認為許多學習困難，不管是推論的還是確實存在的，都源於漢英兩大語種在語言學上的明顯差異，比如在發音方面，香港的學校偏好於把標準發音（Received Pronunciation，簡稱 RP）視為英語口音的教學標準。據Trudgill（1999）在其著名文章〈甚麼不是標準英語〉中所言，不論母語是英語還是非英語，標準英語與任何一種英語變體都具相容性（compatibility），因此嚴格

---

6. 原文為：6.3.2. (i) most people use Chinese (Cantonese) for every day [sic.] purposes. English is largely restricted to education, Government and business uses; 6.3.2. (iii) there is pressure for children to learn English and to learn in English, since this is seen by parents as offering the best prospect for their children's future. Many children, however, have difficulty with learning in English.

來說，「標準英語口音」實際上並不存在。儘管如此，長久以來學校以標準發音作為學生英語發音的準則，少不免令普羅大眾對英語母語者的口音有所偏好，久而久之，香港社會便逐漸形成對非母語者英語口音（即俗稱「港式英語」）的負面評價。下面在論述以粵語為母語者的英語發音時，將以標準發音作為比較。

英語學習難點──發音

以粵語為母語的學生普遍覺得英語發音難以掌握（Chan & Li, 2000; Deterding et al., 2008; Hung, 2000; Wu, 2008）。有關香港粵語和標準英語音韻系統的比較，Chan & Li（2000）曾進行研究，當中舉例分析了粵語人士的常見發音問題及困難，其涵蓋層面廣泛，包括輔音（consonant）、元音（vowel）、半元音（semivowel）、連續話語裏的字詞及節奏。在一定程度上，粵語的跨語言（cross-linguistic）影響是這些發音問題的主要成因。比如，學生很多時會覺得複輔音（consonant cluster，又譯輔音叢）的發音困難，例如把 clutch /klʌtʃ/ 讀成 /kəlʌtʃy/；[7] film /fɪlm/ 讀成 /fiːm/。簡單來說，粵語可能出現的基本音節形式和組合，可見表 2.2：

表2.2　粵語輔音（C）和元音（V）的四個可能組合

音節結構	例子		
V	/ɔ/	哦	表示驚訝的嘆詞
CV	/fu/	夫	丈夫
VC	/aːn/	晏	遲一點
CVC	/faːt/	發	發芽、發展

改編自 Chan & Li（2000, table 15, p. 75）

---

7. 英語拼音以「國際音標」（The International Phonetic Alphabet，簡稱 IPA）表示，全書同。

英語輔音相連的組合如 play（/pleɪ/），三個或以上的組合如 strengths（/streŋθs/ 或 /streŋkθs/），例子比比皆是；可是，從表 2.2 可見輔音相連在粵語裏並不存在，因而以粵語為母語的學生在這方面的英語發音問題尤為明顯。其他香港學生學習英語時常見的發音問題，包括：以清輔音取代濁輔音，忽略長短元音，不發出字尾的塞音，以類近發音的單元音取代某些複元音，把英語功能詞的讀音以重音讀出，使用粵語的音節節奏來讀出短語或連串單字等等，詳見附錄表 1a（頁 206）（Chan & Li, 2000; Li, 2017）。

基於語言類型學（language typology）上的差異，以粵語為母語的學生說英語時，或多或少會出現附錄表 1a（頁 206）中列舉的發音特徵。相對母語者的英語發音，有關發音特徵經常被視為「港式英語」（Hong Kong English）的標誌，而「港式英語」又被認為是使用者英語水平偏離標準的癥狀（Deterding et al., 2008）。這種所謂「偏離標準」的觀點在需要考驗使用者口語表現的場合尤其常見，如公開考試、應徵面試等。另一邊廂，也有研究世界各地不同英語變體（World Englishes）的學者認為，「港式英語」所具有的音韻特徵或多或少反映出使用者對其「香港人身份」的集體關注（Bolton, 2003; Bolton & Kwok, 1990）。支持這個論點的學者所提出的證據，主要來自官方的數據統計，2016 年特區政府統計處中期人口統計（2016 Population By-census）結果顯示，全港 5 歲及以上人口有 705 萬人，當中 626 萬人以粵語為慣用語言，而其中報稱以英語為「另一種語言」的 5 歲及以上人口比例，由 2006 年的 43.9% 增至 2016 年的 51.9%。儘管學者在這方面的辯論還未達成共識，但從身份認同的角度而言，「香港人說港式英語」與新加坡人說新加坡英語（Singapore English）的象徵意義相類似。眾所周知，新加坡人普遍使用英語來溝通，在雙語政策下他們以新加坡英語作為自己的語言，對此感到非常自豪並表現得充滿自信（Low, 2015）。

英語學習難點——拼寫

就語言學本質而言，香港人學習英語實在不容易，另一個不得不提的難點是英語拼寫的不規則性（irregularity），亦即拼寫不表示讀音，這大大增加了學習困難。最基本的英語拼字，其讀音往往欠缺一貫的規律，有關例子多不勝數，以下試舉一例以作說明。

諾貝爾文學獎得獎者、愛爾蘭大文豪蕭伯納（George Bernard Shaw, 1856–1950）曾點出一個有趣的單詞——ghoti。這個詞在任何詞典裏都找不到，因為根本不存在，可是 ghoti 卻早已聞名於英語世界。按照正常的英語發音準則，ghoti 理應讀作 /gəʊti/，可是蕭伯納卻告訴大家 ghoti 的讀音跟 fish 一模一樣，一般香港人看來恐怕會丈二和尚摸不着頭腦——原來蕭伯納把 ghoti 拆分為三部分：gh-o-ti。gh 取自 enough 的 gh，發 /f/ 音，o 取自 women 的 o，發 /ɪ/ 音，ti 取自 nation 的 ti，發 /ʃ/ 音，三者合起來就是 fish (/fɪʃ/) 了。蕭伯納提出 ghoti 這個經典的例子，無非想諷刺英語拼字的讀音欠缺規律的毛病，提醒學習者在學習英語時不要被字母的慣常讀音騙倒。英語拼字和發音之間關係並不一致的例子，還有 -ough-，其發音於以下字詞中都不一樣：cough /ɒ/、drought /aʊ/、rough /ʌ/、though /əʊ/、thought /ɔː/、through /uː/ 和 thorough /ə/。另一個更令人煩惱的例子是那些包含不發音字母（silent letter）的詞彙，例如 climb 和 debt、muscle 和 scissors、ghost 和 hour、knife 和 knock、half 和 talk、column 和 damn、pneumonia 和 psychology、aisle 和 island、castle 和 listen，以及 whole 和 wrestle 等等。以上拼字和發音不相關的例子，對學習者來說自然造成困擾。

英語不容易掌握，歸根究底是與粵語和英語分屬不同語系（language family）息息相關。以粵語為母語的學生在學習英語的過程中，難以從粵語知識中獲得任何有用的幫助。根據第二語言學習「母語遷移」（language transfer）理論，如果目標語言和母語有相似的地方，母語的遷移一般會對目標語有積極和系統性的影

> 中文和英文分屬兩個不同的語言系統，粵
> 語和書面漢語的知識對解構英語詞彙的拼
> 寫毫無幫助。當前英語學習者的學習困境
> 主要來自於其母語和英語的差異。

響，使目標語言的學習不那麼吃力，即正遷移（positive transfer）。[8] 舉例來說，英語和法語同屬印歐語系（Indo-European languages），母語為法語的人士在學習英語時態或冠詞（a, an, the）的時候，能藉着法語的語法知識來幫助學習；同樣地，母語為英語的人士在學習法語時，亦不難發現英語的語法規律對掌握法語的文法有積極作用。除語法以外，法語和英語有大量同源的詞彙（cognate），對學習也很有幫助，像以 -tion 或 -ion 結尾的詞彙，例如 civilisation, occasion, solution。由於這兩種語言都以羅馬字母拼寫系統為基礎，不管發音上有多大挑戰，母語為英語或法語的學習者仍可從詞語的拼寫中找到有用的提示，但這種優勢卻不適用於學習英語的香港學生。由於中文和英文分屬兩個不同的語言系統，粵語和書面漢語的知識對解構英語詞彙的拼寫毫無幫助。

綜上所述，當前英語學習者的學習困境主要來自於其母語和英語的差異。有關這方面的學術探究，除了應着力釐清已知的教學誤區，也應該把以下課題納入討論範圍，以便更準確地訂定英語教學的目標和策略：

(1)　中英語言對比；
(2)　課程、教學及教材；

---

8. 與「正遷移」相對的概念為「負遷移」（negative transfer），即母語在學習目標語言時所產生的干擾（L1 interference），使學習者在掌握目標語言的過程中遇上不同程度的困難。

(3)　　本地語言/社會環境；

(4)　　學生不同階段的學習能力。

我們認為，從改革教學法入手，加強教師的語文能力及教學技巧，是正本清源的不二法門。香港的教學語言政策理應高瞻遠矚，每項政策背後都有其理念和策略，但若方法用得不對，「提高香港學生的英語水平」（《施政報告》1997）的長遠目標就容易淪為空中樓閣，流於空談。

以「語言穿梭」提升英語學習效能

現時英語教學的模式可謂非常多元化，包括沉浸式（immersion）英語學習、部分科目以英語授課、採用英語進行延展教學活動等。為了提升課堂上的教學質素，若干學校着力於建立沉浸式英語學習環境，進行活動時儘量安排以英語為溝通語言。目前沉浸式英語學習的指引，源自 1998 年母語教育政策背後的論述，為了維持香港在國際上的地位，精通英語的人才必不可少，因而推出相關指引。據指引，英語教師教學時若在課堂上被發現中英混用，將會受到警告。

政府統計處（2017）的數據顯示 88.9% 的香港人以粵語作為慣用語言，粵語廣泛應用於家庭、學校、銀行、法庭、醫院、廣播媒體和政府部門等不同領域。從教育局的角度來看，為彌補學生在學校以外缺乏使用英語機會的不足，遂把課堂投入（classroom input）視為能確保學生獲得最多接觸英語機會的關鍵。為實現此一目標，教育局禁止老師在英語授課的課堂中，雜以粵語來作學術討論。換句話說，若學生遇上不解之處，教師亦只能以英語來解釋學習內容。基本上從 1990 年代起，根據各份教育統籌委員會報告書所提出的建議，此舉的理由都直指教師在課堂上使用粵語與英語的混合語碼（mixed code），會帶來兩大不良影響：一是學生在有限課時中減少了接觸英語的機會；二是粵語的滲入必然會導致學生學不好標準英語（standard English），因此不主張在課堂上實施「語碼混用」（code-mixing）。

然而令人困惑的是，課堂上「語碼混用」會導致不良學習效果之論點，從來沒有經過學理上嚴謹的實證調查、檢測或研究；事實上，最常出現「語碼混用」的人往往正是精通英語的多語使用者（multilinguals）。學生英語水平低下的成因非常複雜（Li, 2017），是否可簡單歸咎於「語碼混用」，這一點尤其值得商榷。與此同時，有大量研究顯示學習者在學習使用第二語言時，與母語相互轉換的情況非常普遍，這種語言間的相互轉換與影響一般被稱為「語碼轉換」（code-switching）或「語際互補」（cross-linguistic influence）。正如葉彩燕（2018）指出：

> 人們覺得中英夾雜是因為兩種語言都不夠好才會出現，又認為中英夾雜會導致語文能力愈來愈差。但其實有研究指，如果孩子可以運用兩種語言的資源去溝通，他們比單語孩子更有優勢。中英夾雜其實可以看作兩種語言的互補，因為當一種語言較強，另一種較弱，我們可以用較強的語言作支援。（《香港01》，「兩文三語」專訪，6月12日）

以學生的母語來進行教學通常是最有效的，甚至是必要的。無論是講解學科內容、實現學習目標、建立和諧關係，還是維持課室秩序等各方面，都有大量證據證明用母語來表達，教學成效顯著（Cenoz, 2015; Chan, 2015; Li, 2008, 2017; Lin, 2015a, 2015b; Lin & Wu, 2015; Lo, 2015; Lo & Lin, 2015; Tavares, 2015）。1990年代多份教育統籌委員會報告書為課堂語言定調之後，回歸後的英語教學即出現以下局面：教育指引禁止教師以英語授課時「語碼混用」，而教師在不可避免地需要轉換語言時，往往感到無所適從和軟弱無力。這無疑在教學成效上會帶來負面影響，明顯不利於確保教學質素。

　　教育局發佈的「最長時間接觸，單一語言環境」（maximum exposure, no mixing），其指引的執行方式是由上而下的。即使國際間有大量課堂研究證據證明，只要明智並有策略地使用學生的母語教學，不同語言之間的轉換穿梭，也可以達致同樣的教學目標，更可令課堂氣氛趨於活躍，從而提升教學效果，可是相

關指引有如枯索的教條一樣，完全沒有討價還價的餘地。如果學生有能力通過英語學習，例如就讀第一組別（band one）的學校，教師當然沒有迫切需要使用學生較熟悉的母語授課。然而，對於那些就讀第二、三組別（band two, band three）學校，英語學習表現欠佳的學生來說，老師在適當的情況下採用學生的母語來進行教學，正正是協助學生追上課程、快速填補學習差距的大好機會。例如，英語老師可因應學習進度、學生背景，通過兩種語言互為激發的「語言穿梭」（translanguaging）來制訂彈性式雙語教學法，設計使用中文來解釋生僻詞、或允許學生先以母語討論答案等多元課堂教學策略（參見 Lin, 2015a; Lin & Wu, 2015 的教學示例）。這樣學生的母語在課堂上便可得到充分發揮，成為教學資源，有利教與學的傳承。

「語言穿梭」是雙語教學中重要的概念，強調跨語言實踐，引進母語協助二語學習，創造兩種語言互相依賴的空間，在教學時的聽、讀輸入為 A 語言，而說、寫輸出則為 B 語言（García, 2009; García & Li, 2014; Li, 2017; Williams, 1996）指出，學生的母語不是提升第二語言能力的敵人，相反地要是使用雙語教學策略，將學生的母語視為認知和語言資源，學生的母語就能作為邁向第二語言的踏腳石；他認為在雙語或沉浸式課堂中，應有效地運用跨語言連結，而嚴格的語言區隔，只會失去寶貴的跨語言教學機會。從教學效益來看，考慮到近年就連英文中學學生的英語水平也有漸降的趨勢，教育局實在不宜持續過分干擾，應該讓雙語教師以專業判斷，即按學習需要，決定在教學過程中何時切換到學生的母語，以滿足學習上快速解說的需要。譬如在課堂上讓學生用英語表達之前，先用母語闡述自己的想法，以收運用雙語思考、組織意念及表達意見之效。本地有名的培正中學便是這種「中英合璧」教學方法的佼佼者，在學習上學生既能透過母語理解各科內容，也能熟習英文專有名詞。歷年來在培正中學的培育下，不少校友已經成為享譽國際的學者，例如諾貝爾物理學獎得主崔琦、費以茲數學獎（Fields Medal）得主丘成桐、香港科技大學前校長吳家瑋、香港浸會大學前校長謝志偉和吳清輝等。這些例子說明「語碼混用」不但不會影響學習者的英語學習，適當

的母語運用反而可以協助他們跨過學習上的鴻溝，甚至可能成為打破目前英語教學僵局的關鍵。

由此看來，課堂上「全英語環境」之有無，並不是決定學習者英語學習成敗的關鍵；而有關雙語教學理念包括混用語言授課的可行性與成效則需通過研究，以作學理上的釐清和驗證。我們主張不同的語言或方言都該視為實現習得目標語言的教學資源和傳承管道，在目前香港缺乏自然使用英語的環境下，一刀切排除學習者母語的教學行為，就英語學習的效果而言，只是於事無補（另見第一章第四節「課堂單一語言環境與彈性雙語教學」，頁 20）。

普通話推廣面對的挑戰與對策

至於普通話教學方面，2001 年行政長官董建華在《施政報告》中提出：「香港作為中國的一部分，市民亦必須學好普通話，才能有效地與內地溝通交往以至開展業務。」（第 46 段）在教育體制內，普通話作為獨立科目，小學階段是必修科，中學階段則為選修科，學生可在香港中學會考自由選擇是否參與普通話科考試。[9] 此外，不少中小學的中文科也以普通話作為授課語言（Putonghua as medium of instruction，即「普教中」，參見第一章第六節「普通話科與普教中」，頁 30）。回歸以來，各界與內地的跨境活動和交流日漸頻繁，港人普遍認同學好普通話極為重要，尤其是零售批發、酒店旅遊及速遞服務等界別的從業員。根據香港中文大學香港亞太研究所在 2016 年所作的調查，722 名受訪者中有 84.6% 贊成在中小學階段教授普通話，以維持本港的競爭力。而 2019 年出台的《粵港澳大灣區發展規劃綱要》，在經濟和創科發展方面着墨甚多，有關香港的定位，除了一向提及的鞏固和提升國際金融、航運、貿易中心和國際航空樞紐地位、強化全

---

9. 香港中學會考（Hong Kong Certificate of Education Examination，簡稱 HKCEE），1978 年至 2011 年間由香港考試及評核局主辦的其中一個公開試，由 2012 年開始為香港中學文憑試（Hong Kong Diploma of Secondary Education Examination，簡稱 HKDSE）所取代。推行中學文憑試後，普通話科亦已被取消。

球離岸人民幣業務樞紐地位等之外，還首次提出香港在大灣區的角色——「亞太區國際法律及爭議解決服務中心」和「高新技術產品融資中心」。粵語在大灣區內雖是強勢方言，但普通話是全國連繫各民族及漢語方言區的共同語，因此香港的政商界人士紛紛呼籲年青人應該主動出擊，積極學好普通話，把握個人未來發展的主動權。

　　若從普通話教育的背景說起，1980 年代末期以前，香港人一般不太重視普通話，直至 1997 年回歸之前，港府逐漸認識到與內地交流的重要性，遂開始逐步推廣普通話。歷年來，政府以中小學教育作為推廣普通話的主要途徑，並透過持續向語文基金、優質教育基金、持續進修基金和僱員再培訓局提供撥款，協助在學在職人士提升普通話水平。回歸至今轉眼已二十多年，特區政府在普通話教育方面投放了大量資源，普通話的推廣已經取得了一定成績。政府 2016 年中期人口統計數據顯示，能運用普通話溝通的五歲及以上人口比例不斷攀升，由 2006 年的41.2% 增至 2016 年的 50.6%。

　　雖然「三語」政策推行多年，但時至今日，普通話在本港的公眾場合仍然只作象徵性或儀式性的用途。例如，日常在各種公共交通工具以普通話廣播，在節日慶典活動如香港七一回歸典禮或十一國慶日典禮上，主持以普通話重覆內容等 (Li, 2017)。[10] 在教育制度中，普通話成為了小學的核心科目和中學的選修科目，而在職場上，則主要在零售服務業、酒店旅遊業中使用。不過，走出學校及以上行業，從社會大環境來說，普通話實非本地大部分居民的常用語言。內地推普多年，現在不少人都以普通話為第一或慣用語言，可是香港的情況顯然大不相同。有學者主張普通話在香港的定位應介乎「第一和第二語言之間」(黎歐陽汝穎，1997)，若從學校的普通話教學方法以至香港普通話使用情況的角度來看，我們認為在香港社會中普通話表現出更像第二語言，甚至具外語的特點，理由如下：

---

10. 普通話廣播的次序一般放在粵語之後、英語之前。

(1)　以「中文」作正式的演講，通常是指粵語而非普通話；

(2)　除了大約 72% 的小學和 26% 的中學，或獨立成科，或以普通話作為中文科的教學語言外，普通話並不適用於其他科目；

(3)　普通話並不廣泛應用於政府、法律界和商界的重要場合，這些領域仍以粵語和英語為主；

(4)　本地人在非工作場合（non-workplace contexts）的交流很少使用普通話。

這些語用特點客觀地反映普通話在香港社會的應用機會不多。根據學界的調查，相比強勢的粵語和較常用的英語，普通話在香港的各工作或生活場合的使用情況並不普遍。筆者曾於 2009 年、2014 年與 2019 年分別進行過三次全港社會語言學調查，於九龍、新界和香港島共 11 個點搜集有關「三語」運用情況的數據，每次訪問人數均超過一千（參見第三章第二節「粵語使用的社會語言學調查——生活與工作場合」，頁 77）。[11] 從總體樣本可見，普通話在大多數工作場景的使用頻度均值都低於分數 1，屬「從不使用」至「最不常使用」之間（李貴生、梁慧敏，2010；梁慧敏，2014，2015，2017，即將出版；梁慧敏、李貴生，2012）。表 2.3 是 2009 年、2014 年和 2019 年按行業分類的統計數字，能在一定程度上反映上述情況。

比較三個年份的數據，「住宿及膳食服務業」是所有職業類別中，[12] 唯一錄得普通話使用均值持續上升的行業（從 0.56 到 0.84），相信這與近年內地訪港旅客的增長不無關係。自從 2003 年《內地與香港關於建立更緊密經貿關係的安排》（CEPA）實施以後，內地訪港旅客迅速增長，根據旅遊事務署 2019 年的統計，

---

11. 「香港三語使用情況調查」由 2009 年開始，之後每五年追縱一次，研究採用隨機的問卷方式搜集數據。問卷由定量和定性兩類問題組成，共分為三大部分，2009、2014、2019 年有效問卷分別為 1,004、1,001、1,013 份。研究從宏觀和微觀兩方面分析香港工作和非工作場合中，粵語、英語和普通話的使用概貌，以及性別、年齡、教育程度、職級等變項對這三種語言使用頻率的影響。

12. 根據《香港便覽》（2019）「旅遊業」篇，旅遊業從業員人數佔全港總就業人數約 7%。

表2.3　職業類別中普通話使用均值統計

職業類別	2009年	2014年	2019年
建築業	0.57	1.16	0.59
工業/工程業	0.76	1.00	0.83
進出口、批發及零售業	0.79	1.09	0.95
運輸、倉庫及速遞服務業	0.59	0.98	0.83
住宿及膳食服務業	0.56	0.73	0.84
資訊及通訊業	1.07	0.98	0.65
金融及保險業	0.69	1.22	1.09
地產、專業及商務服務業	0.85	0.92	0.85
教育、醫療及社工	0.48	0.79	0.75
雜項及個人服務	0.54	0.47	0.39

頻繁程度以0至5分為評量標準
0—從不使用，5—最常使用

2018 年中國內地繼續是香港最大的客源市場，訪港旅客總數達 5,103 萬人次，佔整體訪港旅客的 78%，較 2017 年上升 14.8%。[13] 內地遊客來港消費，提供相關服務的酒店業和飲食業員工，為保持競爭力，須懂得使用普通話與內地旅客溝通。縱然如此，相較粵語和英語，普通話在工作場合中的使用仍屬「最不常用」（1 分）與「從不使用」（0 分）之間。

　　目前香港社會以粵語為主導，顯然缺乏合適的普通話學習環境；在欠缺語境的情況下，學習者自然難以將習得的普通話知識付諸實踐，學以致用。這不但影

---

13. 根據旅遊事務署 2020 年 3 月份的統計，截至 2020 年 1 月訪港旅客比去年同期減少 52.7%，中國內地仍然是最大客源市場，單月訪港人數為 2,536,768。

> 目前香港社會以粵語為主導，顯然缺乏合適的普通話學習環境；在欠缺語境的情況下，學習者自然難以將習得的普通話知識付諸實踐，學以致用。

響學習普通話的風氣，更會令習慣說普通話的專業人士或新移民慢慢向主流的粵語靠攏以便適應香港社會，結果產生了語言兼用現象，甚至在某些語域上，粵語的使用頻率比他們的母語（普通話）還要高（參見第三章第四節「香港非粵語母語人士的雙語現象」，頁 88）。當普通話使用者轉而使用粵語，亦即意味着港人接觸普通話的機會反而減少，從而形成迴圈現象（梁慧敏，2015；梁慧敏、李貴生，2012）。而在社會推廣方面，由於歷史和地緣因素，粵語與香港人身份、本土意識密切相關，主導地位十分牢固，即使大力推行普通話，終究不可能在社會上取代粵語的主導地位。詹伯慧（2002）曾指出：

> 在香港開展的一切推廣、普及、教學、研究普通話的工作，只是為了讓普通話能夠在「三語」的格局中充分發揮其應有的作用——社會交際語之一的作用。拿來跟大陸各地「推普」的要求作比較，顯然就大不相同了。

這番話至今仍有參考價值，值得從事語文教育工作和制定語文政策的人認真思考。基於一國兩制的前提，以及香港目前的經濟結構、語言使用情況等現實因素，香港沒有條件完全依照內地的經驗推廣普通話，而須另尋出路。

普通話教育成效不如理想，社會上使用率偏低，成因複雜，我們認為可從師資、宣傳及增加應用三方面改善問題（梁慧敏，2017）。

師資培訓

　　教育部門應加強對合資格幼稚園教師的普通話培訓，以肩負向學前學生教授普通話的工作。如果教師的普通話水平不高，普通話的課程設置、教學編排和教學法等，都難以提升到理想的層次（陳瑞端，2016）。在師資質素得到保證的前提下，本港可開辦更多設有普通話課程的幼稚園或幼兒中心，為更多的孩童提供可以學習普通話的機會。另外，為檢視幼稚園或學前機構的學習成果，當局也可邀請具有普通話教學經驗和普通話教師培訓專業的學者，定期商討並及時解決由政策或教學法所衍生的各種學習問題。

宣傳教育

　　當局應致力消除市民對學習普通話存在的誤解，說好普通話並不等於削弱粵語的地位，兩者各司其職，並非處於此消彼長的對立狀態。學習普通話的最終目的並不是以普通話取代粵語，而是通過提升市民的「三語」能力，提高他們在就業市場，尤其是全球化環境中的競爭力，同時也促進香港與內地的商貿、文化交流，「有效地與內地溝通交往以至開展業務」（《二零零一年施政報告》）。普通話和粵語的使用是相互依存、相互補充的，正如語言學家詹伯慧所言，學習普通話是 1+1=2，而不是 1+1=1。

拓寬管道

　　為提高普通話的應用層面，政府宜着力拓寬學習普通話的管道，比如增加各種資助和津貼，進一步鼓勵更多行業與內地合作和交流，並提供相宜的政策優惠以協助發展中港合營公司，提高工作場合使用普通話的機會。特別是「進出口、批發及零售業」、「運輸、倉庫及速遞服務業」、「金融及保險業」這幾類行業，政府可先鞏固他們的普通話優勢，以推動他們的業務增長，使他們可從實際應用中得益，長遠帶動至其他有潛力運用更多普通話的行業。此外，針對香港人的娛

樂潮流，廣播事務營辦商亦可引入符合港人口味的內地娛樂節目、各類文化或潮流活動，吸引市民在輕鬆的情況下學習並樂於使用普通話，以達致潛而默化地改善聽說能力之效。

從對比語音學看普通話學習難點

　　若要增加港人活用普通話的能力，首要仍得改善普通話教育。語言學事實表明，普通話有超過 400 個音節（syllable）和四個調值（tone value），共產生逾 1,300 個聲調音節（Taylor & Taylor, 2014）。有學者認為粵語有九個聲調，比普通話的四個調多，粵語除了有平上去聲，還有入聲，說粵語的人能辨、能說這麼複雜的聲調，那麼學習只有四個聲調的普通話，一定手到拿來（張志公，見田小琳，1997）；此外，對粵語人士而言，普通話語音系統中並沒有太困難的音位（phoneme），不像法語的喉音 R 音（guttural R，又稱為 French R），或英語的齒擦音（dental fricative）如 that 和 thing 中的 th。縱然如此，我們認為無論學者的第一語言背景如何，香港學童學習普通話的最大挑戰仍是聲調系統（周柏勝、劉藝，2003；Li, 2017）。普通話的聲調系統包括輕聲，並不如想像中容易學習，以粵語為母語的學習者都有一個共同經驗，就是混淆普通話的第一聲和第四聲，例如「衣」yī 和「意」yì，這是因為第四聲是 51 降調，而香港粵語中並沒有類似調型（tone contour）。

　　針對以粵語為母語者的普通話發音誤差與學習問題，曾有學者透過對粵語和普通話的音節和聲調的語音組成部分進行研究，比較兩個語音系統的異同，結果發現兩者的差異比相同更為顯著，其中有 16 個普通話音節成分在粵語語音結構中並不存在（何國祥，1999）。[14] 輔音系統方面，粵語和普通話分別有 19 和 21 個

---

14. 對比語音學（contrastive phonology）是對比語言學（contrastive linguistics）的一個分支，主要是對比兩種語言在語音層面的異同，目的是解決第二語言教學或歷史語言學上語系歸類等問題。

輔音，其中普通話有 11 個輔音是粵語所沒有的，即舌尖前音（alveolar）z-、c-、s-，[15] 舌尖後音（palato-alveolar）zh-、ch-、sh-、r-，舌面音（palatal）j-、q-、x- 和軟顎擦音（velar fricative）h-，意味着粵語人士需要由零開始重新學習。另外，普通話所獨有的還有兒化尾音 -er，和一個相當複雜、調控語音改變的語音規則「連續變調」（tone sandhi），這些粵語中沒有的語音特徵令以粵語為母語的學習者很難全面而準確地掌握普通話的語音格局。

目前香港語文科教師入職前都必須通過教師語文能力評核（基準試），普通話教師亦不例外；他們顯然非常清楚普通話字詞的規範讀音，可是這種認知卻因為種種原因而未能在口語發音中如實地反映出來。例如複合元音（complex vowel）的字如「片」（piàn）和「笑」（xiào），韻母中有一個粵語所無的「介音」（或稱「韻頭」）-i-，教師能正確寫出其拼音，可是在普通話口語評核中卻往往省略了這個介音，即使考生誤讀為 *[pʰɛn] 和 *[ɕau] 也不一定扣分（Li, 2017）。另一個常見的發音問題跟兒化韻有關，例如「花（兒）」（huār）和「事（兒）」（shìr），發生兒化的音節「兒」字在書面上不一定寫出來。雖然普通話中兒化韻的音節數量已愈來愈少，但當它出現而又沒有漢字提示時，大部分以粵語為母語的學習者都不能識別或發音失準。

香港學生碰上語音難點，亦可能與教師的第一語言粵語發音不標準有關，尤其是所謂「懶音」問題。例如在「廣州」和「廣東話」等詞中的「廣」gwong2 [kʷɔŋ]，時常錯誤發音成 gong2 [kɔŋ]，以 g- 替代 gw-，圓唇特徵脫落，變成與「港」同音，甚至進一步丟失後鼻音韻尾 -ng，發成前鼻音韻尾 -n，讀成 gon2 [kɔn]，與「趕」同音（胡永利，2007）。另一個容易造成混淆的是粵語鼻音（nasal）聲母 n- 和邊音（lateral）聲母 l-，它們傳統上被視為有差異的不同音位（phoneme），但長久以來香港社會各界習慣把兩者視為自由變體（free variant），將 n- 發成 l-，

---

15. 為方便理解，普通話拼音採內地《漢語拼音方案》，粵語拼音採香港語言學學會《粵語拼音方案》（粵拼），字詞誤讀以「國際音標」（IPA）注音，方括號外的 * 表示不合標準，全書同。

如「你」（n-）和「李」（l-）同發成 lei5 音。如果語境不是含糊不清的話，通常不致造成混淆和誤會。造成這樣的語音現象並不令人驚訝，因為在本港教育體系之中粵語不獨立成科，一般學生對粵語語音系統並沒有基本的掌握（Lee & Leung, 2012）。這種語言變體在跨語言方面的影響，是以粵語為母語的學習者難以分清楚普通話的 n- 和 l-，[16] 其他容易混淆的典型例子包括「年 (n-)、連 (l-)」、「男 (n-)、藍 (l-)」和「女 (n-)、呂 (l-)」等，n- 和 l- 的區分對母語為粵語的學習者帶來一定的學習困難。另外幾組難以掌握的聲母分別是舌尖前音 z-、c-、s-（資、雌、思）、舌尖後音 zh-、ch-、sh-（知、蚩、詩）和舌面音 j-、q-、x-（基、欺、希），香港學生往往以粵語的舌葉音（laminal）z-、c-、s-（知、雌、思）來替代，造成了負遷移（negative transfer）現象。

在超音段（suprasegmental）的層面，說粵語的普通話學習者也必須克服輕聲或連續變調的困難，後者的語音規則是由並列的第三聲語素音節結構所觸發。例如「很好」分開單獨的發音為 hěn 和 hǎo，但放在一起時第一個音節必須變為第二聲，發音是 hén hǎo；更為複雜的是，比較長的第三聲語素音節結構如「我手寫我口」wǒ shǒu xiě wǒ kǒu，語義上可劃分成「我手」和「寫我口」兩個語節，而「寫我口」又分成「寫」和「我口」兩個語節，按連續變調的規律應發音為 wó shǒu xiě wó kǒu，兩個「我」字都需要改變聲調。

由於粵語承傳了中古漢語的音韻特徵，普通話使用者在學習粵語時，或許比粵語使用者學習普通話更困難（田小琳，1997），但普通話中不少語音難點卻亦是粵語使用者在學習普通話時的障礙。學習普通話不能一蹴而就，以粵語為母語的香港人要熟練地掌握普通話並不容易，遑論在短時間內達到如母語般的水平。

---

16. 學習英語亦然，以粵語為母語的香港學生容易把 <u>n</u>o（不）讀成 <u>l</u>ow（低）。

提前接觸漢語拼音及其學習效能

　　無論是簡體還是繁體，[17] 漢字至今仍為兩岸四地廣泛地使用的表意文字（logographic/non-alphabetic）；另一方面，漢語文字的拼音也是漢語相當重要的一部分，尤其對初學者而言更是如此。1949 年 10 月 10 日，中國文字改革協會正式成立，協會第一次理事會議上決定把研究拼音文字作為主要任務。1950 年代中國文字改革主要包括三個方面：制定簡化漢字，推廣普通話，推行漢語拼音方案。1958 年全國人民代表大會正式通過漢語拼音（Hanyu Pinyin）方案，規定以之來拼寫中文，即按照中文字的普通話讀法記錄其讀音。《漢語拼音方案》訂定後，漢語拼音便成為漢字轉寫為拉丁字母的規範方式，同時也是國際普遍承認的漢語普通話拉丁轉寫標準。[18]

　　漢語拼音是內地基礎教育的重要組成部分，學校運用漢語拼音幫助小學生識字、正音和學習普通話，同時將漢語拼音作為一種書面符號，在小學生掌握漢字的數量還十分有限的情況下，輔助小學生進行閱讀、作文等訓練。香港教育當局早在 1997 年就把「掌握、運用漢語拼音」列作小學四年級至六年級的教學重點（《小學普通話科課程綱要》），可是時至今天仍未見其就漢語拼音的教與學為學校提供具體指引。相反，當局建議小學按自身情況例如課程編排、學生進度和教學支援等，自行計劃和調整教授漢語拼音的步伐，此前不少本地學者已陸續指出高小階段後才引入拼音學習的種種弊病（Li, 2017），此處不贅。基於「初小學生具有巨大學習效能」的觀點（見下一節），學校應考慮提前於初小階段甚至更早的學前階段，讓學童接觸漢語拼音。

---

17. 簡體：內地稱「規範字」；繁體：台灣稱「正體字」。

18. 1958 年通過《漢語拼音方案》後，清末民初普遍使用的郵政式拼音（postal romanization）作為內地地名的音譯標準，仍然在國際上通行，直至聯合國於 1977 年起正式改用漢語拼音，例如「北京」由 Peking 改為 Beijing，「廣州」由 Canton 改為 Guangzhou。不過，若干歷史悠久、為人熟悉的品牌和學府依然保留舊的拼寫方式，例如青島啤酒（Tsingtao Beer）、清華大學（Tsinghua University）、中山大學（Sun Yat-sen University）等。

自 1980 年代以來，內地的研究表明，相比普通話為母語的學習者，以方言為母語的學習者需要較長時間才能完全掌握漢語拼音系統（平均多 6–12 周）；儘管如此，漢語拼音仍然是促進中文讀寫發展最有效的輔助工具。中港兩地小學生的普通話能力和學習環境不盡相同，香港小學的漢語拼音教學雖不能完全套用內地小學拼音教學的模式，但漢語拼音教學依然是普通話教學中重要的一環。以拼音作為學習工具的優點有二：其一是顯著地增強學習者的語音（包括音素）意識；其二，通過學習漢語拼音方案，不但能提高學生看拼音讀漢字的能力，而且能鞏固學生普通話發音之基礎。現時香港小學的拼音教學，時間跨度動輒三、四年甚至更長，教學進度比內地緩慢（張壽洪、盧興翹，2006；鄭崇楷，2005），基於普通話聲母和韻母數量始終有限的事實，當局實在有必要重新檢視整個拼音系統的教學，適當地縮短學習跨度，並就拼音教學設計提出指引和範例，以免學生在不必要的冗長學習中失去對普通話的興趣。

　　反對初小階段教授漢語拼音的學者最常提到的憂慮之一，在於學習普通話時可能與同樣採用羅馬字母的英語混淆，例如 q 在兩種語言中的發音明顯相異。然而事實上，漢語和英語分屬兩個截然不同的語系，至今仍未見任何實證研究顯示初小學習者會因為學習漢語拼音而出現普通話和英語混淆的情況。相反，現有的心理語言學和雙語研究結果都顯示，愈年輕的語言學習者愈能夠在學習不同的語言時，把分屬不同語言的語音和語法規則分開，具體的實證包括在多語環境中，年輕的學習者一般都能識別並以相應的語言，回應說不同語言的說話者（Yip & Matthews, 2007）。黃月圓、楊素英（2000）的實驗研究證明，4-6 歲的幼童有能力在說粵語和普通話（甚或英語）的對話人之間適當地轉換語言，對其語言習得成效影響不大。

　　漢語拼音作為學習普通話的重要工具，其用以標識漢字標準漢語發音的重要性，遠超過任何潛在的語言混淆風險。再者，提前在初小階段引入漢語拼音作為教學手段的另一個重要論據是，學習者熟記《漢語拼音字母表》之後能借助漢語拼音認讀中文字，並能用音序和部首檢字法查字典，學會獨立識字（Li, 2017）。

另外，隨着時代發展，漢語拼音的使用愈來愈普及，先不說很多圖書館、網上發音詞典，都以漢語拼音作為搜索的工具，就連日常生活中使用的電腦、手機也內置了漢語拼音輸入法。現在大多數年輕學習者已是數碼化的新生代（digital natives），學好漢語拼音，只要鍵入拼音字母便能輕鬆地輸入中文字，方便快捷地從網路上獲取大量有用的資源和材料。

面對漢語拼音輸入法的使用愈來愈廣泛，延遲引入漢語拼音顯然並不符合年幼學童的最佳學習利益。自從學界初次提出「語言習得關鍵期」到現在，已超過半個世紀，本港在制定普通話教育策略時如能將學習關鍵期的因素列入考慮，必能收事半功倍之效。若能為年幼學童營造學習普通話的環境，配合兒童腦部發展、全人發展和語言發展的黃金時期學習，相信有助他們輕鬆自然地掌握目標語言。

語言習得關鍵期——兒童學習之黃金階段

要提高語言教學效率和改善不利的社會語言學習環境，最佳的選擇似乎是重新審視開始學習普通話或其他語言的時間，以及其課程設計。以下將以心理語言學（psycholinguistics）和認知神經科學（cognitive neuroscience）在幼兒雙語習得方面的實證研究為依據，闡明促進學生發展普通話及其他語言的有利因素。

根據神經科學的研究，以及對第一和第二語言讀寫能力發展的文獻回顧，提早於 4–8 歲接觸第二語言，能有效地提高教與學的質素。研究顯示，年齡是影響第二語言學習成果的關鍵因素。早在 1959 年，Penfield & Roberts 就提出了語言習得關鍵期的假說（critical period hypothesis）。這一概念首先源於生物學領域的觀察，即生物個體在發展過程中，學習某種行為一般都有最適宜的時期。關鍵期中，在適當的環境下個體行為的習得相對地較為容易，且發展迅速，機體對來自環境的影響也極為敏感（崔剛，2011）。此說提出後的幾十年，相鄰學科的學者，特別是心理學、心理語言學、認知與神經科學和大腦科學的許多研究者都圍繞這

一課題展開了大量的研究，嘗試解釋為何嬰兒在語言習得方面具備與生俱來的神奇力量（Kuhl, 2010）。在 1980 年代，研究進一步發現嬰兒都能察覺存在着不同語言中所有可能出現的語音音位，這種能力在嬰兒約六個月大時達到頂峰，而由一歲開始對特定語音的敏感度便會逐漸提升（Werker & Tees, 1984）。近年，通過對嬰兒大腦的測試，Kuhl et al.（2006）認為嬰兒在成長的第一年，大腦結構對不同的語音單位的感知能力，會逐漸變得更集中於自己母語的語音特性，或在神經上對母語更為專注。[19] 為了進一步了解關鍵期假設對於各語言學的子系統，如詞性、句法和詞彙等的影響，認知與神經科學家於過去二十多年，不斷在這一領域努力探索，並取得了豐碩的成果。儘管相關研究仍未能釐清不同語言的特點與腦部認知發展的具體關係，但已有跡象顯示，語音、詞彙和句法學習的關鍵期各有不同。例如，語音習得的關鍵期在一歲之前，句法學習在 18 至 36 個月期間至為活躍，而從 18 個月大開始詞彙發展則處於「爆發」狀態（Kuhl, 2010）。[20]

與成年人相比，學前兒童（4–6 歲）與初小學童（6–8 歲）有更好的學習能力，能更有效地吸收各種語言知識，並將之融入到他們正在發展中的多語言系統之中，其關鍵即在於兒童的語音意識（phonological awareness）（Chow et al., 2005; Kuhl, 2010; Mayberry & Lock, 2003）。這個時期如忽視對兒童進行語言教育，兒童語言發展就會緩慢，及後要迎頭趕上就會顯得困難。黃月圓、楊素英（2000）曾運用對比研究法，以兩組以粵語為母語的小一學生為研究對象，一組以沉浸式教學學習普通話，另一組以普通話獨立成科方式上課，每星期各有兩課 35 分鐘的普通話課堂，實驗為期十個月。到了第八個月，研究發現使用浸入式教學的組別

---

19. Tomasello（2003）在參考了一些用以評估關鍵期理論是否有效的實證研究後，得出了類似的結論。他以成年人學習各種運動或技能（例如彈鋼琴）時的低水準表現為例，指出何時開始接觸各類技能至為關鍵，語言學習也不例外。

20. 相關的研究結果都是在實驗室環境下取得。Kuhl et al.（2003）曾探究真實社交互動對嬰兒大腦機制的影響情況。研究發現，比起錄音、錄影等虛擬手段，與真人（例如父母、照顧者或老師）的互動才能創造真實的社交語境（social context），而社交語境對嬰幼兒語言習得的質素有着決定性的積極影響。

任何語言的讀寫能力，都是先通過
口語詞彙的發展，口語的引導能幫
助學習者建立語文學習的初階。

在經過為期各兩個月的「沉默期」、「粵語普通話混合使用」階段和為期三個月的
「半自然使用普通話」階段後，漸漸達到了自然使用普通話的階段；至於普通話獨
立成科的小組，他們的語言水平顯然沒有那麼高。研究結果反映只要在小學打好
牢固的基礎，可以免去在中學階段學習普通話的種種難題（頁 215）。雖然語言習
得關鍵期假說從提出到現在，學術界仍未能就人生哪一階段是語言發展的「黃金
發展期」這一問題達成共識（崔剛，2011），不過以下觀點早已通過大量不同地
區的研究而得到了較為一致的看法（陳寶國，彭聃齡，2001）：

(1)　語言習得過程在嬰兒早期階段就已經開始；

(2)　開始接觸語言的年齡愈晚，語言習得的成效便愈低；

(3)　第二語言的學習也存在關鍵期，這突出表現在學習者年齡愈小，愈容易
　　　習得第二語言的正確發音；

(4)　語言習得的關鍵期可能有多個，即不同的語言範疇，如語音、詞彙、句
　　　法，其習得的關鍵期可能不同。

　　任何語言的讀寫能力，都是先通過口語詞彙的發展，口語的引導能幫助學習
者建立語文學習的初階。在許多心理語言學詞彙閱讀和識別的實驗中，早已得出
有力的實證支持，以學習者對目標語言的語音認知作為前提，能有效地促進語言
能力的培養（Shu et al., 2008）。Chow et al.（2005）基於一項針對香港中文幼稚園
學生（年齡區間 3.8–6.2 歲）語音處理能力和早期閱讀能力的實證研究，指出語音

意識對兒童的語音習得、閱讀習得和閱讀能力發展至關重要。有關實驗分為兩項進行，彼此緊密相關。第一項研究是關於語音意識和中文閱讀的雙向關係，第二項實驗是測試學童在中文和英文書面語之間是否出現了「音韻遷移」(phonological transfer)，研究結果顯示語音意識和中文閱讀能力的發展是相輔相成的，即是語音意識有助於中文閱讀的習得，而閱讀習得又能反過來加強語音意識。換句話說，在理解一套書寫系統時，不能不考慮連繫書寫系統的口語系統。事實上，學習閱讀的其中一項任務，是要讓讀者理解書面文字和口語之間的對應。口語和書面文字之間的密切聯繫和相互依賴性，是讀寫能力發展極為重要的關鍵因素。

殖民地時代，普通話教育仍未普及，粵語是唯一用於聯繫香港地方語言與標準書面語的語言。隨着殖民地時代的結束，普通話進入了語文教育政策，成為「兩文三語」其中一項政策目標，口語和書面語的聯繫由只有粵語而延伸至在小學必修課程中加入的普通話，以配合發展「添加性雙語」(additive bilingualism) 的教學原則和目標，但問題是：如何做到？在香港，標準中文使用的是表意文字的書寫系統，而掌握書面語是讀寫能力發展的重要目標之一。與內地學生相比，香港學童要習得中文讀寫能力並不簡單，因為標準書面語無論在詞彙和語法上，較之粵語都更為接近普通話。若要利用普通話與標準書面語的對應關係，以粵語為母語的學童最好能透過多種管道及早接觸普通話，例如通過唱兒歌、玩遊戲、猜謎語、聽故事等，刺激幼兒的興趣和動機，讓他們在輕鬆愉快的氣氛下不知不覺地掌握普通話的語音和詞彙（黃月圓、楊素英，2000；Li, 2017）。此外，在傳統中國文化裏，背誦訓練歷史悠久，把古代蒙書（即兒童啟蒙書籍，例如《三字經》和《百家姓》）等中適當的篇章加入學習之中，既有助加快兒童認識中文的基本字詞，又能促進閱讀能力的發展，而且能更有效地灌輸倫理道德的「義理」，在傳承文化上可說是有深遠而重大的意義。只要確保有高質、足夠的目標語言輸入，在孩提至高小的人生階段朗讀背誦甚或死記硬背（如唐詩宋詞）絕非毫無價值（Li, 2017）。學前兒童擅於以第二語言背誦，如以粵語為母語的幼園學童在普通話集誦和朗誦比賽中表現優越，說明了4–6歲的學前幼童絕對有能力以符合

普通話語音規範的讀音，牢記與詩歌或朗誦段落的內容。黃月圓、楊素英（2000）就曾證明使用簡短的押韻文本在課堂比賽中作大聲吟誦表演，在教學法而言是有效的學習方法。

在學習目標方面，學前和初小階段（4–8 歲）最優先的教育重點，應是發展接收能力，而不是發展其語言輸出、寫出正確字詞的能力。培養幼童朗讀、唱出各種類型的段落、歌謠，比起跟隨既定筆劃書寫的語言輸出培養更為重要，因為在生理上，幼兒的手還沒有完全發展成熟到能重複書寫漢字，特別是筆劃繁多的字詞。在現象圖析學（phenomenography）的啟發下，[21] 謝錫金等（2007，2015）展示了如何運用「整合感知方法」增加幼兒學習漢字的愉快感。具體而言，幼稚園教師在設計以識字為重點的活動時，顧及年幼學生的心理詞彙（Aitchison, 2003），把年幼學生的日常詞彙融入到課堂裏，例如家庭成員的稱謂，食品如米飯、豬肉、牛肉、魚、漢堡包，幼童所居住的社區名稱，電視卡通人物等等。這些詞彙可以作為跳板，提高幼兒對構成字元的各種拼字原理的意識，例如獨體和合體、部首和偏旁等概念，由此入手介紹現行漢字中超過 80% 的形聲字的結構特點，從小量組字能力比較強的意符和聲符開始，發展學童的部件意識和認字能力。另一方面，幼兒中文教材設計也應該考慮學習者的情感因素，曹玲（2011）認為兒童和青少年對於二語習得是無意識或偶然的，但正是這種無意識的學習，可能產生極佳的學習效果。因此，教材內容的選擇也需留意，盡量為學生營造輕鬆、活潑的學習氛圍。以上的教學策略可擴展到普通話試行，並透過多元評估監測學前兒童的學習表現，判斷這是否一項可行的教學方式。

2016 年中國教育部和國家語委印發了第十三個五年規劃綱要（簡稱「十三五」規劃）。這份提綱挈領式的指導性文件除了再次強調內地語言政策的兩個總原

---

21. 現象圖析學源自瑞典，是一種質性的教育研究取向，旨在找出人與現象的關係，亦即人在某一現象面前，會有哪些不同類型的理解方式。這個理論多被用來分析課堂教學，以及設計學習環境來促進學習。

則 ——「推廣全國通用的普通話」和「各民族都有使用和發展自己的語言文字的自由」之外，還因應經濟文化發展的新形勢，對語言文字的發展寄予了更高的期望：實施對外語言服務人才培養計劃，訓練「語言通」。在論及如何增強國家語言實力的同時，語言文字工作不僅要關注「語言」的問題，還要看到「語言是資源」的問題；不僅要注重「拓寬國家通用語言文字的普及範圍」，還要注重「質素的提高」。倘若要高效地建設高質素多語種人才儲備庫，Li（2017）所提出「應該制定贏在起跑線的長期規劃」的建議格外值得參考。

兒童在學習語言時有其優勢，如兒童對元語言知識較為敏感，模仿力又極強，在語言習得尤其是語音方面佔有絕對優勢。回應國家對大量高質素多語人才的需求，在具備條件的地區，例如香港，不但應將普通話課程推廣至香港更多的學校，還應將時間提前，即從幼稚園或小學低年級起創造語言環境，讓學童接觸並使用普通話，充分利用兒童習得的關鍵期，使兒童輕鬆地學習到「地道的」第二語言。其次，根據兒童在關鍵期內更容易習得第二語言的純正語音這觀點，在第二語言教學的初期，重點應強調第二語言語音、音調的學習，強調聽、說能力的培養。如果能夠珍惜並更好地利用 4-8 歲這段有限的黃金時期，既可避免較年長時期學習外語時所面對的種種困難，又可在教學資源的分配上收事半功倍之效。

結語

在現時這個區域經濟整合以至全球化的年代，為應對競爭日趨激烈的需要，人才培訓對香港的未來發展異常重要。而「兩文三語」政策中的英語和普通話，正是社會未來發展必不可少的要素，無論對準全球或面向祖國，能流利活用英語和普通話的人才，必定能為香港社會帶來新的動力和機遇。可是，本地語文教育卻持續堪憂，不論是學生的英語能力或是普通話能力，在教育改革的風風雨雨過後漸見樽頸，不但未見起色，甚至有所退步，而有關的語文教育政策亦不時受到

社會各界批評。這或許與政策實施之初，未有通盤考慮到香港的社會情況與教學現實，未有汲取各方相關經驗和實證研究成果有關。倘若情況持續惡化，勢必影響人才培育，動搖社會根基，甚至影響本港固有的優勢和競爭力，更遑論在大灣區的發展格局下未來數十載可長治久安地持續發展。為免本港長遠發展出現暗湧，特區政府有必要正視香港的語言環境和香港人在語言習得上所面對的難題與挑戰，多參考學術界具學理基礎且有實證支持的建議以扭轉劣勢，撥亂反正。例如重新審視可作為其中一種教學資源的雙語教學法，按語言習得關鍵期兒童學習的優勢訂定課程規劃的方向與優次，這都有望提升下一代的語言水平，為社會發展帶來轉機。

3

「三語」政策下粵語的
使用現況、定位與發展

1997年以來，廣東話的功能進一步擴展到一些過去只
能使用英文的高層社會領域，如政治和行政管理等方
面⋯⋯二十一世紀將是廣東話、普通話和英語在香港
不同的社會生活範疇各顯千秋的時代。

——陸鏡光教授

「兩文三語」（biliteracy and trilingualism）是香港既定的語文政策。為了推廣這項政策，政府過去一直在常規教育和在職進修等不同層面上投放大量資源，希望提高市民運用三語的能力。三語並重固然有現實的需要，因為粵語、英語和普通話三種口頭語在香港社會各有其特定的功能。可是在推廣的同時，我們也要知道，對普羅大眾而言三語其實是頗高的要求，需要通過相當時間的訓練和有效運用始能期望達致一定的成效。因此要有效地運用資源，落實「三語」政策，我們應該對「市民在香港職場中最常使用的語言」這個課題有基本的認識，而非緩急輕重不分地同時發展三語的能力（李貴生、梁慧敏，2010）。

回歸後在「三語」框架下粵語佔一席位，「三語」雖為口頭語，但粵語在香港地位特殊，大部分情況下是法定語文（official language）「中文」的口語表現形式，所以審視粵語的現實地位，最後仍須重視其與「兩文」裏中文的關聯。有論者曾預測粵語將循非正式的「低層」語言方向發展（黃谷甘，1997），但事實上，不管從甚麼角度來看，藉助經濟和流行文化，粵語至今仍是本地的強勢慣用語，是母語使用者思想、感受、議論或聯想的載體，甚至以文本方式滲透社會各方面，書面上演進為「港式中文」，在不同範疇中煥發着生命力。本港過去的語文教育政策似乎沒有太多推廣粵語的措施，但掌握粵語知識，包括對音韻、詞彙、句式的正確理解，實有助豐富中小學生的語文學習，提升閱讀古典詩文的水平，而演講、答辯等訓練屬高層次的聽說能力，亦必須通過專門訓練才能恰當地應用。從應用價值的角度看，為教師而設的粵語水平檢定，就顯得別具意義。

此外，目前少數族裔或新來港人士若要融入社區和香港社會，儼然要在支援不足的情況下，度過艱難的粵語學習期，又或無論多努力最後仍無法真正融入香港生活。要改變這種困境，施政部門宜加大對粵語教學的投入。制定貼合現況的政策必需審時度勢，例如按不同的工作場合、職級，為即將進入職場或轉換工作的人士提供相關的三語培訓和教學，以幫助他們選擇適合自身發展的路向。

粵語是香港一般口頭交際和日常生
活的通用口頭用語，然而在英殖時
代粵語並沒有在官方政策中獲得任
何位置。

粵語在香港的歷史發展

　　長期以來，粵語是香港一般口頭交際和日常生活的通用口頭用語，然而在英
殖時代粵語並沒有在官方政策中獲得任何位置。直到回歸以後，粵語終於憑藉
「兩文三語」語文教育政策被納入「三語」中，得以登堂入室，成為受官方認可
的本地三種口頭語之一。

　　從歷史角度來看，開埠初期粵語並沒有明顯的壓倒優勢，所謂「香港粵語」
（Hong Kong Cantonese）更無從談起。十九世紀四十年代初的香港（僅指香港島），
人口不過五千多，主要是農民（於今黃泥涌）、漁民（於今筲箕灣）和艇家（蜑
民，俗稱蜑家），人口稀少，又沒有大墟市，古代文獻更鮮有提及（Eitel, 1895, p.
171）。[1] 有關香港本島的地名，《清初海疆圖說》、《海國聞見錄・輿圖》以「紅香
爐山」概括全島，《光緒廣州府誌・新安縣圖》又以「赤柱山」來取代（黃垤華，
2017，2019）。回顧昔日文獻，似乎當時香港島居民所說的粵語跟今天流通的香
港粵語不大一樣，最明顯的特點莫過於操不同方言的人不能互相溝通（mutually
unintelligible）。就如香港第一位西洋大主教史密夫神父（G. Smith）所記錄，

---

1. 見 Ernest J. Eitel, *Europe in China: The History of Hongkong from the Beginning to the Year 1882*, p.
   171。

十九世紀中葉時期香港島流通三種主要的方言（three principal dialects），即粵語、客家話和福佬話，彼此不能通話，其中粵語本地話還再分為三種口音：新安、番禺和南海（張振江，2009）。華人族羣之間沒有統一的交際語，直至太平天國戰爭（1851–1864）蔓延至廣州府，大批經濟地位較高的省城居民湧進香港島避戰，帶廣州腔調的粵語才開始立足香港，並逐漸成為市區的通用語。

二十世紀二十至五十年代，內地戰亂頻生、政局不穩，國民革命軍北伐（1926–1927）、九一八事變（1931）、抗日戰爭（1937–1945）、國共內戰（1946–1949）、三反五反運動（1951–1952）等一波未平一波又起，造成社會動盪不息。同時，南遷來香港的商號工廠日多，戰後香港的工商貿易突飛猛進，經濟異常繁榮。大量操不同方言的華人包括商人、文人舉家遷到香港逃避戰火，帶動了香港島以至九龍地區的發展，其中包括原居住在非粵語區的上海、江浙一帶的資本家和知識分子。五、六十年代香港華人居民的籍貫紛繁，廣東省有廣州人、四邑人、客家人、潮汕人，外省有上海人、寧波人、福建人、江蘇人、浙江人，彼此說着不同的方言；除粵語外，其他各方言並不佔優勢，大家開始以粵語作為交際仲介，使粵語逐步演變成具壟斷地位的主要流通語言。關於香港都市化之前的語言狀況，張雙慶（2004）認為在二十世紀七十年代發展新市鎮以前，香港新界並不說粵語，至少不以粵語為主要流通語言。

其實，在都市化以前，在大批新市鎮出現之前，香港的郊區並不說粵語，九廣鐵路就像一條臍帶，把粵語帶到香港郊區。鐵路經過的地區，包括香港的新界，說的是另外一些方言⋯⋯ 從方言的類別來看，新界的方言包括了漢語七大方言的三種方言，一是粵語，它以市區的粵語為代表，圍頭話和蜑家話都是粵語的分支，而且圍頭話和東莞話還很接近，可稱為莞寶方言，寶即寶安。二是閩語，即所謂的福佬話，他們是來自海陸豐的漁民。三是客家話，是新界方言最具優勢的一種。（〈香港有多少人的母語是粵語？〉）

後來市區人口接近飽和，有必要發展新市鎮，[2] 時任香港總督麥理浩（Sir Crawford Murray MacLehose, 1971–1982 在任）遂於 1973 年展開「新市鎮發展計劃」（New Town Development Programme），將土地發展伸延到九龍以北尚未發展的地方，亦即是原本由一條條小村落組成的新界，以容納不斷增加的市區人口；當時的目標是為約 180 萬人提供居所（《香港便覽》，2016）。張雙慶認為九廣鐵路（Kowloon-Canton Railway，簡稱 KCR）「把粵語帶到香港郊區」，[3] 這種説法有一定道理。七十年代末香港的交通網絡和集體運輸系統大幅擴展，直接支援了新界新市鎮的發展，新界居民能快捷地來往市區，讓都會區與新界的聯繫變得更為緊密，同時也模糊了各方言間的界線。1976 至 1980 年間，各新市鎮內共百多座公共房屋落成，提供逾十萬個單位供市區居民遷入。七十年代以後，新市鎮成功將二百多萬人口從市區分散出來，佔總人口的 35%。這 35% 主要説粵語的人口直接衝擊了原本説客家話、圍頭話和福佬話的新界（Leung & Wu, 2007）。都市元素慢慢滲入鄉村，墟市的地位逐步為新市鎮中心所取代，其他方言的使用亦漸漸為市區粵語所取代。張雙慶、莊初昇（2003）指出：

> 最近幾十年來，隨着香港的都市化進程加快，在人口遷徙融和的背景下，廣州腔的粵語（廣東話）在新界各地廣泛普及，新界原來的幾種方言土語，包括圍頭話、客家話和福佬話都相繼式微，使用人口越來越少。（另見張雙慶、萬波、莊初昇（1999），頁 370–371）

另一方面，為配合人口遷移，教育上政府統一了課程，並以粵語作為主要教學語言。無論是市區的津貼學校，還是新界的鄉村學校，都必須採用同一課程框架，

---

2. 「新市鎮發展計劃」展開以來，四十多年來香港共發展了九個新市鎮，可劃分為三代：荃灣、沙田和屯門屬第一代；大埔、粉嶺/上水及元朗屬第二代；將軍澳、天水圍和東涌屬第三代（《香港便覽》，2016）。

3. 2007 年「兩鐵合併」後九廣鐵路公司的業務正式合併至香港鐵路有限公司（港鐵）。

學校則可透過不同途徑組織學與教。從此，市區青年和新界青年都能擁有獲得同等學歷水平的機會，新界原居民的子弟不再限於耕種，地方之間由來已久的語言隔閡，隨着新市鎮的人口流動而逐漸淡化，語言融合可算是加速消除新界和市區分野的一種手段。港英政府發展新市鎮的結果，就是原以漁農業為主的新界被改變了面貌，急速的都市化轉化了新界上千年的語言傳統。[4] 香港人的生活方式、語言運用趨向一統，甚至產生了後來所謂香港人身份的「集體認同」（collective identity），粵語是凝聚香港這個想象共同體最重要的一環。除了在教育範疇內作為教學語言之外，粵語流通於香港的大街小巷，滲透到生活的各個層面，如用餐購物、電視電影、粵語流行曲（Canto-pop）、賽馬及其他文娛康體活動的評述，以至立法會辯論、政府新聞發佈等使用的均是粵語。本地報紙也經常出現或多或少以粵語入文的篇章，令正式與非正式書面語的界線模糊難辨。當粵語成為香港社會的強勢語言之後，香港居民的集體記憶便由粵語來構建，粵語也就順勢成為這種身份的一個重要特徵，亦是香港人過去普遍所秉持的一貫語言態度。

所謂語言態度（language attitude），指的是語言使用者在社會認同和個人感情等因素的影響下，對一種語言的特定看法與評價，這些看法和價值觀與語言的使用和能力緊密相連，也直接影響人們往後對該語言所採取的行動是否積極。一般來說，語言使用者對該語言持積極態度將有利於對語言的維護，反之就會導致語言轉移（language shift）。除了使用該語言的成員外，整個社會對某一語言的態度，將直接影響其維護的力度和發展的方向。未來除非香港語文政策出現重大轉變，如操其他語言或方言的外來人口大量遷入，否則粵語獨大的事實以及市民現有的語言態度將不會有太大的改變，這一判斷可通過語言調查的方法和結果加以論證。

---

4. 劉鎮發（2018）指出：「圍頭話使用者在香港居住已久，最早可以追溯到宋代從江西遷來錦田的鄧氏。」（p. 111）。

語言調查是社會語言學（sociolinguistics）的一種研究方法，通過考察不同地區、行業、階層、性別等人的語言運用，既可展現社會上各種語言的面貌，又可以此掌握其運用的條件和數據。戴慶廈（2013）認為語言調查是語言研究的基礎，是掌握語言事實的重要途徑，因此任何語言研究都必須建基於對語言現狀認識的基礎上。語言調查接觸到的是最新的語言材料，不但能夠加深我們對語言特點的認識，也能為語言相關的政策措施提供數據支持，具有重大的應用價值。藉着社會語言學的調查，提供可量化的參考指標，將有助我們在「三語」下對香港粵語的社會屬性有更全面的認識；只有通過探討及深入研究，充分了解粵語的現實地位和後續發展的可能，才能及時發現語文政策執行層面上的問題並適時地作出調整。

粵語使用的社會語言學調查——生活與工作場合

　　香港一直有不同類型的語言使用調查，其中最定期和最有代表性的項目，當推香港政府統計處主持的「人口普查」（population census）。人口普查的規模十分龐大，每隔十年舉行一次，並會在兩次普查之間進行一次中期人口統計（population by-census）。統計處的調查會搜集香港人口及社會特徵方面的資料，包括五歲及以上人口的慣用語言。人口普查的統計數據是公開的，照政府過去的調查資料來看，慣常使用粵語的人數仍佔絕對大多數。以 2016 年中期統計數據為例，該年所錄得的粵語使用人口為 88.9%，這已經是回歸二十年以來四次同類調查中的最低值，反映出粵語作為香港社會慣用語的地位，並沒有因為推廣英語或普通話而出現明顯的改變（見附錄表 2，頁 210）。曾主編《廣州話正音字典》的語言學家詹伯慧（2019）對粵語在香港的未來充滿信心，他認為粵語、普通話和英語三者之間，粵語在今天以至可見的將來都是最多人使用的語言，也是各個領域的通用語言。換句話說，近年社會憂慮粵語可能會被普通話取代，甚至消亡，暫時未見到這樣的趨勢。當然，要消除大眾的疑慮，還需要有更多的數據支持。

政府統計處的資料勾畫出香港語言使用的基本面貌，可是不足之處是局限於一般情況下語言的慣用情況，無法從中了解到特定情況下語言使用的不同表現。例如一般人可能慣用一種語言，但這並不表示只會說這一種語言。況且，隨着全球化的發展，單語社會（monolingual society）逐漸式微，取而代之的是雙語乃至多語社會及多元文化。生活在香港這個國際大都會，能因應不同情況而活用不同語言/方言的香港人其實相當多；慣用粵語的人在特定的場合也會使用英語或普通話。此外，政府的慣用語言調查未有結合各項因素加以分析，例如受訪者的教育程度、年齡、從事行業等，因此調查未能全面反映現況。為了更好地了解香港社會語言的發展趨勢，以及香港居民語言態度的變化，筆者自 2009 年起每五年主持一次「香港三語使用情況」的問卷調查，至今已經於 2009 年、2014 年和 2019 年完成了三次全港大型語言調查，有效問卷分別為 1,004、1,001、1,013 份，可說在一定程度上彌補了特區政府語言調查的不足（李貴生、梁慧敏，2010；梁慧敏，2014，2017，即將出版；梁慧敏、李貴生，2012）。過去十年，香港的政治、社會、經濟結構都發生了極大的變化，調查錄得的數據也不同程度地反映出這些變化。有關內容由三個部分組成，第一部分是背景資料搜集，例如性別、年齡、教育程度、職業類別，以及職位等級等。第二部分是關於在不同場所使用的語言及其頻繁程度，以 0 至 5 分為評量標準：0 – 從不使用，1 – 最不常使用，2 – 較不常使用，3 – 一般常用，4 – 較常使用，5 – 最常使用，調查項目見表 3.1。第三部分涉及市民對粵語的語言態度問題，包括了哪種語言最能正確地表達自己的思想和感情、粵語在香港的重要性、學習和掌握粵語的用處，以及希望自己的粵語能夠達到甚麼程度等幾個問題。[5]

---

5. 為了使數據的分析和比對更具連貫性，三次問卷調查都採用一致的設計，但因應社會、政治、經濟氛圍的變化，以及學制的改革等，2019 年的問卷也作出了小範圍的修改和補充。

表3.1 香港三語使用情況調查項目

生活場合	1. 與家人交談
	2. 與友人交談
	3. 外出購物
	4. 在公共場所用餐
	5. 收看收聽電視電台廣播
	6. 參與文娛康樂活動
工作場合	1. 與同級交談
	2. 與上級交談
	3. 與下級交談
	4. 與其他機構或企業進行業務上的交往
	5. 與工作服務對象交談
	6. 進行單位小組會議

生活場合和工作場合的總體情況

數據顯示，「三語」中粵語在生活和工作上的使用頻率都是最高的，介乎「較常使用」（4分）與「最常使用」（5分）之間，雖然十年間粵語在生活場合的均值呈現持續下跌的情況，但是下降的幅度很小，地位依然非常穩固。相反，在工作場合中，2019年粵語的使用量均值較2014年相比不降反升，回到2009年的水平，且第一次超過生活場合的平均使用量（見表3.2）。

表3.2　2009、2014和2019年三語在生活場合和工作場合的總使用均值統計

年份	生活場合			工作場合		
	粵語	英語	普通話	粵語	英語	普通話
2009	4.84	1.23	0.72	4.61	1.33	0.65
2014	4.71	1.41	0.83	4.53	1.67	0.97
2019	4.60	1.13	0.81	4.61	1.31	0.76

　　就生活場合中各具體場景所見，與 2014 年比較，2019 年粵語在「與家人交談」（4.82–4.84）和「與友人交談」（4.80–4.81）兩個場景中呈現微弱上升趨勢，其餘四個場合則保持不變或者持續微弱下跌，其中較明顯的跌幅體現在「收看粵語電視」（4.49–4.13）和「參加粵語文娛活動」（4.36–4.04）兩個場景中，這也許與近年日韓、普通話節目在香港受眾羣的擴大有關；但與 2009 年相比，2019 年的情況反映出粵語的使用均值呈全面下跌的態勢。縱然如此，若論及粵語使用量最低的生活場合「文娛康樂」，其均值仍超過 4 分，屬於「較常使用」的情況。工作場合中，2019 年粵語的表現更為強勢，除「與業務對象交談」（4.43–4.35）和「與服務對象交談」（4.61–4.46）兩項以外，其餘四個工作場景的粵語使用量都超越了 2009 年（見附錄表 3，頁 211）。

　　至於英語，對比 2009 年的資料，2019 年英語的表現與粵語截然相反，其使用均值所呈現的是全面下跌的態勢，不論在生活上還是工作中，十二個場合無一例外，「收看電視」與「文娛康樂」兩項更是兩個調查年份（2014、2019）連續下跌，表現疲軟，這是值得警醒的，可以大膽預計，英語在工作領域中的作用和地位將面臨進一步的挑戰。普通話的情況則比較樂觀，從 2019 年的調查結果來看，六個生活場合的使用量全面上升，工作場合則除了「與同級交談」一項之外，其他各場合的均值都有輕微增加，而且不同社會背景受訪者的使用差距都顯現不斷收窄的趨勢（見附錄表 3，頁 211）。

近年香港市民明顯地趨向將粵語與
香港居民身份高度連接，甚至衍生
為排他性選擇，這可能影響到英語
和普通話的使用。

從表 3.2 可見，粵語在生活場合和工作場合中的總體使用量，都比英語和普
通話要高。需要進一步思考的是，近年香港市民明顯地趨向將粵語與香港居民
身份高度連接，甚至衍生為排他性選擇，將粵語與「三語」中的另外兩語做了區
隔，這可能影響到英語和普通話的使用。以下將論及「三語」的使用是否受到性
別、年齡、學歷和職級等變項因素的影響，從而了解粵語的使用與各社會因素之
間的關係。[6]

性別因素

由於性別只有兩個選項，所以採取的是獨立樣本 t 檢驗的方式，t 檢驗值分
別為 t 值和表示顯著性的 p 值。分析發現無論在生活或工作場合中，「性別」一項
對粵語的使用影響都不大。2009 年只有在「同上級交談」和「同下級交談」兩個
工作場景中有顯著性差異，表現為女性較男性更多使用粵語。2014 年除了「與業
務對象交談」一項指標上顯示男性更常使用英語，不同性別在工作和生活場合中
使用粵語的差別都不大。到了 2019 年，「收看電視」和「文娛康樂」兩個生活場
景和「會議語言」這個工作場景，又再次發現性別差異，數據顯示男性較女性更
願意使用粵語。不過總體來看，性別並不是一個關鍵的因素，除了個別場合，男
性和女性在粵語的使用上分歧不大（見附錄表 4，頁 212）。

---

6. 因子特徵採用社會科學統計程序（Statistical Package for Sciences Version 25.0，簡稱 SPSS）軟件
作數據分析，另也參考單因數變異數分析和非參數獨立樣本檢驗等分析方法。

年齡因素

　　「年齡」一項對於粵語的使用沒有太大的影響。2009 年不同年齡組別的粵語使用頻率有差異的主要集中在生活場景中，「與家人交談」、「與友人交談」、「外出購物」、「在公共場所用餐」，以及「收看電視」五個場景的數據分析都存在顯著性表現（即 p 值小於 0.05），表現為 41 歲或以上人士較多使用粵語。工作場合中，則只有「與下級交談」一項出現顯著值。李貴生、梁慧敏（2010）認為這些差異雖然在統計學上具有意義，然而在走勢上並未見有特別趨向，並不足以構成有意義的推斷。到 2014 年，年齡因素對粵語使用有影響的依然以生活場景居多，工作場合中僅有「會議語言」一項出現年齡組別間的差異，當年的數據顯示，51 歲或以上的人士較中青年人更傾向使用粵語。2019 年生活場合中只有「收看電視」、「文娛活動」兩項有差異性表現，顯示為 31 歲或以上的人士更多使用粵語，在其他場景粵語的使用沒有年齡組別間的明顯差別；工作場合中，只有「與業務對象交談」呈現顯著性表現，但是年齡組別間的差異不大，最大組間差異也不超過 1（見附錄表 5，頁 213；附錄圖 1 – 圖 3，頁 226–227）。

學歷因素

　　2009 年和 2014 年兩次調查中受訪者的最高學歷，以「中五」和「大學」居多，「小學」和「碩士及以上」最低。最明顯的分別在於 2014 年的大學畢業受訪者較 2009 年少了約 100 人（10%），但卻新增了不少畢業於社區學院或專上學院的「專上」受訪者，估計這與 2012 年推出新學制之後不少中六畢業生選擇接受專上教育（副學士、高級文憑、專業證書）有關。2019 年受訪者教育程度的分佈與前兩次調查大致吻合，「中學/專上」和「大學」學歷的人數佔多，「小學」和「碩士及以上」最低，只有「中五」學歷的人數大幅下降（見附錄圖 4，頁 227），這符合新學制推行後就業人口的比例及分佈。

　　調查結果顯示，2009 和 2014 年教育程度的高低與工作場所中三語的使用呈現相當穩定和明確的趨勢。具體表現為，「大學」和「碩士及以上」兩個組別，

在工作場所中使用粵語的機會相對較少，而使用英語的情況卻有所增多（李貴生、梁慧敏，2010；梁慧敏，2014）；而各教育組別間粵語使用量之間的差異也在縮小。2019 年「中五」、「專上」和「大學」各教育組別間粵語使用均值的差異均較 2014 和 2009 年小，個別場合（與服務對象交談）中「大專」組別較「中學」組別更多使用粵語，這是三次調查中首次出現的情況。此外，數據亦反映「中五或以下」受訪者在「與上級交談」和「會議語言」兩個場合中，使用普通話的均值低於其他組別，說明較低學歷的人士在較高層次的場合，除粵語外不需或不能使用其他語言。值得留意的是，2019 年「大學」和「碩士或以上」兩個組別之間粵語使用量的差異有所縮窄，工作場合的粵語使用均值也有所提升。比較三個年份，總體來說粵語在生活場合的使用值大致介乎「較常使用」（4 分）與「最常使用」（5 分）之間，在工作場合則大致介乎「一般常用」（3 分）與「最常使用」（5 分）之間，教育程度愈高者使用粵語的機會便愈少（見附錄圖 5– 圖 7，頁 228–230）。

職級因素

　　要全面了解粵語在香港社會的使用，還需考察「職級」的影響範圍，特區政府 2016 年中期人口普查將行業職級按高中低劃分為：

（一）　行政管理人員及高級行政人員（高級行政人員）
（二）　專業人士、輔助專業人士及中層管理人員（中層管理人員）
（三）　一般文職、技術及非技術工作人員（一般文職）

調查所採集到的樣本，其職業分佈與上述全港人口普查中的職業分佈大致相同，以（三）佔多數，其次是（二），最後是（一）。與教育程度的影響模式不同之處在於，生活場合中除了「文娛康樂」，粵語使用均值並沒有因為職級高低而表現出顯著差異。不過，職級對工作場合的粵語使用則有明顯影響。2009 年、2014 年和 2019 年的趨向較為一致，職位愈高者，例如「高級行政人員」、「中層管理人員」運用英語和普通話的機會便愈多，特別是「高級行政人員」，在「與業務

對象洽談」和「會議語言」兩個場合明顯較多地使用英語和普通話，這一點與上一節教育程度所呈現的趨勢是一致的。相反，職位較低者如「一般文職」在多數工作場合中使用粵語的頻率則較高。其中值得注意的有三點：

(1) 2019 年大部分工作場合的語言使用，「高級行政人員」和低一級的「中層管理人員」之間的差別都不太顯著，亦即是說，以往「高級行政人員」明顯較多地使用英語和普通話，2019 年卻顯示連「中層管理人員」也都較傾向使用這兩種語言，反映出香港職場對中高級行政管理人員在語言能力方面的要求有所提升（見附錄表 6，頁 214）。

(2) 2019 年的調查顯示「高級行政人員」在職場中各個場合的粵語使用量，從 2009 年介乎「一般使用」（3 分）和「較常使用」（4 分）之間，上升至介乎「較常使用」（4 分）和「最常使用」（5 分）之間（見附錄表 7，頁 215）。

(3) 若按照職業類別來分析，2019 年絕大部分場合的均值變化符合整體樣本的趨勢，即粵語的表現仍然強勢；不過「進出口、批發及零售業」、「住宿及膳食服務業」、「金融及保險業」和「地產、專業及商務服務業」等四類需要服務外地居民的行業，受訪者使用粵語的均值均稍低於 2014 年（見附錄表 8，頁 215）。

在因子分析中，雖然學歷、職級對於粵語的使用仍然有一定影響力，但是和前兩次調查比較，2019 年粵語在不同性別、年齡、教育以至職級組別的差異都呈現不斷縮小的趨勢。這說明無論在何種場景、說話者背景如何，粵語都是香港主要的交際工具。但，這又是否表示粵語是香港的「高層」語言呢？

粵語「低層」語言的迷思與現實

香港特區政府的語文教育政策，以「兩文三語」為目標，期望學生中英兼擅，能書寫通順的中、英文，操流利的粵語、普通話和英語。在「三語」的框架下粵語獲得與英語和普通話並列的口頭語地位，看似沒有受到忽視，然

而不少學者在分析香港三語的使用狀況時，會嘗試借用高低層語言的思維。即是說，雙語或多語社會中既有出現用於正式場合、地位較高的「高層」語言（high language variety），亦有用於非正式或私人場合的「低層」語言（low language variety），功能上各語言在不同語域（domain）中會有明顯的分工。黃谷甘（1997）曾預測，香港社會回歸以後將會逐步走向三語分工：

> 普通話成為政治和行政管理語言，英語成為科學技術、金融商貿語言，粵語成為家庭和熟人間或非正式交際場合所使用的語言。（頁 91）

黃氏假定粵語會逐步成為香港通俗的、非正式的「低層」語言，而民族共同語普通話和世界通行的英語會成為正式場合的「高層」語言，然而回歸已二十多年，上述三語分工之說，與社會現實和一般人的認知有明顯的差距。「三語」政策無疑有現實上的需要，因為三種口頭語在香港社會上均有特定的作用，不容易互相替代，可是三語之間到底存在着甚麼關係？游汝杰、鄒嘉彥（2009/2016）討論香港雙語教育時曾指出：

> 高層語言是英語，低層語言是粵語，而漢語（普通話）在兩者之外亦佔有一定的地位……香港未來的發展會怎樣呢？會向廣州的方式轉移嗎？粵語在香港的地位是很特殊的，不像中國別的方言，例如閩語在南洋、台灣一帶使用都很廣泛，但它在各地所取得的地位，絕對沒有粵語在香港的地位那樣高。香港可以做到從小學、中學到大專都可以用粵語作為教學媒介，別的方言做不到……香港未來的演變方向目前還難以預測，有一點是可以肯定的，即漢語書面語和普通話的地位將有所提高。（頁 293–294）

香港回歸前官方並沒有將資助中學以教學語言分類，不過由於受英國殖民統治，政策上傾向「重英輕中」，而回歸後普通話的地位確實得到大幅提升，由 1998 年開始普通話科即成為香港中小學的必修科，2000 年被納入香港中學會考獨立考試科目，「用普通話教中文」（即「普教中」）更曾一度成為教育局的遠程目標（《香

港學校課程的整體檢視報告》，1999）。至於粵語的發展方向，游、鄒兩位認為難以預測，但就肯定了粵語在香港的特殊性。根據陸鏡光（2005）逐年的觀察，回歸後在「三語」政策下粵語在香港的地位不降反升，甚至進入了過去社會上「高層」語言的領域：

> 1997 年以來，廣東話的功能進一步擴展到一些過去只能使用英文的高層社會領域，如政治和行政管理等方面。自過度期以來，香港的政治體制最明顯的變化就是政黨政治和選舉制的發展。在這個過程中，政治人物代表不同的政黨不同的立場，為了贏取更多民心和選票，必須用選民自己的語言來說話。因此在競選期間，每每可以在大眾媒體中聽到用廣東話來討論政府政策和公共事務等嚴肅的話題。同時，1997 年後，在政府高層架構中，大多數外籍官員的職位換成中國人擔任，英文的地位因之有所降低，並漸漸為廣東話所取代。（頁 84）

陸氏指出通過上述的功能滲透，粵語的社會地位日漸提高，我們認為他的觀察貼近香港語言發展的事實。上一節的社會語言學調查顯示，粵語的使用範圍絕不限於非正式場合，恰恰相反，它是職場中使用頻率最高的語言，介乎「最常使用」和「較常使用」之間，較英語和普通話為高。粵語的使用範圍包括家庭場合、朋友聚會、購物用餐、電影娛樂、電視電台、同事開會、學校授課、官員交談、議員辯論、政府發佈等不同場景，甚至延伸至港英時代一般以英文進行的法庭聆訊。前行政長官、時任政務司司長曾蔭權（2002）曾就有關粵語聆訊的提問作出以下回應：

> 司法機構亦注意到，以粵語進行聆訊的需要正日益增加。司法機構的政策是一方面在不損害司法質素和專業質素的大前提下，增加雙語法官和司法人員的人數。與此同時，亦通過語文訓練，致力提升法官和司法人員的中文水平。此舉不但有助於審理以粵語進行的案件，對以英語為主進行的聆

訊也有幫助。例如，部分口頭或書面的證供可以中文處理，而毋需傳譯或翻譯。（政府新聞公報，2002）[7]

這段話反映在本港司法領域中，口頭證供以「中文」處理指的是粵語，換言之，粵語可視為法定語文「中文」的口語形式。既然粵語廣泛應用在不同的社會領域，通行於政治、經濟、教育等不同層面，若說粵語是「非正式場所使用的低層語言」，恐怕未能全面反映香港語言使用的實況。

美國著名的社會語言學家 Charles A. Ferguson 早於 1959 年就已提出，要是一種本地語言的使用者超過總人口的 25%，同時又是 50% 以上中學畢業生的教育用語，它就屬於社會的「主要語言」(major language)。[8] 由是觀之，粵語不但具正式的「高層語言」功能，同時也是香港的「主要語言」。然而，過去把粵語視為「低層」語言亦非毫無根據。在殖民地時期，香港長期處於「重英輕中」的局面，中文的地位遠遠不如英語，高收入人士在工作環境中，英語的使用均值往往超過粵語；由於掌握英語能夠明顯提高經濟地位，被視為文化資本（cultural capital），因此又再反過來帶動「輕中」的社會風氣。即使回歸後二十年，教育程度愈高、職業性質愈專業或愈高級的行政人員，在工作場合中使用粵語的均值亦愈低，這種背馳的現象難免令人產生粵語在正式場合中沒有顯著地位的印象（梁慧敏，2014，2017）。縱然英語的地位高高在上，可是整體而言粵語仍然屬於「較常使用」的語言，滲透至生活和工作領域的各個方面，不可能只是「非正式的低層語言」。況且回歸以後，隨着中文成為第一法定語文，粵語作為「中文」的口頭形式，其所發揮的功能也愈見全面，表明了縱使有前述的背馳情況，粵語在香港仍佔主導地位，是非常通行的語言，甚至有出現「正規化」的趨勢（陳瑞端，2014）。

---

7. 見 2002 年 2 月 6 日香港政府「新聞公報」之「立法會第四題：民事案訴訟當事人及刑事案被告向法院申請由通曉粵語的法官審理案件」(www.info.gov.hk/gia/general/200202/06/0206161.htm)，瀏覽日期：2020 年 4 月 22 日。

8. 參徐大明、陶紅印、謝天蔚：《當代社會語言學》（北京：中國社會科學出版社，1997），頁 211。

此外，粵語地位的提升，亦可從「語言態度」上窺見端倪，以粵語為母語、佔本地大多數人口的華人對粵語的重要性和實用價值都深表認同，認為粵語最能準確地表達自己的思想和感情，甚至連母語為非粵語的居港人士都認同粵語在香港的重要性和實用性，希望能流利準確地使用這種語言（見附錄表 9，頁 216）。根據梁慧敏、李貴生（2012）的研究，鑑於粵語在香港佔有特殊地位，從內地移居本港的非粵語人士，為了融入香港的生活和工作環境，也在不同程度上出現了轉用粵語的情形，從而產生了語言兼用和語言轉移，這一現象在生活場合中尤為明顯。

香港非粵語母語人士的雙語現象

語言轉移（language shift）是語言使用者在某些語域上放棄母語而轉用別的語言的一種接觸現象，與語言使用功能的變化有關，包括語言功能的擴大與縮小。回歸以後，香港從事社會語言學研究的學者除了關注身份認同的問題外，對語言競爭的論題也極感興趣。由於普通話的地位日漸提高，審視港人對普通話態度的研究受到不同程度的關注（Bacon-Shone & Bolton, 1998；龍惠珠，1998a，1998b；田小琳，2001；劉鎮發、蘇詠昌，2005；鄒嘉彥、游汝杰，2003，2007）。過去在香港境內做的語言使用調查，或未涉及粵、英、普三語職能的分析，或因調查數據年代久遠，不再適用於香港目前的語言形勢。為了更準確地探討香港現時和今後的語言走向，「香港三語使用情況調查」從 2009 年開始嘗試每五年更新數據資料，並在此基礎上分析從內地移居本地的非粵語母語人士（下稱「非粵語人士」或「非粵語羣組」）在語言使用上的趨勢（李貴生、梁慧敏，2010；梁慧敏，2014，2017；梁慧敏、李貴生，2012）。[9]

---

9. 2009 年、2014 年和 2019 年進行的三次調查分別訪問到 26、38 和 29 位非粵語母語人士，其中以普通話為母語的受訪者佔大多數，其餘是母語為其他中國方言的人士。

調查顯示，在生活場所中，非粵語人士在「外出購物」和「公共場所用餐」兩個場景中使用粵語的頻率在三次調查中都是最高的；而「與友人交談」、「收看收聽電視電台」、「參與文娛康樂活動」三個場景的粵語使用，2009 年時介乎「一般常用」（3 分）與「較常使用」（4 分）之間，2019 年則下降至介乎「較少常用」（2 分）與「一般常用」（3 分）之間。工作場合中，非粵語人士在「與服務對象交談」和「參加會議」兩個場景中，轉用粵語的量呈現逐年增加的趨勢，2019 年更接近「較常使用」（4 分）；其餘四個工作場景中粵語使用均值在 2014 年達到最高，介乎「一般常用」（3 分）與「較常使用」（4 分）之間，2019 年情況則有些許回落（見附錄表 10，頁 217）。再仔細地看，2019 年非粵語羣組的粵語使用率，按均值高低排列分別是：

與工作服務對象交談 > 進行單位小組會議 > 與上級交談 > 與同級交談 > 與業務對象交談 > 與下級交談

這可能由於工作場所中不乏本地人，因此交談時需要使用本地的慣用語。在「與下級交談」時，由於經過多年的普通話教育，本地人一般都具備普通話溝通能力，因此上下級對話時可以不必改以粵語進行，反映出普通話在職場上的特殊功能。儘管如此，但從實際的數字看，非粵語羣組在「與下級交談」中使用普通話和粵語的均值都屬於「一般常用」，顯示兩者實際上並沒有拉開距離，即對話時兩種語言都會使用。又「與業務對象交談」時，非粵語羣組不乏使用英語的機會，説明工作場合當中或有外籍人士，所以須以英語交談。此外，值得注意的是，非粵語羣組在生活場所使用粵語的頻率，均明顯高於普通話和英語，反映在某些生活場景中他們的語言正從各自的母語慢慢地轉移到粵語。從語言功能的角度來看，相關現象從側面説明了粵語的「高層語言」性質。

以上的認識可幫助我們考察香港的語言兼用問題。簡單來説，語言轉移是一個過程，沒有語言兼用的誘因和過程就沒有語言轉移的結果。人口遷移往往由社會、政治、經濟等因素引起，新來者與當地人接觸後就會產生語言兼用現象，即

按場合在兩種或以上的語言之間游走。這種現象的特點是，要麼新來者學習當地居民的語言，如移民英美加澳紐的人學習英語，要麼原來的居民學習新來者的語言，如第二次世界大戰前大日本帝國時期韓國人、台灣人、琉球人學習日語。同一社會內長期共存着兩種或以上的語言，從而在各語域上造成不同程度的語言競爭，這是語言轉移發生的前提；一段時間之後，操其他語言者必定兼通主流語言，從而產生語言兼用現象，或稱雙語現象（bilingualism）。當語言兼用發展到一定時期，非慣用語的一方就會從日常用語開始向主流語言轉移，這便萌生並漸漸進入語言轉移時期。從理論上說，鄒嘉彥、游汝杰（2007）認為雙語現象可以指在同一社會內兩種語言共存的狀況，以及同一個人掌握兩種語言的狀況，即「雙重語言」和「雙層語言」。在前一種語言狀況中，兩種語言系統同時存在的情況可以反映在傳播媒介和學校教育等方面。至於後一種語言狀況，即個人的雙語現象，指的是在語言層面上及在語言交際的領域裏，説話人掌握從一個語言系統轉用另一個語言系統的能力。鄒、游兩位以不同地區移民的語言為例，觀察了一代以上的移民的語言現象特徵，把語言同化歸納為五個漸變階段 —— 語言移借（客居期）、語言替代（聚合期）、語碼轉換（過渡期）、雙重語言（混同期）、殘餘干擾（同化期）。

　　香港社會並非單一使用粵語，非粵語人士一般都會兼用粵語、普通話、英語、中國其他方言，甚至其他語言，例如日語、韓語，兼用的語言組合多以粵、普、英為主。他們無論在生活場所抑或在工作場所均會使用粵語，雖然非粵語羣組所有項目的均值都比粵語羣組的均值為低，但分值亦不算過低，屬「一般常用」（3 分）。從年齡組別分析，「文娛康樂活動」（如唱歌、看電影、舞台劇、歌劇等）一項，18 歲以下非粵語人士最常使用粵語，而 51–60 歲組別則不常使用粵語，這正好説明年紀愈輕的非粵語人士愈能接受粵語為主要的傳播媒介，預示了語言轉移的未來趨勢。按常理説，非粵語人士與家人交談時，最有機會使用母語，因為母語是從父母那裏習得的語言。然而研究卻顯示，移居香港的非粵語人士與家人交談時亦有可能使用粵語，這是探索語言轉移這課題中一條饒富意義的線索（梁

慧敏、李貴生，2012）。可以預計，粵普雙語兼用的現象發展下去，會出現表3.3
中的兩種可能情況。

表3.3　雙語現象發展可能情況

	發展趨勢	例子	條件
情況一	雙語在往後相當長的一段時間內穩定地繼續存在	加拿大：英語、法語 比利時：荷蘭語、法語	雙語均納入政府政策之中
情況二	雙語中較強勢的一方壓倒弱勢的一方	香港：粵語壓倒客家話、潮州話、蜑家話[10]	強勢一方在人口數量、政府政策中佔優

　　非粵語人士語言使用發生兼用或轉移的原因，與本地歷時（diachronic）背
景、共時（synchronic）狀態，以及個人語言態度等因素密切相關。在「三語」政
策之下，我們認為粵、普的未來發展肯定不會出現第二種情況，因為畢竟普通話
是國家語言，是政府致力提倡的語言。比較合理的分析，是香港的非粵語人士現
時正處於鄒嘉彥、游汝杰（2007）所說的「雙重語言期」，非粵語人士將按不同
場合、不同對象使用粵語、普通話以至英語來交流，接近情況一。關於個人語言
態度，在香港這個環境中生活工作，非粵語人士顯然都不約而同地意識到此間粵
語的社會地位非比尋常，粵語在政治、文化、經濟、傳播、人口幾個領域都顯示
出強大的競爭力，從市民日常交流，到學校教育、工商各行各業，到政府辦公、
立法會選舉，到新聞傳媒、大眾娛樂，粵語都居主導地位，而香港的大眾媒體及
娛樂事業的繁榮又反過來促使粵語繼續保持其無與匹敵的優勢。因此，非粵語人
士都希望能掌握粵語以便進行日常的交際，甚或能流利準確地使用，這種態度直
接影響他們在實際環境中使用粵語的意願（見附錄表9，頁216）。不過，非粵語

---

10. 蜑家話（Tanka dialect）是過去香港的水上人所操的一種語言，屬粵語變體，上世紀七十年代港英
　　政府先後安置各艇戶「上岸」生活，雜居之下蜑家人所使用的語言也就慢慢轉移到主流的粵語。

人士對粵語所持的態度，是對粵語主動認同，還是礙於實際環境而被動地接受和學習，仍有待後續的研究探討。

港式中文──香港報章中的粵英轉換現象

　　香港大部分人最常使用的慣用語無疑是粵語。由於粵語廣泛運用於生活和工作的各個語域，通行於社會、政治、教育、休閒、娛樂等各個層面，因而對香港社會的書面語使用和發展產生了一定的影響，所謂「港式中文」亦應運而生，成為一種極具本地特色的漢語書面語變體。其特點是較普遍採用粵語的詞彙、格式，出現大量粵語特有的方言漢字，也可以說基本上是粵語的書面記錄，但是標準中文還是佔有一定的比例（石定栩，2015；石定栩、邵敬敏和朱志瑜，2014）。回溯上世紀，早在 1950 年代開始，香港就已經出現「三及第」的說法，指香港的書面文體混合了文言、白話和粵語三種語言元素，具有非常明顯的地方色彩，與內地、台灣、海外使用的文體有明顯的差異。至 1990 年代，由於白話文已推行一段時間，香港報章文體中的文言成分開始逐漸減少，取而代之的卻是英語，而粵語的使用範圍亦不斷擴大。在這樣的背景下，香港報章的副刊、娛樂新聞、賽馬新聞內插入不同長度、不同數量的粵語用語和英文單詞可謂司空見慣，本地讀者都視作自然、有親切感。這種語文表達方式，用標準語言的尺度來量度固然說不上規範，但由於當代香港報章的「三及第」文體糅雜着大量英語元素，而且用法貼近粵語口語，對於學界來說，卻是觀察語言接觸（language contact）下粵英語碼轉換現象不能忽視的重要窗口。

　　「語碼轉換」（code-switching）是社會語言學概念，指在語言交際時於句際或句內交替使用多於一種語言。在香港的語言環境中，「語碼轉換」在口語方面是指在粵語句內插入英文單詞或詞組的現象，書面方面則指在中文行文中間插入英文單詞或詞組（多出現在非正式書面語文體），這種現象在教育程度較高的香港人中間尤為普遍。一般而言，粵英、中英之間的句際轉換現象並不常見。這主要

是因為大部分操中英文雙語的香港人之間，都不約而同地遵守一種雖不成文但有極大約束力的協議，即不願意全用英語作為相互溝通的語言。箇中原因，與以粵語為母語的華人佔絕大多數有關。因此，在同族人之間使用英語進行溝通這一點上，香港人與同處於多民族、多語言社會的新馬華人相比，可謂大相逕庭。故此，香港人在語言選擇上的取向，與他們無意識、無法控制的粵英、中英語碼轉換，構成了一個有趣的、但近乎矛盾的現象：民眾極不願意全用英語交談，但在他們的粵語中，卻經常插入或長或短的英語單詞或詞組（李楚成，2003）。

語碼轉換是香港語言生活中常見的複雜語言現象，香港過去為英國殖民地，官方語言、教學語言均以英語為主，因而在日常語言使用中也明顯地受到了英語的影響。李楚成、梁慧敏（2018a）曾採用隨意抽樣的方法，收集並整理 2017 年 3 月至 2018 年 2 月在香港出版的十份報章，[11] 對其中生活副刊、娛樂報導和廣告篇章中出現的粵英語碼轉換進行了專門收錄。研究發現這些專文都有一個共同點，就是由於副刊專欄並非嚴肅的新聞報道，專欄作家為求暢所欲言，通常都會自由地遊走於不同的語言及其文體之間，形成自身的寫作風格；也正正因為寫作的空間較為寬大，專欄短文通常都各具特色，甚或自成一格。

書面語滲入粵英元素

經過超過一個世紀的英式教育，香港中上層人士均慣於使用英語，後來發展至此間慣用語粵語口語中也夾用大量英語詞語，甚至體現在書面語之中。這種直接引用英語原詞的風格，可說是香港社會通用文體的顯著特點之一，一般人並不將之視為外語，而普遍認為是本地通用語體的一部分，這種現象誠可納入「港式中文」的討論。例如：

---

11. 採集語料的報章包括《香港經濟日報》、《頭條日報》、《東方日報》、《明報》、《文匯報》、《蘋果日報》、《am730》、《香港 01》、《晴報》、《雅虎香港》等，語料的主題包括時事評論、政治分析、流行文化和社會熱點（李楚成、梁慧敏，2018a，頁 243）。

我 feel 到自己乾就敷 mask。(《蘋果日報》，2018–02–22) [12]

鬼屋練膽量，被迫讀 Law 留憾，劉萬儀無懼犧牲：想媽咪長命啩。(《蘋果日報》，2017–12–10)

以上兩例均以粵語為主，加入英語原詞。近年由於網上傳意興起，包含英文詞彙的做法已經陸續出現在非正式的書面語之中，例如社交網站、討論區、博客的貼文，以及報章副刊和娛樂雜誌的報道等；特別是有關人名、產品和品牌，執筆者多借用英語原詞而不另作轉寫，例如：

事關 Maggie 夫婦喺香港開設牛肉麵店，身為熟客嘅麥子樂同 Maggie 老公都好 friend。(《蘋果日報》，2018–01–31)

這類在港式中文語體裏引用的英語詞最常見為名詞和動詞，而這些英語詞一旦與粵語相配合，其原來的詞性就有可能變更，特別是其語法屬性，繼而受到粵語口語或港式中文的語法組合規則約束。例如英文名詞「man」和「friend」轉變為形容詞用法，接受副詞的修飾，這在英語世界裏是無法想象的：

女神玩「天若有情」陳瀅鐵馬 Look 好 Man。(《頭條日報》，2017–12–07)

樂壇天后容祖兒（Joey）圈中廣結好友，佢就連一班幕後工作人員好 Friend。(《東方日報》，2017–06–09)

英語詞以單音節為主

陸鏡光、劉擇明（Luke & Lau, 2008）曾指出，香港粵語存在不少單音節的英語借詞（loanword），而多音節英語借詞亦有單音節化的傾向，這個情況與粵語保留單音節成詞的古漢語特色，可謂不謀而合。從類型學（typology）的角度

---

12. 本節和下一節所舉的例子，由於標準中文仍佔一定比例，因此不作現代漢語書面語翻譯。

看，漢藏語系中的親屬語言，其中一個語音上的共同點是彼此都擁有單音節語素（monosyllabic morpheme），粵語屬漢藏語系的一員，當然也不例外，因此粵語至今仍然保留着漢藏語系的語音特徵 —— 單音節詞佔優。古漢語以單音節詞居多，相較之下現代漢語、普通話則發展為雙音節詞（disyllabic word）居多。由於粵語具有「存古」的特點，所以粵語詞彙亦多有單音節詞，例如稱「眼睛」為「眼」、稱「嘴巴」為「嘴」、稱「翅膀」為「翼」。

香港是一個中英兼用的雙語社會，語言接觸的情況下大量英語詞進入了中文之中，成為了粵語口語和書面中文的一部分。古漢語單音節詞佔優的特點，不但反映在當代粵語中，甚至在英語借詞中也能體現出來，例如：

> 之前成日話 cut 唔到有線服務嘅朋友，今次可以一刀了斷啦。（《頭條日報》，2017–03–11）
>
> 至 Fit 安全駕駛大行動。（《雅虎香港》，2017–12–15）

「cut 唔到」（不能終止）、「至 fit」（最恰當）在香港粵語裏的出現率頗高，若在搜尋器 google 裏查詢，設定在香港地區，得出「cut 唔到」有約 21,800 項搜尋結果，而「至 fit」有約 97,300 項搜尋結果。與現代漢語相比，粵語單音節詞佔優的特點，令引進單音節英語借詞，或將複音節英語借詞單音節化，都明顯地較為容易，例如：

> 公司同事由開市到收市期間，全天候手機電腦 MON 住股市。（《雅虎香港》，2017–11–07）
>
> 來港遠足郊遊的旅客都「各有特色」，如南韓客的行山裝備「好 Pro」，行山杖、行山鞋、行山褲等全副裝備整全。（《晴報》，2017–11–16）

「mon」（監察）是 monitor 的第一個音節，「mon 住股市」是一直監察着股票市場動態的意思，「pro」（專業）是 professional 的第一個音節，這個現象在香港粵語裏相當普遍，其他例子如「佢好 jun（junior）」（他是新手）和「for（forward）界

佢」（轉寄給他）等。就多音節（polysyllabic）英語詞在粵語中出現單音節化傾向的課題，李楚成、黃倩萍、梁慧敏和黃得森的研究團隊（Li et al., 2013, 2015；Wong et al., 2014；李楚成等，2015a，2015b；黃得森等，2015）曾以系統化的語料庫作為支援，[13] 借用克萊恩（Clyne, 2003）的理論驗證「知覺顯著性」（perceptual salience）的可信度，以此為出發點探討粵英語碼轉換分別在詞彙、語音和句法上的促發誘因（facilitation），最後提出了「單音節促發論」（facilitation of transference of monosyllabic words），為粵語和英語之間的移轉既提出語言學理論及實證依據，又提供了合適且具說服力的分析框架。[14]

粵語的活力──香港電視廣告常用的修辭格

　　邵敬敏、石定栩（2006a，2006b）指出，「港式中文」主要在香港地區使用，既具有地域色彩，也由於香港實行的「一國兩制」而帶上濃郁的社區色彩。港式中文和所有語言一樣，遵行一定規則，結構相對穩定，卻又因為加入了粵語元素而增添了活力。粵語所具備的活力，是一種再生能力，是活用粵語繼而創造新詞或者新的表達方法的能力。過去不少政經界人士在公開場合也會使用一兩句新詞潮語，以示緊貼社會，例如前行政長官曾蔭權曾在香港電台節目《香港家書》中穿插「食腦」（動腦子）、「升呢」（升級）等「潮語」（trendy expression），一改過

---

13. 研究樣本主要來自由李楚成等（2015a）建立的「1990 年代中期香港報章副刊語料庫」（Hong Kong Mid-1990s Newspaper Column Corpus，網址為http://concord.pythonanywhere.com）。語料庫收集了 1990 年代中期香港中文報章約1500篇副刊專欄文章，來源包括《香港經濟日報》、《信報》和《明報》三份本地知名的報章，每篇文章、副刊約 300 字，語料庫總容量約為60萬字，全部進行了分詞和詞性標注。研究獲香港教育大學撥款資助。

14. 李楚成等（2015b）認為，當多音節英語借詞進入正反問（A不AB結構）中的肯定項時，往往向單音節化的方向發展，動詞例子如：「大家 sup 唔 support 中國移動一卡雙號呢？」，形容詞例子如：「巴塞抽中對馬德里體育會你話 hap 唔 happy？」。英語使用者絕不會將 support 節縮為 sup、將 happy 節縮為 hap，但這個現象在香港粵語裏卻相當普遍，尤其是粵語口語。近年由於網上傳意興起，這些用法已經開始出現在非正式的書面語之中。正反問中英語多音詞的單音節化現象，從另一個角度論證了「單音節促發論」（頁 104–105）。

去四平八穩的官式口吻；前金融管理局總裁任志剛也曾在電台清談節目中，表示到電台面對提問，即時要「升呢」去應付，又説退休後開始調整心態，要學懂去「hea」（此處意為「放慢生活節奏」）。李貴生（2006）認為語言的活力使得粵語成為香港人適應社會、創造觀念的主要思維工具。對比標準中文，雖然港式中文的應用範圍相對較為狹窄，只限於香港地區，但其滲透率極高，小至個體之間的短訊聯繫，大至報刊標題或傳媒廣播，無不涉及港人生活各個細節，尤其是在電視廣告中的活用，其創新潛力顯著，不僅能引起廣大粵語母語者受眾的共鳴，也彰顯了粵語的強大生命力。

電視廣告結合了聽覺和視覺等多重藝術形式，具表現力的廣告用詞不僅要求琅琅上口，還要突顯語義上的無縫配合，加上語感必須符合大眾化的要求，廣告詞中便出現了港式活用，尤其是廣告用語的修辭應用。通過了解粵語在電視廣告用詞中的活用，將有助我們了解粵語在香港社會文化中的形態。黃瑞玲（2002）指出香港商業廣告的修辭手法主要是誇張、設問、對偶、雙關等四種；[15] 梁慧敏（2012）曾就十屆《十大電視廣告頒獎典禮》（2001–2010）提名及得獎廣告作出統計，發現誇張、雙關、比擬、反復、對偶是香港電視廣告中較常使用的五個修辭格，以下將就前三者舉例説明。

誇張

香港的廣告喜以誇張手法把產品的特點優勢極端化，希望藉此讓觀者留下深刻的印象。譬如：

好似剝咗殼嘅雞蛋一樣咁滑（SK-II 護膚品）

---

15. 黃瑞玲（2002）在〈香港商業廣告常用修辭格研究〉一文中指出，香港商業廣告的修辭手法共有十四種：誇張、設問、對偶、雙關、反問、比喻、擬人、用事、反覆、鑲嵌、迭現、轉品、拈連和排比。

這一護膚廣告中，代言人以「剝咗殼嘅雞蛋」來形容自己的臉，就現實情況而言，皮膚隨歲月流逝而漸漸失去光澤和變得暗啞，不可能說塗護膚品就能完全改變膚質，變得好像去殼雞蛋一樣平滑。不過由於比喻貼切，雖略帶誇張，仍符合一眾女士對素顏美肌的渴望。

雙關

為了增加廣告的吸引力，追求新的創意，香港的廣告商絞盡腦汁，使得雙關語的運用技巧更加紛繁複雜。雙關語可分為「諧音雙關」和「語義雙關」，前者例如：

UA 智易按（UA 財務有限公司）

「諧音雙關」用發音相同的詞構成，「智」諧音「至」，「至易」在粵語口語裏是「最易」的意思，廣告意思是選擇 UA 財務做按揭既聰明又輕易。諧音雙關的技巧讓該廣告詞生出風趣的語言風格。「語義雙關」利用語音或語義的條件，有意使語句同時兼有兩種意思，表面上說這個意思，而實際上卻是說另一個意思，例如：

裝人不如自己裝（有線電視）

第一個「裝」乃粵語單音節詞，是偷窺之意，第二個「裝」則解作安裝，意為自己安裝收費電視就不用偷看人家的。另一個例子是汽水廣告語「祝人人可愛，百事可樂」，後句在這裏有兩層含義：一為祝福語，二為品牌名稱；「百事可樂」典出宋代蘇軾《與鞠持正書》，指凡事皆有樂趣。語義雙關，讓人覺得趣味無窮，增強廣告的感染力，也達到廣告的宣傳目的。

比擬

修辭上的比擬可分為擬人和擬物。在日常生活中，廣告經常運用「擬人法」來表達事物，例如：

今日陽光充沛，應避免長期置身室外；就算入到屋內，UVA 亦可穿透窗戶或雲層，偷偷埋到你身。（防曬護膚品）

廣告創作人於末句說「UVA 偷偷埋到你身」，便是運用了比擬中的擬人手法，UVA 即紫外線，能對皮膚和眼睛造成傷害。「偷偷埋到」（偷偷接近）本是人有意識的動作，擬人法使廣告變得生動、形象化，給人留下想象的餘地。

從字面來說，修辭可理解為「修飾言辭」。在學校教育裏，修辭手法是中國語文科其中一個學習內容，目的是為了提高語言傳意的效果。電視廣告中，修辭只要運用得宜，不僅能使語言更為活潑，更能為公司打響品牌的知名度。於藝術價值而言，粵語在電視廣告篇章中的活用創新，折射了粵語在香港社會中所獨有的地位，這也許有助其突破「低層」語言的限制。綜上所述，既然粵語在工作與生活場所中都佔據着主導地位，我們認為在本港的語文教育規劃中，必須正視粵語使用的實況，並以此釐定它在「三語」中的位置。事實上，在「三語」政策的前提下，目前粵語所獲得的教育資源遠較英語和普通話為少（見附錄表 15，頁 223–225），這反映了粵語在香港並沒有獲得足夠的重視。曖昧不明的態度也許能左右逢源，可是脫離社會現實的政策到推行的時候，不但不能順利地貫徹落實，反而會引來不必要的社會爭議。

粵語知識與中文學習

無論在報章副刊或電視廣告中，粵語都表現得活力處處，但在「三語」的前提下，粵語的地位卻長期處於含糊不清的狀態。要明白有關問題複雜之處，首先要了解基礎教育中的語文教學有兩個不盡相同的目的，其一是為社會培育語文人才，為學生未來的就業做準備，其二是肩負語文規範的責任，有義務塑造未來的語言生態。若從學生的就業前景看，既然粵語是職場中最常用的語言，正視並推行有系統的正規粵語學習是理所當然之事。但若從語言規範的角度看，過多的方

言學習也許會妨礙民族共同語（普通話）或國際語言（英語）的推廣，這未必符合香港的長遠利益及語文政策的發展方向。因此，在上述兩個目的之間取得具策略性的平衡尤其重要。正是因為香港社會和教育界人士對這兩個教育目的有着不同的理解和偏執，回歸後基礎教育中的教學語言和語文教學方面的議題，如語文分流、中文中學標籤效應、上落車機制、微調方案，以至聘任外籍英語教師和用普通話教中文等，動輒就會引起各界的廣泛關注，甚或批評。當中部分問題至今也許仍未取得行之有效的解決方案，若要在社會上營造共識，我們就必須了解本港語言使用的實況，方能具備理性討論的基礎。

本港的基礎教育一向較為強調英語和普通話能力的提升和發展，很少認真考慮粵語表達能力的問題。回歸後，特區政府在語文教育中實施「兩文三語」政策，教育局雖然一度大張旗鼓提倡「母語教學」，但粵語在「母語教學」政策中只被視為教學手段，旨在作為教學語言傳達相關的學科知識，而粵語本身的能力和發展則並未獲得該有的重視及支持。此外，亦有論者認為粵語只是方言而不是語言，因而不能成為「母語」。參考宋欣橋（2018）的說法：

> 粵語屬於漢語，但通常我們不會用粵語 —— 一種漢語方言來代表漢民族的語言。明確地說，一種語言中的方言不能視為「母語」。因此，把「粵語」稱作「母語」，不是嚴格意義上「母語」的含義。（頁227）

宋氏指出最標準的「母語教育」應為普通話教育，原因是普通話才是現代漢語標準語，並以此作為論據鼓吹「中普合併」，將普通話融入中國語文教育之中。就此，前立法會主席曾鈺成曾在其專欄「鈺成其事」中撰文表達他對粵語在香港地位的一貫看法：

> 粵語在香港一直享有正式語言的地位：行政長官發表施政報告、立法會議員就職宣誓、法官用中文宣讀判詞，用的都是粵語。粵語被指為「方言」而不是「語言」的主要理據，是它和現代漢語的書面語有差異。可是，粵

語不但有自己的書面語，而且它和現代漢語的差異，並不足以妨礙它作為後者的口頭語：一個有文化的粵語人，拿起一篇現代漢語寫成的文章，可以毫不費勁地用粵語讀出來，任何其他粵語人都聽得明白。（《am730》，2018）[16]

曾氏的見解一針見血、獨到清晰，扼要地反駁用粵語和現代漢語的差異來貶低粵語的地位，乃屬偏見。事實上在香港，學校裏絕大多數學生的「母語」就是粵語，推行母語教學，就是以粵語作為各個非外語科目的教學語言。討論至此，既然粵語在「三語」政策下享有正式地位，在社會調查中又屬最常使用的語言，在「母語教學」政策下又被視為教學語言，倘若大眾繼續忽視粵語、避而不談，最終受害的將是我們的下一代。

書面語離不開口語形式，在香港「中文」是其中一種法定語文，受到《香港基本法》和《法定語文條例》的保障。「中文」作為書面語，語法和詞彙固然以普通話為基礎，但也因滲入了若干粵語元素而帶上了地方色彩，而「中文」在香港的口語形式，就大部分情況而言指的是粵語。從這個角度看，正視粵語也就不只是「三語」中口頭語的問題，同時亦牽涉到「兩文」中的「中文」問題。在今天以至可見的未來，既然粵語仍會在眾多重要語域中大派用場，而其地位又不因採用英語作為教學語言或推廣普通話而有所改變，那麼粵語在「兩文三語」政策中的定位和所扮演的角色，實在值得令人深思。以下我們將以學校中文教育中粵語知識的學習，說明正視粵語教育、以及將之恰如其分地安置在「兩文三語」政策之內的實際意義。

---

16. 見《am730》「粵語地位」（2018 年 5 月 14 日），www.am730.com.hk/column/新聞/粵語地位-126184。另，曾鈺成的文章亦張貼在民建聯官方網站上（www.dab.org.hk/post/_粵語地位）。瀏覽日期：2020 年 4 月 22 日。

掌握粵語音韻幫助欣賞古詩

文學學習與語文學習的關係十分密切，香港的小學階段，已有詩詞教學的元素。根據教育局公佈的《小學中國語文課程指引（小一至小六）》（2004，頁16–17），文學層面的學習目標為：

(1)　感受文學閱讀的愉快經驗，欣賞文學之美；

(2)　培養審美的情趣、態度和能力；

(3)　透過閱讀文學作品的愉悅感受，提高學習語文的興趣和語文能力；

(4)　分享作品中獨特而共通的思想和感情，增強人與人之間的溝通、同感和同情，引起對生活和生命的體悟。

學習層面方面可分為感受、欣賞、創作三個層次：「感受作品的內容美和形式美。內容美來自作品的思想、情意，形式美來自作品的音節韻律、色彩意象、結構鋪排等」、「從修辭韻律、佈局編排層面上欣賞作品表情達意的精妙之處」、「讓學生把所思所感表達出來」（頁 17）。換言之，小學詩文的教學目標可以歸納為增進學生聽說讀寫的語文基礎知識，特別是不同層次的閱讀能力，以及加強文學教學，讓學生從感受、欣賞等不同層次體會語文之美，繼而進一步發揮自己的體悟。

詩歌最重要的組成部分是音韻，構成中國古代詩歌音韻之美的主要元素有押韻、平仄、節奏、對仗、重音、語調等。在日常的古詩教學中，很多教師會一味強調誦讀，讓學生以此體會音韻美，但對古詩相關的音韻知識就隻字不提，這樣，學生能感受作品音節、韻律和文氣的能力便成疑，閱讀優秀作品的愉悅感就會大打折扣。我們認為，具備一定的粵語音韻學知識是全面準確理解和欣賞古代詩歌的前提。由於粵語較多地保留了中國古代中古音的成分，簡單地介紹粵語的音韻知識必可提升學生欣賞古詩的能力。例如粵語保留了完整的入聲系統，用已丟失入聲的普通話來誦讀唐詩宋詞，就不及用粵語朗誦來得悅耳動聽。以下這首

五言絕詩收錄於教育局編輯的《積累與感興：小學古詩文誦讀材料選編（修訂）》（2010）之中，其特點是押入聲韻，第一、三、四句末字「絕」、「滅」、「雪」都是入聲字，收仄聲 -t。

柳宗元《江雪》

千山鳥飛<u>絕</u>，萬徑人蹤<u>滅</u>。孤舟蓑笠翁，獨釣寒江<u>雪</u>。

由於普通話沒有入聲，如果用普通話來朗誦，「絕」（jué）、「滅」（miè）、「雪」（xuě）分別讀陽平、去聲、上聲，不但韻腳無法諧協，喪失了詩詞原有的神韻，而且平仄不合格律，即所謂「犯律」，表現不出其藝術特點。

掌握粵語語法有助學習文言文和普通話

除了語音，粵語在語法上也具存古的特點。過去學界發表了不少圍繞着粵語本體方面的研究型文章，可是卻較少探討其應用和教學價值。溯根追源，粵語的語言成分可追尋至中古乃至上古漢語，因而與普通話相比，其與古代華夏民族語言的關係更為直接。教育局於 2015 年頒佈《中國語文課程及評估指引》（中四至中六）（課程發展議會、香港考試及評核局，2015），增設指定範文十二篇，全為經典文言篇章，並於 2018 年開始在香港中學文憑考試（Hong Kong Diploma of Secondary Education，簡稱 HKDSE）中考核，分數佔閱讀卷之 30%。十二篇範文全來自古代經、史、子、集四類，[17] 除了上節提及的詩詞，其餘篇章皆以古文寫成。既然語法上粵語具備古漢語特點，兩者在功能詞、句法結構方面自然有共通之處（見表 3.4）。在這樣的關連下，倘若能掌握粵語基礎語法知識，在一定程度上將可幫助高中學生掌握文言範文的句式。

---

17. 中國目錄學把「經、史、子、集」稱為四部分類法，這個分類囊括了中國古代全部書籍。經部指儒家經典，史部收錄史書，子部收錄諸子百家著作和類書，集部包括詩文詞總集和專集等。

表3.4　語法上粵語和古漢語的共同點

	粵語	文言	普通話
否定副詞「未」	表示否定過去但不否定將來，與「不」、「沒有」有別。例：「我未食飯。」	表示否定過去但不否定將來，與「不」、「弗」有別。例：「計未定，求人可使報秦者。」（司馬遷《史記·廉頗藺相如列傳》）	要用「還沒有」去表達。例：「我還沒有吃飯。」
比較句	用「甲＋形容詞＋過＋乙」句式，形容詞置於比較客體之前。例：「我高過你。」	用「甲＋形容詞＋於＋乙」句式，形容詞置於比較客體之前。例：「冰，水為之，而寒於水。」（荀子《勸學》）	用「甲＋比＋乙＋形容詞」句式，形容詞置於比較客體之後。例：「我比你高。」

　　此外，從對比語法（contrastive grammar）研究的角度看，普通話是「以現代的白話文著作為語法規範的現代和民族共同語」，與詞彙比較，粵語的語法也許跟普通話的差異不算很大，可是也存在着一定的分歧（見表 3.5）。掌握粵語知識，了解其與普通話句式的差異，能有助以粵語為母語的學生說好普通話、寫好標準中文，以規範的語法來表達思想感情。

粵語拼音有助少數族裔學習中文

　　政府統計處 2016 年所作的中期人口調查（2016 Population By-census），本港印度裔、尼泊爾裔和巴基斯坦裔的人口為 80,028 人。回歸以後，香港推行母語教學，中文能力遂成為了中學公開考試以及公務員考試「重中之重」。少數族裔學生各操自己的母語，無論在學校或家中，均很少機會接觸中文，以致中文能力普遍較低。在學校裏，他們接觸的同學以同族裔的為多，因而缺少學習和運用中文的語境。中文能力低下，不但影響升學機會，限制就業選擇，更窒礙了他們融入

表3.5　語法上粵語和普通話的不同點

	粵語	普通話
狀語位置	把修飾動詞或形容詞的副詞置於所修飾的詞之後，例：「我走<u>先</u>。」	把修飾動詞或形容詞的副詞置於所修飾的詞之前，例：「我<u>先</u>走。」
句子結構	偏正句式，例：「好大風。」	主謂句式，例：「<u>風</u>很大。」

社會（李楚成、梁慧敏，2018b，2020；香港融樂會，2015；梁慧敏，2016a；謝錫金、祁永華、岑紹基，2012；Li, 2017）。近年，香港社會以至學界都非常關注少數族裔如何學好中文這一教育議題，李楚成、祝艷萍（Li & Chuk, 2015）發現少數族裔學生學習中文的主要困難是識字問題。McBride（2016）曾就香港南亞族裔學童如何學習閱讀和書寫中文字進行了一項研究，參加者包括 34 名印度裔、尼泊爾裔及巴基斯坦裔學童，項目比較記憶、部件、抄寫及語音學習法等四種不同的方法，配合字卡教授共 16 個中文字，嘗試找出最有效的教學方法。研究結果顯示，少數族裔學童在學習認讀中文字方面傾向使用語音意識。梁佩雲（2019）曾為一組剛完成本港中學文憑考試的南亞裔非華語中學畢業生，提供中國語文訓練，經過教學實踐，發現善用粵語拼音能促進學習中文的效能：

> 面對非華語學生學習中文的需要，當局提供的部分教學參考資源也加上了粵語拼音，可見以拼音輔助中文二語教學的理念，教育當局同樣肯定……當非華語學生掌握粵語拼音工具而又能說流利準確的粵語，就會增強自學的信心，而學習中文的成效也會比有限的課堂教學更加深遠。（頁 38–39）

此外，袁振華（2007）和戴忠沛（2017）亦分別以小學學童為對象，循教學策略方面探究非華語學童的中文學習成效，結果都指向粵語拼音有助掌握中文字詞，以及加強對字義的理解。以上研究表明，閱讀時學習者往往會運用語音系統的知識，去連繫文字系統的知識，以幫助理解字義。再者，粵語拼音亦能幫助非華語學生掌握中文語法，例如，「的」（dik1）、「地」（dei6）、「得」（dak1）三個結構助

詞，分別是定語（開心<u>的</u>）、狀語（開心<u>地</u>）和補語（開心<u>得</u>跳起）的標記，在普通話裏都讀輕聲 de，但在粵語裏讀音就不同，故粵音知識反而能提供線索，幫助學生掌握中文的語法結構和意義（梁慧敏，2020）。綜上所述，我們認為中文教師應配合非華語學生的能力來設計教學方法。在教導非華語學生時，可運用拼音去協助他們認讀、書寫中文字，例如教授粵語拼音並在教學材料上標註拼音，以協助學童記憶及發音；而基於「兒童學習關鍵期」（Mayberry & Lock, 2003, p. 382）的優勢，若能把語音覺識（phonological awareness）的訓練提早至幼稚園學習階段，成效將更為顯著（參見第四章〈「兩文三語」政策下非華語學生的中文學習〉，頁 115）。

大學中文教育中「高階粵語」的教與學

首先必須開宗明義地指出，專上教育其中一個重要目的是為了幫助學生在步入社會投身職場之前好好裝備自己，因此大專中文教育的設置亦必須加強與本港職場中專業中文能力與要求的連繫。承上所述，回歸以後粵語迅速成為許多政治和公共場合的正規用語，反映出香港粵語的語體功能比起內地粵語要強得多（陳瑞端，2014）——粵語不僅是大部分香港人日常生活中使用的共同語，而且還廣泛使用於政治、經濟、文化、科技、宗教、教育等各個領域。因子分析顯示，「三語」在各語域中的功能，明顯地受到學歷和職業階層兩種因素的制約，「中層管理人員」和「高級行政人員」兩個職階一般由具大學或以上學歷的人士擔任，而這兩個職階在工作場景中雖然有較多兼用英語和普通話的機會，然而在職場中各個場景的粵語使用頻率仍介乎「較常使用」（4 分）和「最常使用」（5 分）之間（參見本章第二節「粵語使用的社會語言學調查——生活與工作場合」，頁 77）。無論從哪個層面看，粵語都是本地的強勢慣用語，通用於生活和工作中各個場景；不過，熟人閑談、用餐購物的基礎粵語，與工作場所中所要求的職業粵語，完全是兩回事，後者我們稱之為「高階粵語」（advanced Cantonese）。眾所周知，能說一個語言，並不等於能在職場上有效地運用這個語言得體地溝通對話，

或進行演講、銷售和游說。因此，配合社會發展、較為專門的語文課程，也就顯得尤為重要，特別是有關教育、社工、醫療、法律、工程、建築、設計等面向本地人的各個專業領域及工種。

專上教育中，為非主修中文的學生提供語文課程，可說是一種「跨課程」的語文教學。上世紀八十年代開始，受到西方「專業英語」（English for specific purposes）教學實踐的啟發，本港大專院校的語文教學部門開始開設「商業中文」、「專科中文」、「職業中文」等課程，以強化學生的職場語文水平為教學目標。從課程設計而言，這類課程的學習內容往往包含兩個部分：一為基礎語文知識，例如錯字、病句、標點改正等，二為針對某專業特別設計及配合文體要求的實用文寫作，例如商業書信、會議紀錄、新聞稿、宣傳文案等。大學語文課程首先着重於培養學生整體的文字表達能力，掌握不同文體、風格的書面表達的能力；在打好語文基礎之後，就應朝功能化、應用化的方向發展，針對不同院系學生的專業需要以訂立課程目標和設計教學內容，幫助學生掌握高層次的傳意策略，完成在專業領域內任務為本（task-based）、問題為本（problem-based）及專題為本（project-based）的工作需要（陳榮石，2012；梁慧敏，2016b）。整體讀、寫、聽、說能力屬「通用」範疇，個別專業的中文教與學則屬「專門」範疇，兩者並不互相排斥，可視之為教學次序之先後，就正如詞彙學習也有共同用語和專業術語之分；整體訓練可先加強讀和寫，培養語文運用能力，再與專業有機地掛鈎，逐步邁向職場實踐的層面。專科中文之教學是否成功，其中關鍵之處，就是開展專門用途的語文課程，其教材設計是否有助學生立足於瞬息萬變的社會，所以內容架構不能只聚焦於讀、寫，而忽視與書面系統密切相關的聽、說元素。由於性質比較專門，前期準備工作因而顯得至關重要，只有充分了解各行各業的工作需求，教材的編寫才會更加具有針對性（梁慧敏，2016b，2016c；Leung, to appear）。

舉一個例，落實「三三四」新學制後，為提高學生在專業領域內中文讀、寫、聽、說的溝通能力，為將來事業打好基礎，香港理工大學在大學基礎中文

表3.6 社會工作專業的中文學習需求分析

	課程代表	業界代表	學生代表
甚麼情況下用中文	• 與求助者面談 • 個案報告 • 計劃書 • 訪問、研究報告 • 活動總結 • 轉介信 • 求情信 • 覆投訴信 • 宣傳活動 • 新聞稿	• 以「報告」類最多 • 計劃書 • 宣傳活動 • 會議紀錄 • 邀請信 • 新聞稿 • 覆投訴信 • 海報 • 工作日誌 • 通告 • 聲明	• 計劃書 • 活動紀錄 • 演講辭 • 邀請信 • 回覆邀請信 • 投訴信 • 翻譯政府文件 • 寫信向政府索取資料
溝通對象	上司、同事、機構、公眾、求助人、投訴人、政府	內部各同事、求助人、社會大眾、傳媒、政府、立法會議員、撥款機構	機構同事、其他機構、政府、社區中心、求助人、議員
粵語的重要性	• 口語溝通用粵語 • 書面寫作用中文	• 表達要精要 • 除了聆聽求助人，也要恰當回應 • 不會聘請不會粵語的應徵者	• 說、聽比寫、讀更重要 • 不懂粵語不能入職

課程（3 學分）之上，從 2013–14 學年起開始逐步建構「專業中文」（Discipline-specific Chinese）新課程（2 學分），作為所有四年制學士課程主修必修科的一部分。中文及雙語學系的課程組根據不同學系的專業需要，參考了課程主任、業界僱主、畢業生和在讀學生的經驗和意見，為全校八個學院的學生量身訂造了共 30 多個專業中文課程教材套，課程在 2016–17 學年順利得到全面落實（梁慧敏，2018）。[18] 實況調查反映，倘若對內對外的溝通對象主要為本地粵語人士的專

---

18. 有關業界的實況調查，課程組曾外出參觀不同機構的業務運作，觀察其日常語言的使用。為了跟僱主的訪問做一個參照，課程組也多次與各專業的課程主任進行會議，了解課程主任及專業教師代表對中文課程的期望和要求。若學生已經就業，或者在學習期間實習過，則嘗試去了解其工作過程中語言的使用情況。「大學四年制專業中文課程發展計劃」（2013–2016）獲香港理工大學撥款資助。

業課程，聽說範疇中的「高階粵語」訓練就顯得不可或缺。表 3.6 是有關社會工作（social work）專業所做的實況調查。當中有一條關鍵訊息反覆出現，就是幾個持分者都不約而同地提及粵語的重要性，學員若本科成績達標但不懂粵語的話可能不獲受聘。社工主要的職責是為社會上有需要的人士提供各類社會服務和支援，除了負責不同個案、籌辦小組活動，也須參與社區工作，協助改善社區環境，社工日常工作所接觸的對象也就是區內操粵語的老中青居民；同時也不時因應情況與當區區議員開會，或與政府各部門打交道。就口語溝通而言，其中的專業輔導、正式會議、籌辦活動、工作報告、查詢資料等場景無不牽涉「高階粵語」的運用技巧，包括確認和釐清場合的主題和焦點、溝通目的和功能，選擇適當的用詞、態度、語氣等各方面。因此在課程設計上，就必須涵蓋包含實例探討的口語訓練單元。由此可見，由於大部分專業的畢業生在本地職場中都需要經常使用粵語，行政管理或專業人士也不例外，因此專上學院的中文教育理應幫助學生好好裝備自己，強化他們的粵語表達能力，「高階粵語」教學自然有其存在價值和需要。

粵音測試的推行

粵語在香港屬社區的強勢方言，通行於香港社會的各個層面，更是大多數中小學甚或大學的教學語言，但本地語文教育卻一直忽略粵語知識與中文教育之關係，以及如何提升學生高階粵語表達能力等問題。回歸後香港推行母語教學，可是粵語在政策中只被視為媒介用作授課用途（李貴生、梁慧敏，2010）。近年社會大眾不時討論與粵語使用上有關的議題，希望在應用上有明確的規範，特別是語音方面。基於上文所述的教學需要，要求提升教師粵語水平的呼聲，也就自然可以理解。由於粵語是香港的社會通用語和課堂教學語言，詹伯慧（2014）認為：

這種情況下，粵方言的正音工作，就顯得異常重要，我們從事粵語研究的專業人士，面對這樣的方言應用問題，自然不能無動於衷。（頁 3）

表3.7　現時香港兩個粵語語音測試之異同

	粵音水平測試	粵音朗讀測試
主辦單位	香港中文大學	香港語言學學會
推出時間	1999	2019
測試目的	推廣正音、支援母語教學	提供專業水平認證
測試範圍	五個部分	三個部分
測試要求	除聲韻調，也強調正音、詩文朗讀、書面語轉化為口語的能力	除字詞聲韻調，也強調用粵音跟字讀出書面語體或口語語體（含散文、小説、科普文章、新聞等篇章）的能力，以及流暢度
受測對象	中小學現職教師為主，另也鼓勵傳播、社工、演藝、旅遊和廣告等界別人士參加	有需要人士，如中文教師、新聞報導員、專業配音員、粵語學習者等母語或非母語人士
舉辦次數	每年1–2次，或按情況而定	每年2次，或按情況而定
試前準備	温習材料、模擬試卷、應試課程	温習材料
評估等級	5等制	4等制

我們認為，高階粵語的使用者應具備以準確的粵語讀出繁體中文的能力，以應付各種語體所需，特別是學校中使用粵語作為教學語言的老師。缺乏系統的粵語語音教學的後果之一，是學生的粵語發音不標準，口語能力的培養和母語教學的成效將受到影響。正視粵語需要在粵語能力的提升上入手，教師本身當然要有扎實的粵語知識才能糾正學生的語音錯誤，如聲母誤讀、韻尾出錯等，以及在語調、節奏、斷句等方面給學生作出恰當的示範和指導。因此，具認受性的粵語能力認證就顯得尤為重要。能力測試固然有助促進香港粵語標準化，但其成績等級亦需與行業所要求的粵語水平作出對應，並附上詳細的能力描述以作參考，例如小學中文教師要達到何種等級方算達標，方能讓各行各業的僱主加以比較。而目前

在香港，完整的粵語語言能力測試暫時尚未推出，不過學界在路途探索中，已就「語音」的水平認證推出了兩個目的不盡相同的粵音測試（見表 3.7）。

粵音水平測試

　　為支援本港的母語教育和普及粵語知識，香港中文大學中文系和香港中文大學專業進修學院於 1999 年合力籌備推出「粵音水平測試計劃」，計劃實施的目的是推行粵語正音教學，加強中文科教師的粵語素養，以提升本地母語教學的整體效能（陳雄根，1999）。「粵音水平測試」採用面試的方法，應試人按考卷作答，時間約為半小時。試題主要考核應試者包括五項粵音的基本能力，每項均按評分準則給出「優、良、常、可、劣」五等成績，最後根據五項測試的總分給出最終的等級。以下是「粵音水平測試計劃」的各項測試內容：

- 聲母韻母發音
- 粵音聲調辨析
- 字音正讀
- 詩文朗讀
- 書面語轉化為口語

考生應考前將獲發《粵音常識》和《粵音水平測試模擬試卷》兩份材料以作準備；另外，考生如欲對粵音有更深認識，可報讀「粵音講讀實習」或「粵音平仄入門」等課程。「粵音水平測試」是回歸後首個推出的測試，對香港的母語教學和粵語正音有着劃時代的意義。

粵音朗讀測試

　　香港語言學學會（Linguistic Society of Hong Kong，簡稱 LSHK）經過兩年的悉心籌備，於 2019 年 6 月 15 日在香港城市大學舉行全港首屆「粵音朗讀測試」

正視粵語，是消除民眾憂慮粵語無法維
繫或無以為繼的有效方法之一。

（Cantonese Read-Aloud Test），為有需要人士提供粵語水平資格認證。該測試的特
點是編纂了文本與詞庫，訂定評分準則，鑑定考官資格，並設立資源網站供考生
備試。此外，測試採用的讀音標準並不囿於「正音」規範，例如 n- 和 l- 不分、鼻
音聲母和零聲母互換早已有足夠的羣眾基礎，從分從合都不扣分。測試內容分為
三部分：

- 單字
- 多音節詞彙
- 篇章

首兩部分以準確度評分，篇章部分則加設流暢度、口音純度兩項準則，總成績採
用等級制，以「甲、乙、丙、丁」四個等級評定。考核篇章從學會制定的〈粵音
朗讀測試香港中文篇章列表〉和〈粵音朗讀測試粵文篇章列表〉中隨機抽出，以
確保評核內容同時涵蓋書面語、口語兩種語體。篇章內容具有香港特色，例如香
港地名、習慣讀音等都是考核內容的一部分。首屆測試共 133 名考生出席，包括
116 名母語者，以及 17 名非母語者（香港語言學學會新聞稿，2019）。

「粵音水平測試」、「粵音朗讀測試」訂立了衡量港人粵語水平的尺度，為各界
提供有效的水平認證。除了中小學老師之外，粵語也是本港新聞界、配音界、演
藝界人士的工作語言，這等從業員同樣需要堅實的粵音知識。詹伯慧（2019）重
申，粵語在香港的地位是不可動搖的，應設有水平測試去檢視粵語的通行程度及

使用者水平。特區政府既然在語文教育政策上將粵語列為「三語」之一，就應該在一定程度上建立規範和標準。我們認為，倘若與香港考評局和教育局合辦的教師英語和普通話的語文能力評核相比，粵音測試顯然在社會上欠缺「知名度」，其專業地位和認受性少不免會引發議論甚或受到質疑。要將語音測試推而廣之，至少施政當局和專上學院兩者可以擔當一定角色。政府方面，可從認可兩個測試的等級資格入手，鼓勵中小學中文科老師和官方香港電台的廣播員參加考試，並且進一步研究將測試的等級與不同界別從業員的資歷掛鈎等；專上學院方面，院系可通過資助考試費、又或舉辦試前工作坊等方式，鼓勵中文教學、新聞廣播、口語傳譯等專業的學生參加考試，以提升他們的職場競爭力。通過提升語音測試的權威性及拓展其適用範圍，我們相信能鼓勵更多考生投考及吸引專業人士關注。

正視粵語，是消除民眾憂慮粵語無法維繫或無以爲繼的有效方法之一。事實上，香港居民在上文提及的「香港三語使用情況調查」中也曾表達出希望能準確地使用粵語的意願，可見港人對於粵語的運用是有所期待和要求的。再者，語言能夠體現身份的認同，有助社會的融合，尚在求學階段的少數族裔和新來港的學童，也應該更有系統地學習粵語，以便能進入主流學校與同齡的粵語母語者一同學習，融入本地社會。既然他們將來的工作主要以粵語和他人溝通，獲政府認可的粵音測試應可為他們的就業增加競爭力。長遠來看，推動粵語要靠全社會的參與，而「粵音水平測試」、「粵音朗讀測試」正好擔當了規範粵語所需的重要使命和責任。

結語

從歷史的角度看，粵語經過長時間與不同方言的磨合和競爭，最後脫穎而出，在香港取得壓倒性的優勢。無論在工作或非工作場合，粵語始終都是香港居民最主要及最常用的語言，遠超「三語」中的另外兩種語言。而來港定居工作的內地人士，在工作場所的各個領域內，或許會兼用普通話或英語，然而為了適應

本地的語言環境，也必須在不同程度上掌握和運用粵語，結果產生了語言兼用現象，而在各個生活層面上，粵語的使用頻率甚至比他們的母語還要高。粵語毫無疑問地是香港的強勢語言，是本地人創造觀念、闡述主張的思維工具，香港報章的「三及第」文體糅雜着大量粵語元素，電視廣告中的粵語修辭也顯示出其獨有的藝術價值，這都在在說明粵語突破了高低層語言觀念中「低層」語言的限制。「兩文三語」政策之下，粵語是法定語文「中文」的口頭表達載體，在香港地位特殊，因此粵語與中文教學之間的關係便不得不強調，而語文教師本身的粵語水平亦不應忽視，目前兩個有關粵音的測試則從認證層面方面提供了有力的保證。

　　粵語在香港社會中逐漸發展出身份標識的作用，我們對粵語有着割捨不斷的情感，但是如果將粵語的作用無限放大，將會壓抑到「三語」中另外兩種語言的發展，這樣的結果我們又是否喜見樂聞，甚或認定是香港社會所追求的目標呢？誠然，倘若英語和普通話在香港的使用頻率下降，這對香港的競爭力來說絕不是好現象。因此，我們認為粵語地位的定位應該更加精準，既不可忽略粵語凝聚香港社會，承載本地特色文化以至體現港人活力所發揮的正面作用，也不能把對粵語的重視與其他兩語的推廣對立起來，須知道，香港最重要的資源就是人才，學生多語能力的下滑必將不利於香港未來的整體發展，其負面影響絕對不能低估。

4

「兩文三語」政策下
非華語學生的中文學習

南亞裔人士對教育、工作和社會資源方面的需求，隨
着人口增長而日益迫切。這些需求不僅僅體現為政治
議題、社會民生議題，也在很大程度上成為語言生活
的議題，因為教育和工作的機會，是他們取得社會資
源的重要條件，而中文能力一直被視為是影響他們爭
取教育和工作機會的關鍵因素；南亞裔人士的語言使
用和掌握狀況，因此就值得特別關注。

——陳瑞端教授

在香港，「少數族裔」(ethnic minorities) 一詞，顧名思義指華人以外的其他族裔。2018 年在港少數族裔人口為 263,000（不包括外籍傭工），其中來自南亞地區（包括印度、巴基斯坦、尼泊爾等）的人士佔 30.4%（《施政報告》）。若論及少數族裔的語言障礙問題，一般指南亞族裔，[1] 他們絕大部分為香港永久居民；然而由於母語並非中文，加上文化差異，南亞裔人士難以融入主流社會，升學和就業也受到了很大的限制，使他們較多地停留在社會底層，從而造成種種地區性的社會問題，不利於香港整體社會和諧。香港在回歸前一直欠缺針對南亞裔羣體的語言特點和學習情況而制定的中文教育，回歸後香港實施「兩文三語」，有關中文教育政策方面，政府早期比較關注母語教學、教師語文基準、普通話教授中文、校本語文分流、教師學位化、教學資料數位化等議題，並沒有給予非華語學生足夠的重視。早期的《施政報告》中甚少提及少數族裔的情況，更遑論政策方面的支持。進入二十一世紀之後，隨着少數族裔人口增加，以及在社會上的關注度日漸提高，少數族裔羣體開始受到社會各界的關注，學術界和不同非牟利機構開始從語文教育、就業支援等各方面為少數族裔的融合問題出謀獻策。而教育局亦於 2006 年設立「指定學校」(designated school) 機制，[2] 並於翌年開辦「非華語學生學習中文支援計劃」；2008 年特區政府首次在《財政預算案》中提及少數族裔的需要，2013 年的《施政報告》則明確回應了支援少數族裔學習中文的訴求（第 130 段）。

香港非華語人士的居港歷史與現況

香港自十九世紀四十年代開埠以來，便是一個華洋雜處的多元化社會。其中南亞族裔遷移本港的歷史，可追溯至香港開埠初期，當時的南亞裔人士主要有四

---

1. 少數族裔的語文學習問題，通常指在香港政府開辦的中小學讀書的南亞裔兒童所面對的中文學習問題，教育局在規劃教育支援措施時，稱他們為非華語（Non-Chinese Speaking，簡稱 NCS）學生。本書將因應行文需要，按情況而採用「少數族裔」、「南亞族裔」或「非華語學生」等不同說法。
2. 後來政府於 2013 年以促進少數族裔與本地生的共融為名取消「指定學校」的做法及撥款安排。

類：軍人、勞工、商人和政府文員，第一批來港的印度人（和後來的巴基斯坦人）即為英軍徵兵（Weiss, 1991）。香港島割讓予英國之初，社會秩序混亂，港府遂於 1844 年正式立法通過《警察隊條例》，同年正式成立警隊維持治安。由於港英政府認為外來者比本地人可靠，所以從成立到二戰結束後，香港警隊一直奉行華洋分治政策，寧願從歐洲、印度、馬六甲和馬來西亞等地招聘外籍警察，也不願意就地聘用華警。警隊成立時，政府從駐港英軍中招募 91 名歐洲人和 25 名印度人轉職警察，本地聘請的華人警察只有 37 人。第二次鴉片戰爭之後，清廷和英國於 1860 年簽訂《北京條約》，將九龍半島界限街以南納入香港殖民地，交由英國管治，香港警隊亦進行相應的擴充。1862 年英國從印度西部的孟買（Bombay，今 Mumbai）招募為數 150 名警察到港，1863 年印裔警察已增加到 372 人。至 1867 年，警隊總人數為 598 人，印度人員為數高達 377 人，而歐裔警察只有 89 人，華人警察則為 132 人；警隊裏較高級的職位由歐洲人擔任，華人和印度人一般只能充當普通警員。1898 年清廷和英國在北京簽訂《展拓香港界址專條》租借新界，[3] 英國又多次分批從印度旁遮普邦（Punjab）徵調錫克教徒（Sikhs）和信奉回教的穆斯林（Muslims）來港加入警隊。此時的香港殖民地警隊已呈現出多元族裔結構，由於歷史和社會因素，時至今日香港紀律部隊裏仍有不少南亞裔人士。而第二次世界大戰之後，由於世界格局的改變，殖民地政府停止招募從印度獨立的巴基斯坦回教徒入伍，並開始從尼泊爾招募僱傭兵（喱喀兵，Gurkhas）來港負責邊防工作。1948 年由尼泊爾人充當主要力量的一個英軍步兵旅，正式駐紮香港元朗石崗軍營；直至 1997 年英國結束在香港統治前，尼泊爾喱喀兵一直駐守香港，之後他們部分回到尼泊爾，部分連同家屬隨英軍遷移到英國，[4] 或選擇以居民身分

---

3. 按《展拓香港界址專條》（The Convention Between Great Britain and China Respecting an Extension of Hong Kong Territory），英國向清廷租借香港九龍界限街以北、深圳河以南地方及附近逾 200 個離島，為期 99 年，到 1997 年 6 月 30 日屆滿。這份條約於 1970 年代後期引伸出香港前途談判問題，是1997 年 7 月 1 日香港回歸中國的遠因。

4. 1990 年代，英國政府為尼泊爾人設立了一個國籍轉移計劃，承認他們長期為英國所作的貢獻，大批尼泊爾人因此離開香港（劉智鵬、劉蜀永，2018）。

繼續留在香港生活（林建強，2018；陳錦榮、梁旭明，2016；劉智鵬、劉蜀永，2018；Pluss, 2004；Weiss, 1991）。

此外，由於香港重視貿易，不少南亞人士前來謀生，英國人和南亞人之間除了是僱主和僱員的關係外，還是貿易伙伴關係。根據陳錦榮、梁旭明（2016）的研究，第一批跟隨英國人來香港尋找商機並在香港開設公司的是巴斯人（Parsee）和柏郝拉（Bohra）穆斯林商人：

> 南亞商人利用香港在英國殖民統治下相對穩定的政治環境，以及英國人在南中國海地區的貿易活動而從中得益。東印度公司跟中國的貿易於十九世紀初達到最高峰，南亞船員隨着東印度公司的船抵達香港──一個為英國在區內激增的貿易而設的小港口和前哨據點。一些當船員和商人的南亞人遂於香港定居。（頁 31）

早在第一次世界大戰前印裔商人已來到香港從事貿易活動，他們長期參與了香港的經濟建設，為香港經濟發展作出了重大貢獻，例如開辦律敦治醫院及天星渡海小輪等機構或企業。早年來港的印度人當中，來自西印度的巴斯人以善於營商見稱，在香港的經濟活動非常活躍，不少人逐步成為香港的富商巨賈。1864 年香港上海匯豐銀行成立，13 名創始委員中，就有兩名印度人和一名印裔猶太人。1898 年居港印度人總數為 1,348 人，二十世紀初印度人增至 7,000 人，六十年代增至二萬人；其中知名的印度富商不在少數，他們除了富有經濟實力外也樂於投資在社會基建上。例如印裔猶太人嘉道理（Sir Ellis Kadoorie）所帶領的嘉道理家族於 1901 年成立了中華電力公司，負責整個九龍半島的電力供應，供電範圍後來還擴充到新界和其他離島；嘉道理家族到 2014 年，還持有中華電力有限公司的 35% 股權；1911 年香港大學籌建之初，得到另一名印裔猶太商人麼地（Sir Hormusjee Naorojee Mody）捐出巨額建築費用。其他因從商而發跡的印度裔家族，還包括夏利里拉（Harilela）家族。此家族來自印度信德省，出身貧寒，1950

年代開始活躍於地產市場，後來更在亞洲不同地區營運多家連鎖酒店，逐漸建立龐大的商業帝國；作為香港的望族，夏利里拉家族亦致力提倡在港南亞少數族裔的福利，貢獻良多（陳瑞端，即將出版；陳錦榮、梁旭明，2016；Ho & Chu, 2012）。

由於有這樣的基礎，再加上世代經營，陳瑞端（即將出版）所得出的結論是，南亞人不同族羣的經濟狀況出現明顯的內部差異，其中香港的印度人普遍比較富裕。關於這一點，從政府統計處於 2017 年 2 月公佈的《二零一六年中期人口統計》報告中所列出的數據也能看到端倪。2016 年居港印度人共有 36,462 人，勞動人口佔 67.8%，其中 33.7% 人每月平均工資高於港幣三萬元（港幣，下同）。[5]比較巴基斯坦族羣，2016 年在港的巴裔人數共有 18,094 名，而勞動人口卻只有48.5%，比印度人低很多，這情況估計和宗教有關，巴人婦女多選擇留在家中相夫教子而不願拋頭露面，統計處的數據顯示巴裔婦女只有 18.5% 投入勞動力市場。而巴基斯坦族裔的勞動人口中，60.4% 月薪低於 15,000 港元，不少巴人家庭的人口多，生育率高，因此家庭經濟狀況並不理想。不過，印度人當中也有一部分經濟狀況比較差的，例如 12.4% 的印度人每月收入低於一萬元（政府統計處，2017）。

根據政府統計處 2016 年所作的中期人口調查（2016 Population By-census），香港少數族裔人口為 584,383，對比 2006 年的 342,198 人升幅達 71%，其中印度裔、尼泊爾裔和巴基斯裔的人口為 80,028 人，[6] 佔整體人口約 1.1%。從 2011 至2016 年的五年間，少數族裔的人口每年增幅達 3.6%，是香港整體人口增長的五倍。目前，香港的南亞裔人士由於普遍學歷低，沒有專業才能又不諳中文，在社會上難以找到較好的工作，他們多只能當非技術工人，或從事餐飲業或與建築運輸等行業相關的工作，絕大多數屬勞工階層，收入偏低。以尼泊爾居民為例，

---

5. 根據 2016 年中期人口統計報告，全港勞動人口只有 22.1% 人每月平均工資高於港幣三萬元。

6. 根據 2016 年中期人口統計報告，香港少數族裔人口 584,383，這個數字包括外籍傭工，而南亞（印度、尼泊爾、巴基斯坦）人口 80,028 這個數字則不包括外籍傭工。

2016 年居港人數為 25,472 人，30 歲以下人口佔 41%，勞動人口佔 74.4%，遠高於全港的平均數；當中僱主和自營作業者各佔 3%，93.8% 屬於受僱人士；45.6% 的男性從事建造業，53.6% 女性從事住宿及膳食服務業，64.8% 尼泊爾人每月工資低於港幣 15,000 元，低收入比例比巴基斯坦人的 60.4% 還要高 4.8%；月入高於三萬元的只有 6%，遠低於全港的 22.1%（政府統計處，2017）。而巴基斯坦人的經濟狀況亦很不理想，特區政府在 2015 年公佈《二零一四香港少數族裔人士貧窮情況報告》，若按住戶人數劃分，在 4,100 個巴基斯坦家庭裏，四人或以上的家庭比例高達 81.8%，六人或以上的家庭有 24.4%；後者在印度住戶中只佔 4.7%，在尼泊爾住戶中佔 8.7%。這種大家庭的組成特色是以兒童為主，三個兒童或以上佔了巴人住戶的 36.6%，15 歲以下人口佔其整體人口 34.4%，比印度和尼泊爾同齡羣體的 18%，以及全港的 16% 高很多。同一份報告也顯示，南亞裔居民有兒童住戶的貧窮率平均為 30.8%，比全港兒童住戶的貧窮率 16.2% 高近一倍。正正因為收入不高，家庭擔子又重，很多在港南亞裔居民的居住環境並不理想，生活困難可說是他們的實況寫照。

香港回歸前，南亞裔港人因為英語良好，升學就業較為容易，當中不少更成為公務員團隊的一分子。回歸後，特區政府在招聘中加入對中文的要求，語言上的隔閡逐漸成為他們融入主流社會的障礙。因為他們的母語並非華語，加上香港在回歸前一直沒有明確制定針對他們的語言文化特點及需要的中文教育政策，導致這一族羣因語文問題而長期與主流華人社會存有隔閡（祁永華，2012；李楚成、梁慧敏，2018b，2020；香港融樂會，2015；陳瑞端、梁慧敏等，2018；梁慧敏，2016a；謝錫金、祁永華、岑紹基，2012；羅嘉怡、謝錫金，2012；Li, 2017；Li & Chuk, 2015）。少數族裔人士扎根香港，有不少更是土生土長，已是香港的一分子，但根據上述報告，南亞裔人士當中超過四成聽說能力不足，超過六成不能閱讀及書寫中文，故一般只能從事基層工作，體力勞動消耗大且工時長，收入微薄，難以脫貧。面對的生活難題日益嚴峻，引起愈來愈嚴重的貧窮問題，跨代貧窮的情況更愈趨明顯。特區政府近年已着力改變現狀、投放資源到學校教育和

職業培訓兩方面，包括改革教學模式、撥款予教學機構、資助各種研究和提供支援措施，目的是讓處於弱勢的少數族裔人士盡快學好中文、融入社會環境、提高升學與就業機會，希望藉此相關的貧窮問題可得到紓緩。縱然如此，少數族裔在學習語文方面仍遇到不少問題，這與現行政策力度不足有莫大關係。

歷年《施政報告》有關少數族裔學習語文的論述

《施政報告》(Policy Address) 始於回歸前，報告內容有關香港的經濟、社會、迫切的政經議題等，體例沿用至今，期間經歷不少改變。回歸後的《施政報告》，由香港特區政府行政長官每年一度於立法會大會中宣讀，內容同樣有關香港的民生、經濟，一方面回顧政府過去工作、說明工作進度，同時提出新的工作方向及即將優先處理的項目，即將推行的新政策和新措施。自 2010 年開始，少數族裔的融和已連續數年佔了香港施政綱領中的一席之地。2013 年第四屆行政長官梁振英政府的團隊上任，隨即着手處理被長期忽略、日益嚴重的少數族裔學習中文方面的問題；2014 年和 2015 年兩份《施政報告》觸及少數族裔議題的篇幅明顯較過往為多。至 2017 年第五屆行政長官林鄭月娥政府的團隊上任，亦繼續從多方面回應少數族裔的訴求和需要。

早於 2001 年，政府已察覺到香港少數族裔的融和問題，當年的《施政報告》中提到香港社會的組成包括了不同族裔的社羣，香港市民必須繼續體現高度的包容，對來自世界各地的人該一視同仁，不應存在歧視（第 86 段）。而 2005–06 年度《施政報告》有關扶助貧困的論述中，亦提到少數族裔人士的貧窮問題，提出「在學校教育方面為少數族裔的兒童設計適當的語文課程，幫助他們及早融入社會」、「為已離校的少數族裔青年，提供專門的職業培訓，協助他們就業。」而且「會繼續研究少數族裔羣體的需要，提供適當的支援」（第 43 段）等的方針。

及至 2010 年發表的《施政報告》，政府就少數族裔的融和問題再次着墨，提出「要加強與非政府組織及地方團體的合作，以協助他們盡快融入香港的生

少數族裔人士的核心困難是源
於語言問題，中文能力不佳為
其主要成因。

活。」（第 63 段），針對少數族裔就業所面對的困難，透過職業訓練局青年學院
等渠道提供支援，並撥款資助非牟利機構以成立少數族裔人士支援服務中心，具
體措施交由有關政策局研究。直到 2011 年，政府開始提出了一些通過僱員再培訓
局、勞工處、職業訓練局提供支援等較為細緻的措施，例如在就業支援方面，少
數族裔及新來港人士可報讀再培訓局特設的課程，亦可透過勞工處的就業中心專
責櫃位獲得就業服務，勞工處亦在不同地區舉辦招聘會以協助就業，同時增加支
援中心，擴大「融入社區計劃」，提供更多以少數族裔語言廣播的電台節目（《二
零一一年施政報告》第 100 段）。這些措施都具有一定成效，但畢竟治標而不治
本，未能從根本上幫助少數族裔人士融入香港社會，也不能緩解他們在教育和就
業上所面對的窘境。

　　有關問題的根本，眾多學者不約而同地指出，少數族裔人士的核心困難是源
於語言問題，中文能力不佳為其主要成因（李楚成、梁慧敏，2018b；2020；林
偉業、張慧明、許守仁，2014；陳瑞端、梁慧敏等，2018；梁佩雲，2017；梁慧
敏，2016a；謝錫金、祁永華、岑紹基，2012；關之英，2014；Li, 2017；Li & Chuk,
2015）。香港社會以華人為主，主流社會大量運用中文，在學習、求職、與人溝通
上，中文運用不可或缺。從筆者於過去十年間（2009–2019）先後三次進行過有關
香港語言使用情況的問卷調查中亦可見，香港雖為國際大城市，但英語在日常生
活和工作上的運用量偏低，使用量明顯不及中文，反映出學好中文的重要性（參
見第三章第二節「粵語使用的社會語言學調查 —— 生活與工作場合」，頁 77）。

雖然少數族裔人士中不乏英語能力的佼佼者，然而中文能力未能達致生活和工作所需的水平，融入本地社會的過程便勢必障礙重重。

就少數族裔的語文問題，社會各界紛紛對此表達關注，香港一些高等院校、社會福利機構和壓力團體，不斷發表有關居港少數族裔的生活和就業需求、社會共融、身份認同、文化習俗等方面的調查結果和專題報告，而政府亦作出了積極的回應，並在近年的語文教育政策上作出調整。2013、2014、2015 年的三份《施政報告》中，支援非華語學生學習中文是各項語文措施中的重點，對象包括幼稚園學童、中小學生。2013 年《施政報告》提出要「加強各種支援，為少數族裔學生提供更有效學好中文的機會。」（第 130 段），同年嘗試為少數族裔婦女開辦以英語授課的「自在人生自學計劃」課程（第 128 段），其後多年政府持續關注有關少數族裔的議題，推出各種較為有建設性、有實效的語文措施，以實際行動幫助少數族裔人士升學、就業和融入社會（詳見附錄表 11，頁 218–219）。2014 年報告中表明「絕大多數南亞裔香港居民均以香港為永久居住地。他們要融入香港社會，開展個人事業，需要提高中文的聽、講、讀、寫水平。政府會在幼兒教育至中小學階段加強支援少數族裔學習中文。」（第 75 段）首次提及把校本支援服務延伸至幼稚園，明確加強保障少數族裔學習中文的教育權益，在校教育階段由是開始了重大革新；並在就業方面提供支援，承諾為已經離校的少數族裔人士開發職業中文培訓課程，又承諾檢討和修訂在增聘政府職位時的中文語文能力要求。2016 年的《施政報告》雖無談及語文相關議題，但在提升幼稚園教育質素上，當局仍不忘照顧非華語學童的需要（第 188 段）。

至 2018 年，《施政報告》再次推出力度較大的支援政策，從教育、就業、社會福利、社會共融四方面着手，除了繼續原有措施，提供更多課程、就業服務外，亦加入更多新嘗試，例如部署主動接觸少數族裔的外展工作、加強招聘少數族裔、加強與非政府機構合作等。支援工作涵蓋各個政府部門，包括教育局、勞工處、僱員再培訓局、各紀律部隊、社會福利署、民政事務總署等等，又成立「少數族裔事務督導委員會」，目的是「加強政府跨局/部門就支援少數族裔人士

的內部協作」（第 242–244 段）。2019 年《施政報告》未有針對少數族裔提出新的語文支援措施，但宣佈於 2020–21 年度在九個較多少數族裔人士居住的地區推行「少數族裔社區大使試驗計劃」，[7] 為少數族裔人士提供更多就業機會；另外又增加了兒童津貼，以進一步支援較低收入的在職家庭自力更生及紓緩跨代貧窮，相信少數族裔學童也能從中受惠（第 34 段）。

政務司司長張建宗於 2019 年 10 月也一再強調，少數族裔是本港一股重要的人力資源，其潛力絕對不容忽視。他總結政府於 2018 年動用了超過 5 億元推行加強支援少數族裔人士的措施，涵蓋教育、就業、社會福利和社會共融等範疇；同時亦宣佈從 2019–20 年度起將推出或逐步落實多項相關措施，其中有關教育的範疇包括以下四項（政務司司長辦公室，2019）：[8]

(1)   加強對錄取非華語學生的幼稚園資助；

(2)   就非華語學生在中文的學與教繼續委託專上院校為學校提供專業支援；

(3)   對錄取有特殊教育需要的非華語學生的公營主流學校提供額外資助；

(4)   支援非華語學生學習中國歷史。

就業支援方面，2019 年公務員事務局已完成全面檢視各公務員職系的中文語文能力入職要求，降低有關要求的職系增加 22 個至合共 53 個，同時會定期檢視轄下職系的中文語文能力要求，以確保有關要求與工作相關，並與達致良好工作表現的要求相稱（政務司司長辦公室，2019）。香港要持續發展，需要全港市民一起籌謀，政府的承諾展現了藍圖及方向，目標是與少數族裔人士同心協力，建構和諧共融關愛的香港。（另見第五章第四節「針對少數族裔的中文教育政策」，頁 169。）

---

7. 見第三屆扶貧委員會第七次會議，《2019 年施政報告》扶貧助弱新措施簡介「社會福利（13）」（文件第 4/2019-20 號），2019 年 10 月 29 日。

8. 有關教育範疇的支援由 2019–20 年度起的四個財政年度，預算動用的資源達二億九千四百萬港元。

學校教育、職業培訓與就業支援

特區政府對少數族裔的關注持續多年，要真正做到扶貧助弱，必然要解決他們升學和就業的困難，與此相應的便是學校教育和職業培訓；前者由教育局主導，納入正規教育機制，後者則由勞工處、僱員再培訓局（再培訓局）、職業訓練局（職訓局）等部門負責推動。

學校教育方面，教育局作為推行政府政策的重要部門之一，近年着力為幼稚園、小學和中學提供校本支援服務及額外資助，並為教師提供在職專業發展計劃，例如撥款予香港的大學以推行「大學 — 學校支援計劃：非華語幼兒的中文教與學」、透過語文基金推出「『教授中文作為第二語言』專業進修津貼計劃」和「學校支援夥伴（借調教師）計劃」等，以及為中小學提供「中國語文課程第二語言學習架構」，以幫助校方設計教材和評估工具（見 2014 年《施政報告》）。此外，教育局又分階段為高中學生提供與資歷架構（The Qualifications Framework in Hong Kong，簡稱 HKQF）掛鈎的中國語文課程 —— [9]「應用學習中文（非華語學生適用）課程」，[10] 供中文程度較低的非華語學生就讀，以取代香港中學文憑試（HKDSE）中文科的成績。課程包含中文讀寫聽說培訓，透過模擬的應用學習語境，讓學生從任務為本（Task-based learning，簡稱 TBL）的活動中學習，以提升其語文水平。有關課程獲政府承認，成績會顯示在香港中學文憑中，同時亦按修讀程度分別與資歷架構第一級至第三級掛鈎，學生修畢後可獲課程提供機構頒發相應級別的資歷架構證書（課程發展議會、香港考試及評核局，2017）。這項課程亦能銜接本地升學，大學教育資助委員會資助院校及絕大部分專上院校均

---

9. 香港資歷架構是一個七級的資歷框架，旨在提供一個鼓勵及促進終身學習的平台，以提升香港工作人口的技能及競爭力。每項資歷均按照一套《資歷級別通用指標》，去釐定該資歷的級別，表明每一級別所要求的成效和標準。

10. 應用學習中文（非華語學生適用）課程於 2014–15 學年開始推行，該課程只為非華語學生而設，旨在為非華語學生提供額外途徑，獲取另一認受性高的中文資歷。課程修讀期橫跨高中三個學年（即中四至中六年級）。

表4.1　2015、2016和2017年度修讀應用學習中文的中四級非華語學生人數（比例）

課程	院校	2015年度	2016年度	2017年度
服務業中文	香港浸會大學	125 （69%）	138 （78%）	132 （66%）
款待實務中文	香港專業進修學校	56 （31%）	40 （22%）	67 （34%）
	總	181 （100%）	178 （100%）	199 （100%）

承認非華語學生適用的中文課程的資格，並已將其合格成績納入符合入學的語文要求。2015–16、2016–17 和 2017–18 三個學年，各種資助模式下的學校（包括資助、官立和直資中學）的中四級學生中，修讀應用學習中文的學生資料見表 4.1。

就業方面，公務員事務局已接納「應用學習中文（非華語學生適用）課程」的成績為衡量公務員職級的中文語文能力要求（教育局，2018，2019）。目前課程由三所大專院校負責提供予在校非華語學生，教學向度各有不同，但都不約而同地和職業領域緊密連繫：香港理工大學專業進修學院提供「商業服務中文」課程；香港浸會大學持續教育學院提供「實用情境中文」課程；香港專業進修學校提供「實務中文」課程（教育局課程發展處，2019）。至於已離校的非華語學生，則改由語文教育及研究常務委員會（語常會，英文簡稱 SCOLAR）提供協助。自2016 年 4 月開始，語常會透過與浸信會愛羣社會服務處和香港中文大學雅禮中國語文研習所合作的方式，發展及開辦獲資歷架構認可達第一、第二級資歷認證的職業中文課程，又為合資格學員提供 85% 學費資助（語常會，2019）。

少數族裔人士的就業支援和職業訓練方面，政府除了作為僱主直接招募符合資格的少數族裔應徵者外，亦分別透過以下四個機構提供服務：

(1) 勞工處（特區政府勞工及福利局轄下部門）
(2) 僱員再培訓局（1991 年按《僱員再培訓條例》成立）
(3) 職業訓練局（1982 年按《職業訓練局條例》成立）
(4) 建造業議會（2007 年按《建造業議會條例》成立）

先說勞工處，該部門除了提供一般就業服務外，也為少數族裔人士提供翻譯、市場諮詢等服務，並定期舉辦經驗分享會、共融招聘會等，以幫助少數族裔人士提高其就業成功率。然而，這些服務仍有一定的局限性，例如沒有工作語言方面的支援，未能完全地對症下藥地讓所有少數族裔人士從中受惠，無法從根本上解決長久以來少數族裔在就業方面所面對的困難，因而需要由其他機構彌補不足。僱員再培訓局（The Employees Retraining Board）從職業培訓和就業支援兩方面兼顧少數族裔人士的需要。在職業培訓方面，自 2007 年開始為少數族裔人士提供以英語教授的專設課程，並於 2009–10 年度起為其提供就業掛鈎培訓及通用技能培訓專設課程，包括特設的「基礎廣東話課程」，課程內容針對日常生活及工作所需的廣東話以提高其聽講能力（僱員再培訓局，2010）。再培訓局（2019）除了開辦各類「應用廣東話課程」之外，還提供「職業中文讀寫課程」和「職業普通話」等課程，其中共 12 項專設語文課程獲民政事務總署認可，可以提供課程津貼。局方也為待業少數族裔青年特設「青年培育計劃」，提供一站式職業生涯規劃、職業性向測試、職場參觀和個人評估等服務，此外也有提供課程查詢及報讀服務、行業講座、試讀班，預約培訓顧問等服務，給予即將畢業離校的少數族裔學生。不過，由於其服務對象太廣泛，目標不甚清晰，宣傳力度不足之處，導致效果不彰，很多有就業困難或難以向上流動的少數族裔人士均未能受惠。

而職業訓練局（Vocational Training Council，簡稱 VTC）則為少數族裔人士提供更多進修途徑，其轄下的香港高等教育科技學院，以及香港專業教育學院、香港知專設計學院、國際廚藝學院和海事訓練學院，接受非華語學生以其他中國語文資歷申請高級文憑課程甚或學士課程（香港特別行政區政府，2018）。職訓局又透過轄下的青年學院，為少數族裔青年提供「青出於『南』少數族裔培訓計劃」，提供專設的職業教育、培訓課程和專項支援，課程包括特定行業之技能培訓，並提供語文及生活技能訓練，以協助學員獲取認可專業資格，在該行業繼續發展或持續進修，畢業後更有機會升讀職訓局轄下各學院提供的其他課程（青年學院，2019）。此外，職訓局亦開辦了特定的職業專才教育課程，對象分別為中學離校生、高中生和待業待學青少年，其目的是為學員在特定行業發展提供培訓及入職前的準備（香港特區政府，2018；職業訓練局，2019）。

建造業近年求才若渴，建造業議會（Construction Industry Council，簡稱 CIC）趁此時機，積極為建造業吸納少數族裔人才，包括透過南亞族裔社團、工會及非政府機構宣傳、在少數族裔人士閱讀的刊物刊登廣告、舉辦招聘會等。建造業議會職員又到工地探訪，鼓勵少數族裔工人報讀議會的課程。建造業議會的本分是為所有市民提供相關行業培訓，近年積極革新課程並成立香港建造學院，以提升課程質素。其原有課程部分為英語授課，適合能運用英語的少數族裔就讀。為了更切合少數族裔的需要，建造業議會近年再開發各式各樣的專設培訓課程，例如「少數族裔技術提升課程 —— 先導計劃」，目標是提升在職少數族裔普通工人的技能達至半熟練技術工人的水平；又籌備「建造業職業廣東話課程」，希望有助少數族裔人士融入工作環境，並提高他們的安全意識（香港特區政府，2018）。

近年，香港樂施會、香港融樂會等非牟利組織亦非常關注南亞少數族裔居民的權益，並定期對該族羣的貧窮問題、教育狀況等作追蹤調查。樂施會（2016）的調查指出，目前沒有明顯證據顯示政府的大力投入已取得了預期的成果。《東方日報》、《香港 01》等本地媒體和香港社會服務聯會等社會團體近年也多有批

評之聲。接受專上教育被認為是向上流動的一個重要方式，但是多年來通過大學聯招入讀教資會資助學士學位課程的非華語學生數目一直偏低，例如在 2014–15 學年只有 104 名，其中南亞族裔學生只有 39 人。[11] 同期，聯招取錄了 17,600 名當屆香港中學文憑試的考生，南亞裔的比例只佔 0.2%（立法會，2015），可見他們入讀大學的機會微乎其微，近年情況也未見有明顯的改善。

綜上所述，目前政府推出的政策，其中一個大問題是各部門未見相互協調，各自為少數族裔人士開辦專設的中文課程，課程內容、評估和教學目標各異，措施略為零碎，未見制定完整的升學就業管道。比如教育局多年來協助中小學分階段發展自己的一套校本課程，近年再推出針對不同行業、與資歷架構掛鈎的「應用學習中文（非華語學生適用）課程」；而僱員再培訓局、香港建造學院亦各自提供各種職業導向的中文訓練。綜觀上述課程，其教學理念、設計、策略、評估皆欠統一標準，內容深淺程度亦頗為參差。

面向非華語幼童的政策與教師之反饋

按照以往港英時代的慣例，立法局的年度會期在每年 10 月開始，所以香港總督（Hong Kong Governor，簡稱港督）會在 10 月立法局復會的第一日宣讀《施政報告》。梁振英在 2013 年出任第四屆行政長官之後，希望第五屆立法會議員能有充足時間發表意見，因此把《施政報告》延後至翌年 1 月宣讀，而當 2017 年 7 月第五屆行政長官林鄭月娥上任後，又把《施政報告》的宣讀時間回復到以往的 10 月發表，以致 2017 年內出現了兩份《施政報告》。

---

11. 該年度政府開始提供應用學習中文（非華語學生適用）科目，為非華語學生提供額外途徑以獲取另一認可的中文資歷，「達標」和「達標並表現優異」相等於達到中學文憑試（DSE）「中國語文」科「第二級」和「第三級」。

2017 年 1 月特區政府明確地指出，針對非華語學生的語文政策重心在於關注少數族裔人士的幼稚園教育。為協助幼稚園非華語學童學好中文，政府提出增撥資源並提升師資水平，如為幼稚園教師提供語文專業發展課程，讓他們能掌握教授非華語學童的學習技巧（第 167、167 和 205 段）。到 2017 年 7 月林鄭月娥政府上任，同年 10 月的《施政報告》，推出大力改善教育、民生的方向和目標，當中即包括完善、發展多項和少數族裔相關的政策措施，涵蓋兒童事務、教育和就業等方方面面，並檢視《種族歧視條例》以保障少數族裔在職場免受歧視，並致力協助來自貧窮家庭的少數族裔人士克服跨世代貧窮的惡性循環窘境（第 197、199 和 200 段）。

特區政府的理念是，愈早鞏固少數族裔人士的中文能力，他們日後學習的根基便愈紮實，有關措施和此前的非華語學生中小學教學模式改革、高中應用學習（中國語文）課程和就業支援，可謂一脈相承。在 10 月推出的《行政長官 2017 年施政報告》中，政府再次確認少數族裔人士所面對的困難，並承諾會進一步加強支援（第 197 段）。首先，教育局會就已實施數年的「中國語文課程第二語言學習架構」進行評估、吸納各方面的意見（第 199 段）；同時，亦明確要「向少數族裔提供更多加入政府工作的機會」，落實措施「檢視各公務員職系的中文語文能力入職要求」（第 200 段），一方面繼續着力提升他們的中文能力，另一方面嘗試減輕語言問題所引致的就業窘境。總體而言，各項政策和上屆政府提出的方向和目標一致，並加以完善發展、讓更多政策上的細節得以落實（詳見附錄表 12，頁 220）。

要使非華語少數族裔人士學會中文這願望得以實現，殊非易事。2017 年林鄭政府甫上台即開展各方面的政策回顧、研究，情況實屬可喜，然而政策到底是否行之有效、是否需要加大力度或調節，仍有待觀察、評估和探討。2017 年 10 月《施政報告》發表後，筆者即以問卷方式向三間本地夥伴學校（partner schools）的前線教師進行了有關 2017 年兩份《施政報告》中支援南亞少數族

裔學生學習中文的調查，結果顯示有關政策可從教學及學校資訊兩大方面作出改善。[12] 現分五點説明如下。

細化「中國語文課程第二語言學習架構」內容

2017 年 10 月的《施政報告》提出「持續觀察學校運用『學習架構』的實際情況」（第 199 段），「中國語文課程第二語言學習架構」（「學習架構」）從二語學習者的角度出發，照顧非華語學生學習「中文作為第二語言」的需要。然而，官方所提出「學習架構」的學習目標是從本地學生的學習目標演化而來，內容較為空泛。加上局方提供的資源有限，而且偏向校本課程，亦無統一的教材規劃，而非華語學生本身的中文水平和學習歷程的差異也頗大，令校本教材難以推廣；課程即使較為貼近學生的水平，卻未能符合他們的升學或就業上對中文的要求，因此不足以推動學生積極學習。對此我們認為政府應就學習架構的內容、各項發展目標，以及學習重點提供更為具體明確的闡述，以供前線教師參考。而教師可據此並因應非華語學生的學習需要，自行設計合適的學習活動，靈活編選和運用教學成效高的學習材料。

確保幼稚園教師人手

政府建議於 2017–18 學年開始，向錄取八名或以上非華語學生的合資格幼稚園提供津貼，金額與一名幼稚園教師的建議薪酬相若。誠然，這措施可紓緩人手方面的壓力，然而對於一些已錄取八名以上或較多非華語學生的幼稚園來説，一

---

12. 該調查為筆者語文教育及研究常務委員會「研究與發展」項目（編號：EDB(LE)/P&R/EL/164/4）的其中一部分，研究目標與成果見香港理工大學中文及雙語學系官方網站：http://www.cbs.polyu.edu.hk/clcproject/p6ncs/。

個額外人手並不足夠；另一方面，對收取八名以下非華語學生的幼稚園來說，由於《施政報告》中並無提及，現時政策上並無任何資助，校方恐怕難以分配額外人手協助與非華語學生溝通，教學上的支援也不理想，以致有可能影響非華語學生從小學習中文的實效。因此在增撥資源問題上，我們建議政府可同時考慮錄取八名以下非華語學生幼稚園所面對的情況，例如按學生實際人數比例增加相應的撥款。

增加撥款透明度

教育局現時有政策支援非華語學生的中文學習，例如「學習架構」的實施，幫助非華語學生解決學習中文作為第二語言的困難，協助學校實施「學習架構」和建構共融校園。政策為所有錄取十名或以上非華語學生的學校，按其錄取的非華語學生數目，給予每年最高 150 萬港元的額外撥款，讓學校按需要向非華語學生提供支援，從教學策略到學習材料，以至安排額外人手推行密集式中文學習班等。而錄取十名以下非華語學生的學校，亦可獲五萬港元的額外撥款支援課後中文學習。據了解，現時錄取十名或以上非華語學生的中小學共有二百多間，但這些學校的名單一直都未有公開。我們認為政府應增加升班選校資料的透明度，例如列明不同學校非華語學生的數目，以便非華語學生及其家長選擇較合適的學校。

推動教師專業發展

錄取非華語學生的學校雖然可因應學生人數而獲得額外津貼，但教師的薪酬每年增長，資助額卻沒有因應薪酬調整、通貨膨漲等因素而有所增加，故現時政策缺乏誘因，力度不足以推動學校及教師為非華語學生提供全面的支援。縱然現時教育局由 2014–15 學年起至 2018–19 學年，透過語文基金推行「『教授中文作為第二語言』專業進修津貼計劃」，為在職中文科教師提供津貼，以提升中文科教師教授非華語學生的專業能力，然而這些進修並無強制性。鑑於教師日常職務

繁重，實在難以撥出額外時間進修，教師在掌握教授非華語學生學習中文的技巧方面往往顯得力有不逮，從而影響學生的學習成效。在推動並支援教師進修方面，當局應聯同本地高校，開辦教授非華語學生學習中文的專業教育培訓課程，讓教師可運用其母語的優勢，教授非華語學生學習中文。同時，校方亦應在教師工作安排上作出調節，例如增加撥款聘用代課教師，以造就更多在職教師進修的空間。

增設針對少數族裔家長的服務

基於語言障礙，前線教師難以與非華語學生的家長進行有效溝通，以致後者對自己的權益一無所知。教育局應額外撥款並提供指引，以協助校方與非華語家長之間的溝通，或向他們提供適當的翻譯服務，如到場翻譯或通告翻譯等，讓家長適時地得悉子女的學習情況及學習安排等；此外，校方亦可按自身情況和經驗制訂教師指引和工作流程。在舉行有關的簡介會時，政府可為非華語家長提供傳譯服務，同時確保學校向教職員提供足夠且清晰的指引，促進校方與非華語家長的交流。在選校方面，政府亦宜確保非華語家長在選校時能獲得足夠的資訊以選擇心儀的學校，如上文提及增加學校非華語學生數字資料的透明度，也可要求校方列明為非華語學生所設的學習支援措施及相關服務。而為了讓非華語家長能適時地掌握有關資料，最直接的方法莫過於把選校資訊翻譯成主要非華語家長能看懂的南亞語言版本。

每次《施政報告》推出前，政府均以多管齊下方式收集持分者的意見，例如通過舉辦諮詢會、會見政黨及民間團體、委託機構進行調查等渠道，務求在諮詢期內收集最廣泛的意見。針對 2017 年的不足，行政長官林鄭月娥在 2018 年 10 月公佈的《施政報告》中，用了一個獨立分章（「加強支援少數族裔人士」，第 242–244 段）來闡述政府在 2019–20 年度將會實施的一系列支緩少數族裔人士的措施，在一定程度上回應了教育界的訴求，例如在計算學生津貼方面，取消了向合資格幼稚園的非華語學生人數限制，為歷年《施政報告》中論及少數族裔的最

長篇幅，足見政府加強支援少數族裔的決心。2018–19 年度《施政報告》的政策要點，詳見附錄表 13（頁 221）。

2019 年，為加強對少數族裔人士的支援，政府表示在《財政預算案》中已預留 5 億元支援有關工作；少數族裔政策的延續性，將對少數族裔羣體現狀的改善提供強而有力的後盾，為教育界繼續努力帶來鼓舞。縱然如此，振奮人心之餘亦當思不足之處，檢視政策上有哪些地方仍有改善的空間。首先，雖然政府承諾會繼續委託專上院校為錄取非華語學生的中小學及幼稚園提供校本支援服務，但對細化「學習架構」內容方面的要求，仍有待落實。教育當局除了持續推行並監察「學習架構」，亦應積極收集更多數據，比如學生的中文水平、學習上的特點和難處、對中文學習的態度、對中文程度的期待等，以便從學生的實際需求出發，對症下藥地推出成效更高的「學習架構」。其次，撥款和學校資訊方面的透明度還有待加強，雖然《施政報告》提出了針對五個階層的資助，但具體實施方案一直未有公佈。對少數族裔人士家庭的支援方面，雖然提供主流社會福利服務可緩解南亞族裔目前的問題，但提高中文二語教學的成效，協助非華語學生選擇合適的學校，方為長遠萬全之策。

非華語學生學習中文的困難與對策

有關非華語學生的中文學習問題，研究顯示每 100 名自小學開始在港上學的南亞裔兒童中，只有 1–2 人能升讀高等院校，其比例遠低於本地學童 (Li, 2017)。這導致社會經濟條件不富裕的南亞裔人士，很難通過教育向社會上層流動，在以經濟劃分階級的香港社會中長年淪為弱勢社羣，甚或遭到排斥。袁振華、曾潔 (2012) 一項關於非華語小學生的中文水平評估研究顯示，從中文能力測試整體成績看，非華語小學生中文聆聽的成績最好，寫作的分數最低，聽說優於讀寫。因此，第二語言的發展應循序漸進分為不同階段，亦即先從聽說的基礎能力開始發展，讓學生逐漸累積口語詞彙，進而依次發展識字、寫字、閱讀和寫作方面的能

力（岑紹基、叢鐵華、張群英和李潔芳，2012；林偉業，2014；林偉業、張慧明、廓麗雯和江雅琪，2015；陳瑞端、梁慧敏等，2018；張慧明、林偉業和黃琦玲，2015；羅嘉怡、謝錫金，2012；Li, 2017；Li & Chuk, 2015）。

根據近年不同研究，目前非華語學生的中文學習所面對的困難主要是在讀寫上，以下為主要原因（李楚成、梁慧敏，2018b；梁慧敏，2019；謝錫金、祁永華、岑紹基，2012）：

(1)　識字量低；
(2)　詞彙量低；
(3)　詞性和語法知識薄弱；
(4)　閱讀理解能力弱、或者整體語文能力偏低，造成閱讀困難。

據陳瑞端、梁慧敏等（2018）的觀察，前線教師在教學上的難處還包括漢字的形音義（筆順筆圖/書寫速度）和粵語語音（聲韻調/音節語速）。陳瑞端的研究團隊曾對十三間本地小學約 400 名小一至小六非華語小學生進行典型語言偏誤調查和分析，[13] 發現非華語小學生在初小、中小及高小三個階段都面對不同程度的中文讀寫困難（見表 4.2）。研究團隊參考了夥伴學校的意見，通過交流經驗及為教師提供解決問題的方略，總結教師成功的教學方法及可改善之處，針對閱讀及寫作的訓練，提出不同的教學策略，以幫助非華語學生提升中文讀寫能力。

教學策略主要針對學生中文學習的困難及學習發展需要，分成初、中、高小三個階段：初小教材主要針對部件教學及常用詞彙結構；中小教材則針對複句

---

13. 此為教育局教育發展基金「大學一學校支援計劃（2014–17）」資助項目（編號：USP_NCSP1_PolyU），項目名稱為「針對香港非華語小學生中文學習的校本支援計劃」。計劃共有十三間學校參與，研究對象涵蓋約 700 名小一至小六的非華語小學生。研究團隊曾多次到訪夥伴學校，進行了 44 次觀課及 20 次與教師共同備課活動，並就語音、寫作等多方面提出教學建議。事後，教師亦填寫問卷，為非華語學生參與計劃後的中文水平、學習能力及興趣、輔助教材的成效等提供意見。

表4.2　小學各階段讀寫中文的困難

層面/階段	初小階段	中小階段	高小階段
字	識字量較少	對漢字結構缺乏概念	漢字形聲意識比較薄弱
詞	詞彙量較少	對漢字缺乏概念，缺乏構詞能力	閱讀時只停留在詞語，或文字表面的意義
閱讀理解	閱讀及理解文本速度慢	對複句中的邏輯關係理解有困難，造成對文本理解的障礙	閱讀時信息零散，無法組織重要信息。缺乏文體知識、中國文化背景知識，理解文本有困難

改編自陳瑞端、梁慧敏、袁振華、曾潔和馬克芸（2018，頁41）

知識及實用文學習；高小針對寫作練習，亦加入中國文化元素，如詩、詞、成語等，提升非華語學生對這方面的認知。

　　目前在配合「中國語文課程第二語言學習架構」（2014）的原則下，前線中文教師可以小組形式共同制訂供非華語初小學生使用的中文讀寫教學大綱，集中採用第二語言教學方法，在配合課文內容的情況下，重點規劃和調適字詞和語法教學，突顯漢語字詞和語法的規律性，將字詞教學和語法教學滲透在教學活動中，為學生奠定比較好的語文基礎。此外，部分學校的中文教師亦嘗試編寫合適的校本閱讀材料，以配合課文的字詞和語法教學，作為課外延伸閱讀，適當增加非華語學生的識字和閱讀量，一方面進一步鞏固學生的語文基礎，另一方面讓教師逐步掌握字詞和語法教學的相關知識。行有餘力，我們認為校方也可於課外時間，安排教師為非華語學生及家長提供伴讀服務，以支援正規課程內的閱讀學習，提升其語文輸入的質和量，以及閱讀興趣和能力。非華語學生中文教育的問題由來

已久，並非一時三刻可以輕易解決。根據上文所述的調查，我們認為目前最急需改善的範疇有二：

教材

　　長期以來，適合本港非華語學生的教材十分短缺、內容亦未能完全符合學生需要。據本港學者研究發現，香港一直未有出版社製作專用中文教科書，雖然中國內地、台灣及海外均有為母語非中文的學生而設的教學資源，但由於字體或讀音所限，或是基於地區文化差異，均未能符合本港實際需要（關之英，2012）。目前學校可自教育局的「中國語文課程第二語言學習調適架構」專頁中取得教學資源，借用本港學生的主流教科書，或是自行製作校本教材，[14] 然而有關材料非常有限，對於中文能力甚為薄弱的非華語學生，實在需要更為合適的教材，以補其不足。內容方面，由於各校選取或製作教材時，沒有一定的標準，加上負責的老師未必有製作專門教材的經驗，偶有瑕疵實在難以避免，比如未能顧及讀寫能力、部分內容誤用不規範的語法、未能緊扣日常生活等等。再者，部分學校為遷就學生的中文水平，教材程度偏淺，反而失卻意義，甚至反過來影響學生的學習動機和意慾（關之英，2014）。

　　美國語言學家克拉申（Stephen Krashen）於上世紀八十年代所提出的第二語言習得論包括五大假設（hypothesis），分別是語言習得與學習假說、語言輸入假說、情感過濾假說、自然順序假說和檢察假說（Krashen, 1982）。他認為語言習得主要是靠「輸入」（input），而這個「輸入」必須是可被理解的（comprehensible input），且外形結構上應該略高於學習者當前的語言能力。他指出，如果學習者存在緊張、害怕、抗拒的情緒，或對主題缺乏興趣，學習者便會接收不到這些語

---

14. 普通小學教材，例如：《啟思新編中國語文》和《新亞洲中國語文》；自行研發的校本教材，例如李陞大坑學校和伊斯蘭學校各自編撰的《中國語文》。

言輸入（Krashen, 1985）。克拉申的假設對教材設計的啟發主要有兩點：首先，必須重視「語言輸入」的部分，教材語料的選擇不但要重「量」，在「質」方面亦應好好把關。理想的語言素材應是學生在現實生活中已遇到或者將來可能遇到的，從而幫助他們在較為自然的環境中達至適量的語言輸入。其次，教材的設計要具備「可理解性」（intelligibility），以生動、活潑的內容，以降低學生的抗拒情緒。當然，克拉申的假說應用在非華語中文學與教之上也有不足之處，如果只強調學生一方的自然輸入，學生便很難掌握到標準中文語法的原則，尤其是漢字的複雜結構。如何協調不同教學目標的箇中矛盾，其中一辦法是鼓勵並支援實證或行動研究，以加深我們對問題癥結的了解及找出行之有效的解決方案。

教學法

　　過去本港師資培訓一般只着眼於華人學生的教育，主流學校的中文教師普遍欠缺教授非華語學生的專門知識和經驗，教學異常艱鉅，部分教師變得態度消極、傾向逃避，嚴重影響教學效果（陳錦華等，2014；關之英，2014）。為改善這種情況，政府近年積極為教授非華語學生的教師提供專業的支援及培訓課程，以提升教學質素。然而，師資培訓的成功，有賴於教學法的改進。本港的「中文作為第二語言」教學，[15] 多年來仍停留在發展的初階，大量在外地取得成功、行之有效的二語教學法，在本港實踐的經驗仍有待開展。教學方法林林總總，[16] 陳瑞端、梁慧敏等（2018）曾分析香港現有非華語小學生中文教材的特點，歸納出其優點，總結值得借鑑之處，包括語法、字詞、閱讀、寫作的教學策略、教材的設計及課後跟進幾方面（詳見附錄表 14，頁 222）；為使本港非華語學生能得到

---

15. 回歸後中文作為第二語言教學最早可追溯至2000年教統局（今教育局）為新來港非華語兒童開辦的「啟動課程」。

16. 本港常用針對非華語學生的教學法包括全語文教學、沉浸式教學、鷹架式教學、任務型教學、文類教學、語體教學等。這些教學方法均曾在不同學校裏實踐，並取得一定成效。

更適切的教育體驗，我們認為有需要研究各種教學法的可行性，並用前沿教學法指導研發更具針對性的教材。教師若能直接參與有關的研究，他們或可按實際情況，以更有效的教學法改良自身的教學模式，並從課堂實踐中吸收更多寶貴的教學經驗，以達致教學相長、回饋社會之效（陳瑞端等，2017）。

綜合以上各項，研發配合學生心智、具趣味性，對升學又有價值的讀、寫校本輔助教材，絕對是目前當務之急。輔助教材並不以取代正式教材為目的，而是配合字詞讀寫及運用的能力、語法及篇章理解的能力、語音覺識及口語表達的能力等三個核心要素，結合學校學生的實際情況，緊扣識字（部件）、詞組（構詞）和語法（句型）三個難點對正式教材做一些必要的補充；而正式教材和輔助教材的互補與整合，可視為日後校本自編教材的前期工作（梁慧敏，2020）。教材研發之前，應先深入了解校本學習的內容，對香港常用字進行程度和主題上的歸類，分析非華語學生的典型語言偏誤後，才能制訂針對非華語學生學習需要的字詞學習表、語法學習系統、評估能力要點和教學策略。校本輔助教材需要配合上述研究結果，從二語學習的難易點出發，系統地增加非華語小學生的字詞量，並訓練構詞、造句能力，按照學生的心理認知及水平，分初、中、高不同程度，由字、詞、句、段、篇，逐步建構學生的語言能力。各個單元目標應以整體目標為依據，並參考教育局中國語文學習領域的九個學習範疇（聆聽、說話、閱讀、寫作、文學、中華文化、品德情意、思維、語文自學）來編寫，加上學校老師的回饋，將最多學生未能掌握的語法難點抽出來，作為輔助教材的語法焦點內容。主題方面亦應參考正規教材的內容，並結合非華語小學生的生活，如角色名稱、課外活動等，貼近正規教材的內容之餘，亦補充了其不足之處。

為了彌補正式教材在讀寫、識字、語法教學方面支援的不足，陳瑞端、梁慧敏等（2018）曾結合語言學、漢語研究、語言習得以及對外漢語教學等方面的研究成果，針對性地開發了一套中文輔助教材，教材套主要由讀物、練習和遊戲三部分組成，三者相互關連，既輸入知識，也同時兼顧運用及評估：

> 在「中國語文課程第二語言學習架
> 構」的框架之下，以非華語學生為對
> 象的第二語言學習材料設計實在迫
> 在眉睫，應該儘快開展。

(1)　讀物：以趣味性為主，並且配合初小以句為主，中、高小以段及篇為主，
內容以故事、詩歌、日記、書信等方式呈現。

(2)　練習：涉及詞彙、句式、語法、閱讀理解等方面，尤其是閱讀理解配合祝
新華（2012）提出的閱讀層次，從低（如複述、解釋）至高（伸展、評鑑）
設定題目。

(3)　遊戲：分為堂上和課後兩類，內容包括漢字、詞語、句段表達、語法
點、文化等，可分難易度。設計方式為閃卡猜字、拼砌、配對、過三關
（BINGO）等。

教材的特點是按主題編排多樣的語言輸出訓練，主要學習要點可以通過語言操練
在實際語境中加以呈現，從而將「中文習得」和「中文學習」結合起來，實現語
言的活用。輔助教材作為正規教材的補充材料，學校可根據各自的情況選擇於課
後輔導、融合課堂或抽離小班等使用，可全套順序使用，或抽取部分符合學生程
度的內容配合大課教學進度使用，以補足學習上的空白。

校本輔助教材的設計特點

非華語學生分散在不同的學校，有主流津貼學校、英文中學，也有直資中
學，教材的選擇差異較大，並不統一。部分學校採用的教材是為母語為中文的孩

童編寫的，其好處是有現成課文，缺點是沒有照顧到非華語學生的中文水平和實際需要；而部分學校則主力開發校本教材，雖然取得了良好的教學成果，但是由於其大部分努力都局限在自身的學校中，成果難以共享；而市面上缺少針對非華語學生的相對結構完整、設計合理的「跨校本」中文教材，也不利於整體「中文作為第二語言」教學效能的提升。此外，其他問題包括教材內容沉悶，未能切合本地社會的需要，又或高小學生用低年級課本，而校外合適的讀物又不足，有的亦只適合低齡兒童等等。

非華語小學生在不同學校接受以不同教學法編寫的教材，重點和難度也不同，他們在呈分試（香港中學學位分配辦法，簡稱 SSPA）中的表現也自然大相徑庭。升讀中學時，他們面對的不僅是中文科合格與否的問題，即使成功升中也要面對中學中文課程能否銜接的難題。畢竟教授中文作為第二語言與作為母語的課程內容、架構與編排本來就大不相同，因此在「中國語文課程第二語言學習架構」的框架之下，以非華語學生為對象的第二語言學習材料設計實在迫在眉睫，應該儘快開展。我們認為這類教材的設計必須兼顧三項特點，即：內容的趣味性，學生語言能力的逐步建構，細緻的語法分析和循序漸進的語法教學設計。

內容的趣味性

為了提升非華語學生的學習興趣和動機，除了使用折紙、字卡、圖片等輔助教學，設計配套還需考慮多媒體課件及豐富的課堂活動。前者採用直接的方式向學生展示教學的內容，例如所有的生字詞都該配有圖片，給學生直觀的視覺和聽覺上的刺激，而這些刺激可以加深學生對所學內容的印象。實驗心理學家赤瑞特拉（F.R. Treicher）做過一個關於人類獲取信息來源的心理實驗，他通過分析大量的實驗研究數據，證實人類獲取的信息 80% 來自視覺，11% 來自聽覺，也就是說，直接刺激感官的學習方法有助語言學習者獲得更多、更準確的信息。另一方面，通過刺激多種感官的多媒體課堂活動，充分利用學生各種形式的感知及已有

經驗，豐富學生的直接體驗和感性認識，也能激起學生理解記憶並引起對學習問題探索的興趣，增進學習的主動性和積極性。例如一個 120 分鐘的教學課節，可以包含熱身活動、字詞遊戲、説唱互動等分組課堂活動。教師通過有競爭性的分組活動形式提升學生的興趣，給學生更多自由發揮的空間（李潔芳、戴忠沛、容運珊，2018；吳疆，2007；何克抗，2002；韋志成，1996；梁慧敏，2019）。

學生語言能力的逐步建構

　　非華語學生的中文能力才起步不久，還是打基礎的階段，教學安排必須做到全面而又細緻。校本輔助教材在篩選課文內容時，可採取聯想歸納的方法，將適合非華語學生水平的知識點提取出來作合理的安排，用循序漸進的方式導入課文。非華語學生最大的學習困難在讀寫方面，書面漢字是方塊字，屬於表意文字，有獨特的筆劃、部件和結構，與由字母拼寫的拼音文字相比有很大差別，因而導致識字和認字方面的困難（岑紹基、張燕華、張群英、祁永華和吳秀麗，2012；張群英、叢鐵華、岑紹基和傅愛蘭，2012；Leong et al., 2011）。因此教材設計應首先圍繞識字教學展開，在加強學生的識字能力的基礎上，鞏固學生聽、説、讀、寫的能力。例如，按照字和詞的學習次序連繫課文主題加以編排，如教導初小學生「認識課室」（見表 4.3），首先加入學習部首「木」，通過學習課文內帶有「木」字旁的詞語，進一步鞏固對部首的認知，在此基礎上學習顏色、形狀形容詞，例如「白色的椅子」、「大大的桌子」等，最後利用曾經學習過的形容詞和新學習的對象名詞造句，例如：我們的課室有白色的時鐘。

　　完整的字詞學習步驟總結如下：（1）常見部首；（2）常見課室對象名稱；（3）表示物體顏色的形容詞；（4）表示物體形狀的形容詞；（5）詞語偏正結構。

表4.3　教材編輯框架舉例

主題	融入校園
課文	投入學習：認識課室
部件/部首/字詞	1. 木字部 2. 常見課室物件名稱
語法點	助詞：的+名詞
教學策略	1. 訓練口語能力 2. 字族識字教學 3. 筆順教學 4. 字詞寫作練習 5. 句子建構

改編自梁慧敏（2019，頁99）

細緻的語法分析和循序漸進的語法教學設計

　　南亞裔學生所使用的母語主要有印地語、旁遮普語、烏爾都語、尼泊爾語等。這些語言屬於印歐語系，構詞法具有屈折變化，跟漢語結構截然不同。教材的調適有必要針對語法作細緻的梳理，並且選用學生容易理解的方式呈現。因此，教材語法部分的編寫應採用化繁為簡，依序學習的辦法。這樣編排教材的好處第一是將識字、語法和造句學習相結合，而非以孤立的個別知識點作介紹；其次是簡化字詞和語法點、以練帶學，幫助學生掌握（陳瑞端等，2018）。現時正規教材每一課都有一定的語法教學重點，但語法教學並不是獨立編排的，而是和識字、課文緊密結合的，同識字教學一樣，也不會脫離該堂課的主題範圍。

梁慧敏（2019）曾對四套主流中文教材的語法點做了細緻的分析和歸類，[17] 包括語法點分佈總表、共有語法點、遺漏及滯後語法點、提前語法點等，按此對正式教材做了一些必要的補充；這是針對南亞族裔學生所特別設計的，可算是彌補了其他校本教材之不足。在識字的基礎上，輔助教材還可以詞組或句型的形式呈現正確語法結構，教材設計包含字卡、工作紙及遊戲，當中加入組詞、分詞、組句、朗讀等元素，強化學生對語法點的記憶。例如在教授「動物」時，在學習了常見動物名稱之後，用動物的圖片在字詞學習之後引入語法的學習，如動詞重疊「動＋動」（跑跑）和「動一動」（跳一跳）。這樣除了可以鞏固學生對動物名稱的掌握，也可以用聯想的方式擴展詞彙，幫助學生組織與動物相關的詞彙鏈，通過造句練習，加強學生的造句能力。

以語境為綱的幼兒中文教學

2016 年、2017 年（1 月）和 2018 年的《施政報告》特別關注少數族裔人士的早期教育；為協助幼稚園非華語學童學好中文，政府決定增撥資源（2016 年第 188 段、2017 年（1 月）第 167、205 段、2018 年第 244 段）。我們認為幼稚園為幼兒接受學校教育的起點，是終身學習和全人發展的基礎，必須讓幼兒從小沉浸於中文的語境，在真實的情境和豐富的社羣互動經驗中，才能以最自然和生活化的方式習得中文。對此，政府應該持續撥款支持非華語學童，特別是低收入家庭的學童入讀以中文為教學語言的幼兒園，增加早期語言沉浸的機會（李楚成、梁慧敏，2018b，2020；Li, 2017；Li & Chuk, 2015）。要提高非華語學生中文教學的質素與成效，教育政策上的支持固然是關鍵；而在課程規劃方面也應作出適切的

---

17. 四套主流中文教材包括：《啟思新編中國語文》（牛津大學出版社，2011）、《新亞洲新語文》（新亞洲出版社，2011）、《學好中國語文》（朗文出版社，2011）和《我愛學語文》（教育出版社，2011）。

配合。針對非華語學童的中文學與教，必須以幼兒的經驗和學習興趣為基礎，從真實的生活環境中取材，才能有效地提升他們的口頭表達水平和中文讀寫能力。

「語境教學法」是指通過模擬真實的語言環境，創設目標語言的學習氛圍，激發學生的興趣和潛能，通過在語境中的體驗、參與和交流，以提高學生的綜合語言運用能力的一種教學形式。語境教學法以學生之間的合作和互動為基礎，突出環境對人的心智活動的正遷移作用，此模式的形成是跨學科多種理論學說相互參照的成果。為了更加生動活潑地呈現學生可能接觸到的真實語境，課文內容設計應加強對富有香港特色的中華文化之介紹，同時照顧香港多元文化的特點，讓南亞裔學生在學習時既可以了解中華文化，也能感受到南亞等多元文化所受到的尊重，這有助於提升他們的身份認同和對中華文化的接受程度，以期更符合香港南亞族裔學生學習中文的需要和目的，藉此彌補採用面向本地學生的主流教材時之不足。

要加強本港華人與非華語人士之間語言文化的交流與傳播，除了培養多語言人才之外，也應該加強中文第二語言教學的推廣力度。為幼兒開發中文教材，不但有利於本港教育體系中非華語兒童學習中文，也對非主流課程的對外漢語教學（teaching chinese as a foreign language，簡稱 TCFL）發展有極大的促進作用。在各大專院校裏，開設面向國際生、交換生的中文課似乎已不再是甚麼新鮮的事物，國際學校小學部將中文列為必修課、選修課的舉措亦已成常態。然而，當中仍然存在着不少制約因素，包括課程深淺不一、教材發展不盡完善、師資能力有限等，以致對中文二語學習的可持續性造成負面影響。如果施政當局能夠採取主導，從政策入手，根據兒童的學習特點制定不同階段的學習綱領，相信能為推動本地非華語幼兒中文課堂的發展起到積極的作用。

目前已有充足的實證研究證明，社交語境對嬰幼兒的語言學習效果有着決定性的正面影響，倘若在學習過程中的語言輸入都是人工化的、脫離實際情境的課堂語言，即使練習得再充分、掌握得再有效，仍無法於現實環境中運用，語言學

習的成效就得不到彰顯（Li, 2017）。讓學習者接觸真實的語言材料輸入和真實的語言情境，可以令他們在語言課堂上不再為學習而學習，而是帶着實用目的去了解並使用語言，以解決生活上方方面面的問題，從而激發學習者的學習興趣，形成「為用而學、學以致用」的良性循環。故此，設計幼兒中文教材時應從多角度考慮到語境因素及情感因素。

語境因素

倘若能把真實生活的典型語言情景呈現，結合學童生活上的實際經驗，設計生活化的活動，相信能促進他們中文二語習得的成效，並且將習得語言恰當地運用起來。香港大學教育學院謝錫金的研究團隊以現象圖析法（phenomenography）為理論基礎（2005，2017），展示了如何綜合運用感知方法以增加漢字教與學的愉快感，關鍵在於幼童識字時，把他們的「心理詞彙」融入到課堂裏，以此提高學童對構成字元的各種拼字原理的意識，從而發展學童的部件意識和認字能力。（梁慧敏、張菁菁，2019，即將出版）曾按照心理詞彙理論，就兒童繪本（picture book）的研究設計了三個包括字形、字音、字詞聯想的測試，考察學生從圖形、聲音中找出對應的字形或提取出字義的能力。結果發現繪本教學對學生在字音及字義的聯繫方面有較大成效，證明學生的心理詞彙比以前豐富了，在圖片的輔助下他們的解碼能力亦有所增強。[18]

情感因素

兒童和青少年對於二語習得是無意識的，但正正是這種課程以外的學習經歷或可產生超越課程內容的學習效果。因此，教材內容的建構和取向該盡量為學生營造輕鬆、活潑、愉快的學習氛圍，使學童能在最佳狀態之下「在用中學」（learn

---

18. 研究獲香港語文教育及研究常務委員會 2018–19年度「研究與發展」的資助，項目名稱為：「香港非華語學生中文字詞的認知模式與學習策略之行動研究」（編號：EDB(LE)/P&R/EL/175V）。

by doing）。與此相應的是任務型教學（task-based language teaching），指的是透過以「任務」為中心、相互關聯的教學活動，讓學生在具體的語境下學習語言結構、詞彙或篇章，有目的地使用中文分享信息和解決問題，形成「互動性課堂教學」（interactive classroom teaching）（許守仁、林偉業，2014；叢鐵華、祁永華、岑紹基，2012）。再進一步說，語境教學法在課堂遊戲中的運用也是培養學童交際能力的有效途徑，讓非華語學童走出教材課本的狹小天地，融入多元化的活動之中。此時年幼學生的抽象思維尚未發展，自我意識薄弱，自尊心不易受損，學習主動性高，教師若能恰當地把握，在真實的生活環境中從多方面培養學童讀寫聽說的綜合能力，相信能收事半功倍之效。

漢字特點與識字策略

識字教學是中文教育的正常開端，是一切讀寫訓練的基礎，非華語學生也不例外。根據前線中文老師的教學反饋，非華語小學生在初小、中小及高小三個階段在中文讀寫上都面對着種種困難和問題，中文並非他們的母語，要他們從頭學習另一種截然不同的規範語，學的難，教的更難。加之，漢字一直存在「三多三難」的問題，即字多難記，形多難寫，音多難讀（謝錫金，2000），本地學生長期沉浸在中文環境裏，尚且不容易學好，何況是以中文作為第二語言的非華語學生？對非華語中文課程的中文老師來說，這實在是一項頗具挑戰性的任務。

中文方塊字不像採用拉丁字母的西方文字，以 a 至 z 為表音的基本符號，看到一個中文字往往不能直接讀出來。對於初階學習者來說，當接觸到新詞語時，例如「蝴蝶」，他們看到的只是兩個結構複雜、筆劃繁多、像圖畫的方塊字，發音的提示卻欠奉。甚麼叫識字？漢字由「形」、「音」和「義」三大要素組成，既能寫、能讀，還具有一定的意義，識字就是統一掌握字的形、音、義。漢字屬語素音節（morpho-syllabic）型文字，一個漢字同時表示一個語素和一個音節；漢字一字一音節的特點，跟拼音文字一詞一音節或多音節的形式非常不同。「蝴蝶」乃

一種常見的飛行昆蟲；在幼兒識字階段中，其發音（音）無論在粵語（wu4 dip6）或普通話（hú dié）裏，都必然與寫法（形）和意思（義）一併學習。「蝴」和「蝶」不像英語 butterfly 那樣，有着清晰的音節劃分（but-ter-fly）從而可以推敲讀音，但這並不代表「蝴蝶」沒有任何發音提示。就字形構造來說，「蝴」和「蝶」都屬形聲字，[19] 即由「形符」（表意義）及「聲符」（表讀音）組成的文字。「蝴蝶」之中「虫」字旁表示詞義與昆蟲或蛇類有關，其偏旁「胡」（wu4/hú）和「枼」（jip6/yè）則提示了該字的發音。

形聲字發展空間大、運用範圍也廣，在漢字當中佔的比例最多（80% 以上）；[20] 這種結合聲音與表意符號的造字方法直到現在，仍能創造大量新字，尤其是科學用字，如：氧、氟、銥、鈦、矽、碘。上例說明形聲字的出現，使漢字擺脫表意的局限，轉向表音的途徑。可是，在學習者能看出「蝴蝶」這種語音提示之前，必先要下一翻苦功，一個一個地學懂數百個漢字，才能在字形結構中找出帶「音」的訊息。由於漢字不以字母拼寫，因此相對於以中文為母語的本地學童，以字母書寫的語言為母語的同齡非華語學習者需要花更多時間，才能習得基本的讀寫能力。

漢字的數量很多，在香港需要約 3,000 個以上的漢字識字量，才能應付報紙新聞、政府通知書、銀行申請文件等日常讀寫活動（李楚成、梁慧敏，2020）。據最新的資料統計，漢字共有 90,000 多個，通用字有 7,000 個。這些漢字都具有

---

19. 漢字的造字方法共有象形、指事、會意、形聲、轉注、假借六類，一般稱為「六書」。前四類為造字之法，後兩類為用字之法。

20. 語言學家周有光對《新華字典》（1971 年版）所收錄漢字的形旁和聲旁進行了分析，發現該字典中共有漢字 8,075 個，形聲字共 6,524 個，佔 81%；李燕、康加深（1991）對 7,000 個通用漢字所做的詳細結構分析顯示，形聲字共 5,631 個，佔通用漢字的 80.5%。

一個共同的特點——字形由不同部件（基本結構單位）所組成，學童只要掌握基礎部件的字源和結構特點，便可成批識記漢字。謝錫金曾嘗試以高效識字策略為基礎，結合綜合感知方法（integrated perceptual approach, IPA）來教授漢字，並取得了可喜的成果（謝錫金，2002；謝錫金、李黛娜和陳聲珮，2015；Tse et al., 2007）。綜合感知法從學生或多或少熟悉的意思、文本和語境開始，由上而下以引導的方式教授漢字，以提高學生對語義部首或語音部件相同的漢字意識作為目標，例如以上義詞「動物」來引出幼兒園學生所熟悉的下義詞（Lee, Tse & Loh, 2011, p. 670）。此舉不但促進了學生對相似部首或部件的漢字的聯想，而且能幫助學生建立起語義網絡的關連。教學實踐顯示，學生不但積極投入課堂學習，課外也能夠應用元知識，將日常生活中遇到的字詞加以聯繫。此方法同時用在非華語學生中文字詞教學上，並獲得了學生、教師、校長和家長的好評。

謝錫金（2002，2015）提出的「綜合高效識字法」，符合認知心理學中將已有知識與新知識作適當或有意義聯結的原理。該識字法混合了生活經驗識字、字根識字、部件識字、集中識字、韻語識字、字族文識字、心理詞彙識字等多種識字策略，並配以日常化和多元化的聽說活動、識字遊戲、唱遊和講故事等，提升學生的學習興趣，適用於剛開始學習中文、處於不同學習階段的非華語學生。綜合高效識字法運用簡潔的課文，讓能力稍遜的學生容易掌握，同時對於能力較高的學生，教師可以因應他們的能力和興趣，擴大詞彙的範圍（張慧明，2013；羅嘉怡、謝錫金，2012）。如前文所述，形聲字是漢字系統的主體，由有限的部件充當「形符」（表意義）及「聲符」（表讀音），按照固定的結構模式構字。漢字數量雖然多，但基礎部件充其量只有幾百個，教師若利用形聲字所共有的聲符，帶出一批形聲字，便能使學生集中識記。例如，用「十」、「口」、「月」組成的「胡」字，帶出蝴、湖、鬍、糊、瑚、餬、葫、猢等字，建立成一個系列，相對於逐字學習，更能便於記憶，也能觸類旁通；又如「青」，教學時可連同「虫」、「氵」

> 南亞裔社羣中的中文教學，可根據
> 教學對象的不同而分層推行，例如
> 在校學生和在職人士的中文教學因
> 需求有異而應該有所區別。

和「日」等部首一同教授，帶出蜻、清和晴等常用字。[21] 謝錫金（2016）一再強調趣味學習是高效識字的關鍵：

> 以往學生是從課文識字，沒有系統學習中文字詞，後來經研究發現，中文字可拆為 500 個部件，就像英文有 26 個字母一樣，透過使用 77 個部件，已可拼出漢字約 1500 個，例如「明」字，由「日」加「月」兩個部件組成……77 個部件中，每個最少拼合八個字，就於 26 個字母互相組合一樣，將 77 個部件放在兒歌或遊戲裏面，小一學生都能夠短時間內認識一千多個字。（《大公報》，3 月 15 日，A8 版）

認知心理學家在研究中文閱讀時，曾將閱讀的過程歸納為「下而上模式」（bottom-up model），主張識字能力是閱讀理解的基礎，也就是説掌握字音、字形、字義才能掌握「詞」，進而理解整句的文義（Li, 2017）。我們認為小學教育是重要的「關鍵學習階段」，這個階段應以建立識字能力為要務，只有在穩固的基礎上，才能通過閱讀為媒介來學習新知，否則就無法達成閱讀理解的目標。同樣理念也適用於非華語學生學習中文之上，他們的母語與中文有很多不同之處，

---

21. 另一個常用的教學例子是「同」，是「相同」的意思，「同」在許多字詞中用作聲旁，如在「洞」中，左邊的部首是「水」，表義，合起來指「洞穴」的意思；「銅」部首為「金」，表示這個字與金屬有關。

學生在學習上往往出現難點，例如要對常用漢字達致充分的讀寫認知便是一個難以踰越的關卡，加上他們與本地學生的起步點不同，因此在學習內容的編排上，學校不得不另闢蹊徑。

識字是閱讀的起點，而初小階段的識字策略更具關鍵性的影響。漢字有其獨特的形、音、義之特徵，若能把漢字之特徵、六書造字原理、學童學習心理等元素納入教學方略之中，設計出一套高效能的識字方法，在小學階段打好中文閱讀的基礎，也許日後中學文憑試中文科閱讀卷（卷一）和寫作卷（卷二）不會再被稱為「死亡之卷」。

種族共融──營造環境推廣中文

目前，非華語居民學習中文的主要途徑為學校教育，由於幾乎沒有說中文的家庭環境，大多數南亞裔學生學習中文時都困難重重，無法應付正規教育之中中文科課程內容的要求。而他們於大專院校的升學率偏低，導致家庭收入拮据的南亞裔人士，難以通過正規教育獲得向上流動的社會動力，在香港社會長年淪為弱勢社群甚或遭到排斥。平等機會委員會曾進行研究（Equal Opportunities Commission, 2012），指出由於語言障礙，南亞裔人士幾乎無法有效利用各種以中文書寫的政府資源，令他們在申請政府的資助計劃時較為吃虧。過去亦有不少非華語商人曾嘗試申請政府或非政府組織的補貼，唯面對冗長的中文說明文件及填寫或長或短的表格時，不得不選擇放棄（Li, 2017）。

要幫助南亞少數族裔居民擺脫語言上的弱勢，就必須加強中文在這一社群的推廣，而南亞裔社群中的中文教學，可根據教學對象的不同而分層推行，例如在校學生和在職人士的中文教學因需求有異而應該有所區別；前者有可能因為不諳中文而遭遇升學或就業上的困難，後者則往往已經碰到了切實的難處。面向在校學生的中文教學，需要更加全面且具針對性，「全面」是指具有完整的中文語言

知識和香港特色的中國文化教學，通過文化認知的加深而增加他們對「香港居民」這個身份的認同感；「針對性」是指應該按照社會的需求設計相應的教學計劃，特別是高中課程，以幫助非華語學生更好地規劃並制訂求學和求職的目標。而面向南亞裔在職人士的中文教學，則應該以幫助他們了解香港職場文化和行業語言需要為首要目的，從而務實地協助他們適應及掌握在具體的工作環境中所需的用語（李楚成、梁慧敏，2018b；梁慧敏，2016a；Li, 2017）。

前文提及，對於非華語學生來說，漢字是學習困難的根源所在，漢字筆劃多，又難通過語音來記憶，書面形式和發音之間沒有可感知的聯繫，這使他們面對中文讀寫時一籌莫展，倍感沮喪。漢字屬表意兼表音的文字，每一個漢字都包含了「形」、「音」和「義」三個元素，加上獨特的書寫形式，使漢字跟非華語學生本身所掌握的表音語言，例如印地語、烏爾都語等拼音文字，有着本質上的區別。李楚成、祝艷萍（Li & Chuk, 2015）曾進行一項實證調查，訪問了 15 名本港少數族裔大學生，受訪者介乎 18 至 22 歲，就讀大學一至四年級，包括五名印度裔、五名巴基斯坦裔、四名菲律賓裔和一名尼泊爾裔。項目針對非華語學生在書寫中文及學習粵語口語時所遇到的實際困難，研究結果顯示，當談到他們在中小學階段如何學習漢字新詞的時候，15 名大學生受訪者分享的經驗一致相同——中文老師總先以重覆誦讀來示範發音，然後在黑板上演示筆劃順序，之後就吩咐學生將該字不斷抄寫默記，到成功默寫為止，可是鮮有解說字符中的語音提示。難怪少數族裔受訪者都有同感，中文寫字像繪畫圖畫多於學習生字。[22] 同一研究又發現，對於非華語學生，粵語聲調系統非常複雜，難於掌握，那些缺乏早期粵語沉浸機會（6 歲前）以及缺乏在幼兒園和初小階段與同齡人交流和互動機會的受訪者，一致同意粵語聲調是不可逾越的絆腳石。一般而言，口頭表達能力的提

---

22. Li & Chuk（2015）的定量和定性數據是通過半結構式問卷和聚焦小組面談這兩種方式完成收集。作為聚焦小組的引題材料，半結構式問卷以電郵發送給受訪者。問卷由兩部分組成：第一部分收集受訪者的個人資料，以建立個人語言背景資料庫，重點是了解其孩童時期語言學習和讀寫能力發展的情況。第二部分收集受訪者對相關語言在日常生活、語文政策和教學實踐所持的意見。

高有助於發展讀寫能力，但這對於香港的非華語學生來說卻不一定有幫助，因為當他們嘗試用粵語表達的時候，往往伴隨着各種語音問題，尤以音調的偏差為甚。由於缺乏家庭和社區語言環境，非華語學生無論是輸入或輸出，都很少使用粵語，因而無法提高區別粵語聲調間細微差別的語音敏感度，這令他們與粵語人士交流時缺乏自信；而且在社交互動中，粵語人士的反應消極，往往報以笑聲而不加說明，這便抑壓少數族裔受訪者使用粵語交流的意欲，不願開口便無法進步，形成惡性循環。要改善這樣的情況，李楚成、梁慧敏（2018b）提出了拓展南亞裔學生社交圈子的建議，例如語常會或其他政府基金可考慮增設非華語學生和本地學生共同參與的撥款項目，用經費支持等方式提高非華語學生參加融合活動的積極性，強化非華語學生和本地學生的網絡圈子，特別是居住同一社區的學生，促進同輩間的互動，努力營造說粵語的社區環境。

非華語學生不諳粵語的直接後果，是他們很難融入以粵語為教學語言的中文課堂之中。同時，由於其識字量無法達到各年級的基本要求，跟上主流中文課程的希望更加渺茫。因此，我們認為除了要提高非華語學生的漢字認讀能力，也不能忽略他們「粵語聽說」的水平，避免顧此失彼。還有一點必須要牢記的，是讀寫能力的發展，不可能忽略口語系統和書寫系統之間的關聯依賴。

結語

少數族裔學生面對的問題和學習需要十分複雜，「學習架構」實有頗大的改進空間，例如可從學習者的角度出發，重新度身訂做更貼近他們需要的「學習架構」，設計更合適的課程和教材。長遠來說，對教授中文作為第二語言的教師設定語文要求、提供更多培訓資源，相信會更有成效。已進入職場的少數族裔人士，應針對其所屬職業進行培訓，如行業相關的中文寫作培訓。雖然政府已投入大量資源發展「非華語中文課程」，然而根據我們觀察所得，這些課程的實施似乎並沒有相應的追蹤調查。要切實地幫助香港非華語人士，特別是提高南亞裔居

民的中文水平，以改善其升學率和就業率，我們倡議政府在考慮制定針對香港少數族裔的語文政策時，應像制定經濟或運輸等政策一樣，審時度勢，除了就「學習架構」、「持續觀察」聽取各界意見外，亦應積極收集更多相關數據，比如少數族裔持分者的中文水平、學習上的特點和難處、較多從事的工種、以及有關工種的中文要求。通過收集、分析實證研究的數據，可為不斷檢討及完善方案作為參考，制定具體方向和目標，對症下藥，就學習成效作出相應的調整，推出更貼近實際需要的措施，相信這能為未來香港的語文發展和規劃奠下更全面、更堅實的基礎。

5

香港「兩文三語」
政策下的語文規劃

現時最大問題是很多校長不懂「教與學」，容易按照
以往的學習方法管理學校。社會是不停進步，除了校
長要與時並進，政府在教育研究及推行政策上，亦應
該多考慮延續性，不斷培育新人跟進議題，教育才可
持續發展。

——謝錫金教授

「兩文三語」是香港自回歸以來既定的語文政策（language policy），要貫徹落實這一政策，必須依靠行之有效的語文規劃（language planning）。戴曼純（2014）認為，語文政策和語文規劃猶如一對連體孿生兄弟不能分割，兩者你中有我，我中有你，卻又各自不同。「語文規劃」，指政府或者社會團體為解決語言文字在社會交際中出現的問題，有目的、有計劃、有組織地對語言文字及其使用進行管理（陳章太，2005），其中即包含一系列的程序，例如收集有關數據，並以之為基礎推行各種決策，繼而再訂定評鑒措施以檢視施行效果等等（王培光，2004）。而「語文政策」，則是指語文規劃背後更廣泛的語言、政治和社會目標（戴曼純，2014）。換句話說，語文政策是語文規劃的指導綱領，也是語文規劃需要達成的長遠目標；而語文規劃則是語文政策的具體體現，需要語文規劃者（language planner）來分階段執行。語文規劃者通常是政府或政府授權的機構，帶領者可能是政府官員，有時也可能是一些學術專家，特別是語言學家或社會學家（盛炎，1999）。

香港回歸後的語文規劃，在「兩文三語」語文教育政策定調後，需要政府有關部門貫徹執行相關措施。現時，公務員事務局轄下的法定語文事務部（Official Languages Division），負責監察政府內部推行語文政策的情況，為法定語文的使用訂立制度和指引；由律政司成立的雙語法律制度委員會（Committee on Bilingual Legal System），負責向政府提供有關雙語法例制度的意見；至於教育局和語常會，則承擔了大部分教育層面的語文規劃工作，負責透過規劃教學語言、制定課程綱領和運用語文基金等方法來提升市民兩文三語的應用能力，從而達到培養中英兼擅人才的長遠目標。

然而，在回顧香港特區政府二十多年來的語文規劃時不難發現，事實上多語言並行的發展格局並不均衡，語文政策正面對着各種語言學上的難題和社會語言學上的挑戰。

港英政府「重英輕中」的單一
語言政策，突出了英語作為殖
民者語言的屬性。

語言地位與身份認同

為提升民族性或地區性語言的地位，調整語文政策是後殖民社會的一種常用
手段，目的是要重塑民族集體意識，香港的「兩文三語」語文政策亦具有同樣意
義。根據馮志偉（2000）的研究，語言文字的地位規劃決定某種語言或文字在社
會交際中的地位。回顧香港特區政府於回歸早期發表的三份《施政報告》（1997，
1998，1999），可發現當時政府的語文政策及規劃着力於把「重英輕中」改為「中
英並重」。

在英國殖民地時期，英語長時間是香港唯一的官方語言，在教學、法律、金
融和公共事務等語域，一直處於主導地位，這自然是出於英國人在政治利益方面
的考慮。然而在日用層面，絕大多數香港居民是華人，母語是中文，其書面記錄
方式是以普通話為基礎的現代漢語，而口頭表達形式主要為粵語。港英政府「重
英輕中」的單一語言政策，突出了英語作為殖民者語言的屬性，這不但造成了中
文與英文的對立，也影響了香港居民對其民族身份的建構。以英語為尊的語文政
策違背了香港語言生活的實際情況，有意地壓抑了中文的發展，或者可以說，「抑
中」損害了香港居民在各層面使用母語的權利。在 1971 年正式推行「六年免費教

育」之前，[1] 此間很多家庭都未必能承擔教育開支，居民教育水平普遍低下，能用英語溝通的人甚少，往往只限於上流階級。英語高高在上的憲制地位，成為一般不諳英語的居民取得合法權利和保障的障礙，普通市民不但無法閱讀以英文撰寫的政府文件或法律文件，亦難以向政府表達意見或提出申述，造成雙方之間的巨大隔閡，社會充斥着因為中文地位低下而引起的不公平和民怨，為當時社會埋下了不穩定的伏線。1967 年香港發生的六七左派工會暴動 (1967 leftist riots)，[2] 可謂殖民政府與基層市民之間的矛盾頂峰，揭示了戰後香港社會潛藏多時的民生問題和腐敗風氣。在經歷過社會動盪之後，第二十五任香港總督麥理浩（Sir Crawford Murray MacLehose, 1971–1982 在任）為挽救管治危機，決心徹底改善民生，包括立法保障基層工人權益、加大發展社會基本建設、制定公共房屋醫療政策、推行強制性義務教育等等，其中也包括在官方語文政策方面調整中文的定位，以紓緩因為港英政府長期只以英文發放訊息而引起的種種社會問題。[3]

自二十世紀六十年代中後期開始，香港社會各階層展開了提高中文地位的社會運動，倡議者包括政界和學界。在六七暴動後，一系列爭取中文成為法定語文的運動（即第一次「中文運動」，以下簡稱為「中文運動」）如雨後春筍般出現，中文運動由香港中文大學和香港大學學生會牽頭，以各大專院校的學生和部分立法局議員為最大的推動者，[4] 透過集會、評論文章、傳單、論壇、簽名運

---

1. 1965 年第二十四任香港總督戴麟趾（Sir David Clive Crosbie Trench, 1964–71 在任）甫上任就倡議推行普及小學免費教育（《教育政策白皮書》），大規模興建校舍。到 1971 年，全港兒童均可接受免費小學教育，家長除非有適當理由，否則必須將6至11歲的子女送入學。到 1978 年，免費教育擴展三年至初中；之後，殖民地政府在義務教育年期方面再也沒有任何政策上的調整。

2. 左派陣營稱事件為「反英抗暴」。

3. 麥理浩是香港歷史上最受愛戴的總督之一，他任內推動大刀闊斧的改革，涉及房屋、廉政、教育、醫療、福利和交通等各個社會和經濟範疇，使香港的社會面貌出現深刻的改變，意義重大。他在任的時期被稱為「麥理浩時代」（MacLehose Years）。

4. 香港立法局（Legislative Council of Hong Kong，簡稱立法局），為港英政府於 1843 年按維多利亞女皇頒佈的《英皇制誥》所成立，是英屬香港時期的立法機關，初名「定例局」，後改稱「立法局」，香港回歸中國後更名「立法會」。

動等方式凝聚市民的關注，向當時急於穩定民心的港英政府施加輿論壓力。中文運動體現了廣大香港居民在各個領域合法使用中文的願望，最終在各方包括英國下議院（House of Commons）的支持下，促成了中文獲得與英文同等的法律地位。1971 年，港英政府成立中文委員會（Chinese Language Committee），研究公事上使用中文的可行性；1974 年，港英政府在港督麥理浩的同意下正式在法律上訂立《法定語文條例》（香港法例第 5 章），中文遂繼英文之後成為另一官方語文。十多年後的 1987 年，由中英雙方簽署《中英聯合聲明》（Sino-British Joint Declaration），香港確定回歸中國，港英政府宣佈本地所有法例均須以中英文雙語制定和頒佈。平心而論，中文運動之成功不但提升了中文在社會上的整體地位，中文取得官方地位之後，一般平民階層的華人得到了以母語了解法律和政策的權利，同時也獲得表達意見的權利和途徑，直接提升了以中文為母語的華人之社會地位，並加強了華人對自身身份的認同（羅永生，2014）。

1990 年全國人民代表大會香港特別行政區基本法起草委員會頒佈《中華人民共和國香港特別行政區基本法》（下稱《基本法》），確定 1997 年香港回歸中國後以《基本法》取代殖民地時期的《英皇制誥》及《皇室訓令》，當中第一章第九條載明：「香港特別行政區的行政機關、立法機關和司法機關，除使用中文外，還可使用英文，英文也是正式語文。」敲定了香港回歸後的語文政策，這可以視為回歸前第二次中文運動的影響之延續。回溯 1970 年代初第一次中文運動之時，當時的香港華人並非單一使用粵語，佔本地人口大多數的華人，以不同的中國方言作為日常慣用語言（參見第三章第一節「粵語在香港的歷史發展」，頁 73）。1974 年《法定語文條例》的實施主要考慮書面語，其中並無提及粵語或各大方言的官方地位，僅含糊地以「中文」作為統稱。至於《基本法》，亦同樣沒有明確提及粵語的地位，「中文」的口語所指為何，遂成為日後法律界、學術界、其他民間組織的爭論點。

直到 1997 年第一任行政長官董建華的第一份《施政報告》，才明確地把三種口頭語，即粵語、普通話、英語，連同中、英文兩種書面語一起納入「兩文三語」

「兩文三語」是香港回歸中國後既定
的語文政策，政策承認了香港語言的
使用實況，同時也承認了粵語、普通
話、英語在社會上的職能有別。

語文教育政策，[5] 此政策甚具前瞻性且觀察透闢。「兩文三語」符合香港的真實語
言使用情況，協調了語言內部的矛盾；把粵語和普通話納入「三語」的框架下，
是一個劃時代的舉措，明顯是構建身份的一種手段：一方面，政策確定了「粵語」
在「三語」中的地位，「粵語」維持了「香港人」身份認同的根，回應了香港居民
對本地粵語的深厚情意結，在「兩制」之下尊重語言現實；另一方面，通過確定
全國共同語「普通話」的地位，在「一國」的層面提升港人對「中國人」身份的
認同，兩種身份互不排斥。因此，回歸初期的語文教育政策，以及其後為了實現
這個政策的種種舉措，都可以反映這個時期屬於「身份認同的塑造階段」。

　　至於自殖民地時期已深入社會各階層的「英語」，亦繼續保留在語文規劃之
中，時至今日，通曉英語仍然是高學歷、高社會階層的象徵。「兩文三語」是香港
回歸中國後既定的語文政策，政策承認了香港語言的使用實況，同時也承認了粵
語、普通話、英語在社會上的職能有別，各自的功能及地位不能互相取代。粵語
是香港人最常用的溝通工具；而隨着與內地交流與合作的不斷加深，普通話除了
具備民族認同的功能外，還是開展內地業務的實用工具；英語在國際舞台的功用
更不用贅言，優良的英文能力對於維持香港在國際間的競爭優勢必不可少。

---

5. 《一九九七年施政報告》：「若要維持香港在國際上的競爭優勢，我們必定要有中英兼擅的人
　　才。我們的理想，是所有中學畢業生都能夠書寫流暢的中文和英文，並有信心用廣東話、英語和普
　　通話與人溝通。」（第 84 段）

三語的出現自有其歷史因素，對社會的發展各自發揮着其獨有之功能，同時又與身份認同的建構息息相關。對於已經邁進二十一世紀二十年代的香港社會，「兩文三語」仍然是最合乎客觀現實和發展願景的語文政策。在回顧因為語文問題而產生社會動盪的歷史之後，我們更應珍惜從中汲取到的經驗教訓，致力提升全民的語文水平，讓每個市民都能暢行無阻地以中文或英文接收各方資訊，或以粵語、普通話、英語在社會不同範疇中恰如其分地發表意見。在「兩文三語」的推動下，港人對本地的語言或自身的身份感到自豪，這些都是語文政策背後的崇高理想及神聖使命。

習得規劃與教育措施

語文的地位規劃只是語文規劃的第一步，要落實語文政策，很大程度上受制於語文教育的推行。語文教育規劃也可稱為語言習得規劃，戴曼純（2014）認為，一旦政策制定者確定了某一語言在公共生活領域的作用及語言形式，語言習得就該以教育工作者作為後盾負責貫徹實行。換句話說，習得規劃可通過語文教育和建設來完成。「兩文三語」政策提出後，特區政府不時檢討語文撥款和教育措施，並採取了積極的應對策略。

義務教育與教育資助

隨着新高中學制推行，特區政府把免費資助教育由回歸前的九年（1978 年確立）延長至十二年（2009 年確立），即由小學一年級（6 歲）至中學六年級（18 歲），其中前九年為義務教育，而最後三年高中教育則非強制。現時政府「兩文三語」語文教育政策，主要由教育局來貫徹執行 —— 課程發展處負責統籌及推行公營、津貼和直資學校語文教育的課程發展，語文學習支援組負責培養語文教學隊伍，推動語文學習，而質素保證組則負責監察學校通過校本和校外評核來確保學生的學習成效。此外，政府亦全面資助職業訓練局（Vocational Training

Council，簡稱 VTC）開辦全日制文憑課程，為修畢中三的學生提供主流教育以外的另一個免費進修途徑，其中「職業中文」和「職業英語」為必修課程。

目前香港的專上教育，由政府資助或自負盈虧的大專院校提供，除了學位課程，也包括副學士及高級文憑等課程；然而不同於中小學，即使得到政府資助，大部分專上學生仍需要繳付一定學費。[6] 大學教育資助委員會（University Grants Committee，教資會）會就大學的學術水平和經費調配提出意見，但不會直接插手大學課程的具體規劃。目前教資會並無硬性規定專上院校必須為學生提供帶學分的語文課程，但由於語文能力乃就業所需，大部分專上院校都會為學生提供不同學分、不同程度、不同側重點的中文、英文、普通話課程。例如受教資會資助（UGC-funded）的各間公營大學，普遍為大學一年級學生提供「大學中文」和「大學英文」或類似的基礎課程。

至於學前教育（K1–K3），過去一直未被納入香港的免費教育系統，也從未被列入義務教育範圍，學前教育一直由私營機構營辦的幼稚園提供，分為商業營運和非牟利團體營運兩類。學前教育工作者普遍認為，幼稚園教育應由政府資助並接受更嚴格的監管，包括課程規劃和發展、幼稚園教師的資格釐定和升遷條件等。經過多年的爭取和討論，第四屆行政長官梁振英終於在《二零一六年施政報告》中公佈，全港從 2017–18 學年起實施「免費優質幼稚園教育計劃」（Free Quality Kindergarten Education Scheme），教育局會向本地合資格的非牟利幼稚園提供基本資助，為所有合資格的學前兒童提供為期三年的半日制幼稚園服務，取代由 2007 年起的推出的「學前教育學券計劃」（Pre-primary Education Voucher Scheme）；同時建議「改善師生比例至 1：11，加強照顧兒童的多元需要，並鼓勵幼稚園設立專業階梯及提供具競爭力的薪酬，吸引和挽留優秀教師。」（第 188 段）積極部署推行十五年免費教育。而合資格的全日制幼稚園也將獲得額外資助，並

---

6. 2019–20 學年本港公營大學全日制本科課程，本地生的學費為每年 42,100 元。有經濟困難而又符合資格的學生可以參加「專上學生資助計劃」，向學生資助處申請學費助學金。

逐步向社會提供更多全日制幼稚園的學額。2019年教育局公佈約有730間幼稚園獲批參加「免費優質幼稚園教育計劃」。為配合《免費幼稚園教育委員會報告》(2015)所訂下的教育目標及相關措施，2017年課程發展議會因應社會轉變和幼兒需要，檢視2006年制定的《學前教育課程指引》，並提出修訂建議，最後編訂《幼稚園教育課程指引》(2017)，其中在「課程架構及學習範疇」中補充了「語文（中文）」和「第二語言（英文）」的建議；同時亦因應本港非華語幼兒入學率的變化，首次為非華語幼兒學習中文提供指引。[7]

行政長官梁振英在2016年《施政報告》中公佈落實免費優質幼稚園教育政策，並表示幼兒教育經常開支將會由每年41億增至67億元。政府設定2017–18學年的人均資助額半日制（3小時）為32,900元，長全日制（10小時）為52,640元。可是令人費解的是，2016年學券制的學費資助上限，半日制已達33,770元，長全日制達67,540元，而翌年政府新公佈的資助額，竟然低於之前學費的上限水平。此外，由於幼稚園由私營機構營辦，學費自行決定，而政府的學費資助卻設定了上限，因此資助計劃在推出之前，政府亦預期只有大約七至八成的半日制幼稚園學童可獲得全數學費豁免。至於課程架構方面，雖然教育局提供了上述指引，但幼稚園為學童提供何種程度的語文教育，目前完全由校方決定，不同幼稚園的課程深淺差距可以甚遠。是否需要統一標準，以銜接小學語文課程，或如何改善學前教育，則需制定長遠而周全的政策。凡此種種，如何令有識之士相信政府有決心循多方面提升教育質素，達成十五年優質免費教育，似乎仍需深入觀測和檢討，以制定行之有效的應對策略。

母語教學與教學語言的微調

香港由開埠至回歸之間的一百五十多年，由於港英政府「重英輕中」的語文政策，以及英文在學習和工作上的重要地位，以英文為授課語言的中學遠比以中

---

7. 見《幼稚園教育課程指引》(2017) 附錄五，頁89–93。

文授課的中學更受學生和家長青睞。據統計，從二十世紀六十年代到九十年代，香港學生升中入讀中文授課中學的人數只佔英文授課中學人數的約百分之十，甚至更少（葉竹鈞，2009）。回歸之後，特區政府積極推動母語教學。據聯合國教科文組織的界定（UNESCO, 1953），母語是指「人在幼年時習得的語言，通常是思維和交際的自然媒介。」特區政府教育統籌委員會（2015）的文件也指出，「母語」是學生和教師最能自然流暢地表達意見及思考的日常用語。對香港大部分人而言，最有效與人溝通和表達意見的口語莫過於粵語，書面語是中文。為了讓學生在最少語言障礙的情況下，能切實地掌握學科知識和發展高層次思維，回歸後特區政府鼓勵全港中學採用母語教學，摒棄過去採用中英混雜語進行教學的做法（立法會，2001）。

1998 年教育局開始推行中學教學語言政策，當時共有 114 間中學能證明「學生具備以英語學習的能力、教師具備以英語授課的能力，以及學校有足夠的支援策略/措施。」因而獲批准可以採用英語授課（簡稱「英中」），而其餘三百餘間中學則被強制改為母語授課（簡稱「中中」）。政府的出發點是希望提高教學效能，認為能力不足的學生若然勉強用英語學習，不但影響學習成效，英語能力亦未必可得到提升；相反在母語教學下，學生較易理解教學內容，教師亦可望提升教學質素。不過，由於有關政策推動過急，既無先例可援，又缺乏學理基礎，因而引發出一連串問題，包括：母語教學與英語教學的爭議、英文中學與中文中學的標籤效應、學校語文分流與校本語文分流的討論、英中與中中的轉換機制、用普通話教中文還是用粵語教中文等等（李貴生，2006）。

英語教育一直是教育體系中的重要一環，在免費義務教育系統內，學生在小學一年級即開始學習英語。而實際上，幾乎所有學前兒童都從幼稚園開始學習英文字母和單詞。在小學學習階段，課程發展委員會（2002）提倡「以任務為本」的教學原則（task-based language teaching），鼓勵英語教師為學生製造語境，讓學生多使用英語溝通互動，把相關的詞彙和語法自然地融入教學活動之中。然而回顧過去及總結經驗，有能力用英語學習學科知識的學生始終不多。因此從 1998

年開始，按教育局的要求，小學畢業生會根據學習成績分流到以中文或英文授課的中學，亦即為英語能力不足的學童強制安排母語教學。縱使母語教學能帶來不少好處，唯這項政策未推行已被批評帶有強烈的標籤效應，令中文中學的學生無辜又無奈地被視為能力稍遜的一羣。至 2009 年，為減少社會上的負面標籤，教育局允許中文中學在初中教學語言方面有更大的靈活性，推出雙重語言分流的「微調中學教學語言」政策（Poon, 2013），並於 2010 年 9 月開始實施，由中一開始逐年擴展到其他年級，條件是學校在「學生能力」、「教師能力」及「支援措施」三方面都必須符合一定的要求。其中包括要在檢視周期前兩年（即 2008–09 學年和 2009–10 學年）內，獲派一定數量的特定學生，其成績須為全港「前列40%」，數量佔一班的 85%，加上符合教師能力、學校支援措施等種種條件，學校便可安排該班學生接受不同程度的英語授課，有關學校同時亦需接受以六年為一周期的檢視機制及指引（教育局通告第 6/2009 號）（參見第一章第三節「主要持分者的關注與教學語言微調政策」，頁 15）。

教育當局微調政策的發展方向值得肯定，使中中和英中之間的「優」、「劣」分野變得模糊，紓緩了社會對中中學生的負面標籤效應。可是，各方的批評聲音仍不絕於耳，例如有關措施使中文中學內出現以英語教學的「精英班」，在校內同樣會做成標籤效應；而不同學校安排其英語授課科目或課節的模式差別可以很大，家長或會感到無所適從，其教學成效亦難以預計。再者，相關政策未能貫徹執行也給人搖擺不定的感覺。在原定的檢視機制下，未符合標準的學校將要在第一周期（2010–11 學年至 2015–16 學年）結束後改變教學語言，但教育局卻在2015 年檢討之時推翻之前的建議，決定在第二周期（2016–17 學年至 2020–21 學年）維持原來微調安排的政策目標和預設條件，即延伸其第一周期公佈的「校本初中教學語言計劃」。[8] 換言之，未達標（即三分之一全開英文班）的中學在第二

---

8. 見教育局 2015 年 7 月 22 日向全港中學發出的《微調中學教學語言第二周期（2016/17 至 2021/22 學年）的安排》（編號：EDB(RP)3410/15/14(1)）。

周期內仍可繼續使用第一周期的教學模式；而未達標的學校，其教學語言在第三周期（2022–23 學年開始）內如何安排，教育局表示將在 2021 年第二個六年實施循環完成後再作檢討。未符合標準的學校屆時到底需要改變教學語言，用放寬學校開設英文班門檻的方式來處理，[9] 還是有其他彈性安排，我們拭目以待。

　　歷年來教學語言政策經歷多番轉變，縱然有評論認為令廣大市民難以適從，但亦可理解為考慮到實際情況、吸取各方建議和總結學校推行經驗等各種因素，權衡輕重之後的結果。對比 1997 年香港回歸後政府大張其鼓矢志推行母語教學，到近年在教學語言方面逐漸放寬使用英語教學的限制，難免令人覺得當局正在淡化推行母語教學的決心。有關將來本地教學語言政策的何去何從，仍有待進一步評估。

普通話學習的支援與普教中爭議

　　教育局在多份文件中均提到「普通話是漢民族的共同語，是中國各方言區、各民族之間用以溝通的語言，同時，普通話是聯合國六種工作語言之一，在國際上，是代表中國的語言。」（教育局《普通話問與答》）事實上，香港在回歸前後，居民的普通話水平普遍遠較其他中國城市為低，因此要實現「兩文三語」的目標，推廣普通話是當時其中一項要務。回歸前中小學可自行決定是否開設普通話科，由 1998 年開始，普通話科以獨立學科的模式，正式成為香港中小學的核心課程之一，涵蓋小一至中五；在 2000 年，普通話更被列為香港中學會考獨立考試科目。自 1999 年以來，教育局一直向個別學校提供不同形式的支援，以提高普通話作為獨立學科的教學質素（何國祥等，2005；陳瑞端、祝新華，2010，2015）。相對於香港回歸早年的語文政策，行政長官董建華於 2001 年的《施政報告》中，在推廣普通話教學的措辭上出現了細微的變化，他提出：「香港作為中國的一部分，市

---

9. 即調整「學生能力」、「教師能力」及「支援措施」三方面的預設條件。

民亦必須學好普通話，才能有效地與內地溝通交往以至開展業務。」（第 46 段）即是說，設立普通話作為核心科目，目的不只是塑造「中國人」的身份；隨着與內地交流的不斷加深，普通話作為一種「實用的工具」，政府也希望香港的新一代能掌握國家的共同語，以利日後與內地交流或就業所需，幫助港人走向全國。換言之，「普通話」的推廣功效已從「中國人」身份的塑造、擴展至為連結和拓展業務商機的一種實用工具。2009 年政府推行「三三四」學制，隨着高中新學制的實行，普通話科遂成為小學一年級至中學三年級的必修科。

為了進一步推廣普通話，香港課程發展議會於 1999 年在《香港學校課程的整體檢視報告》中提出「在整體的中國語文課程中加入普通話的學習元素，並以『用普通話教中文』為遠程目標。」明確表示視「用普通話教中文」（普教中）為香港中國語文教育課程改革的長遠目標。然而由於各種限制，特別是缺乏符合資格以普通話授課的中國語文科教師，學校可視乎自身情況決定以普通話教授中文的時間、範圍與規模。在 2008–09 學年，香港語文教育及研究常務委員會（語常會）推出為期六年的「協助香港中小學推行『以普通話教授中國語文科』計劃」，積極支援有意試行普教中的學校，計劃共分四期，有關的支援為連續三個學年，前後總共支援 40 間中小學，相關開支約為 1,400 萬元。語常會曾於 2015 年就此計劃進行調查，發現直至 2016 年約有 71.7% 的小學和 36.9% 的中學曾嘗試不同程度地以普通話教授中文（政府新聞公報，2018；i-Cable Report, 2016）。縱使如此，由於當局一直未能在學理上提出有力的證據，證明用普通話作為教學語言有利於提升學生中國語文科的學習水平，這項政策多年來爭議不絕（Li, 2017）。我們認為，標準書面語無論在詞彙上或語法上都較為接近普通話，掌握普通話或能使學生在遣詞造句上更加規範；然而，語文教學包括聆聽、說話、閱讀和寫作四個範疇，學生普遍在閱讀、寫作方面遇到較大的困難，而後者又包括創意想像、命題立意、謀篇佈局、修辭技巧等要素，普通話口語能力與書面語寫作能力之間的關係，還需要通過學理上的深入研究才可令人採信（參見第一章第六節「普通話科與普教中」，頁 30）。

語常會的支援計劃於 2014 年結束以後，有評論團體就此作出統計，實施普教中的學校數目在 2014–15 學年的高峰後正在逐年漸次縮減（港語學，2018）。在欠缺研究數據支持及社會共識不足的情況下，政府近年未有再對支援「普教中」提出新的想法。就此，2014 年教育局曾表示：

> 由於學校對使用普通話教授中文科的意見仍有分歧，而各學校的準備情況亦各有不同，學校對使用普通話教授中文科仍需作出更多的探討和研究，累積經驗。（《普通話問與答》）

局方建議學校可按本身的情況，包括師資準備、學生水平、校園語境、課程安排、學與教的支援及家長的期望等因素，考慮是否以普通話作為中文科的教學語言，並自行計劃和調整「普教中」的步伐。至 2018 年，教育局局長楊潤雄在以書面回覆立法會議員鄭松泰的提問時，首先重申香港的語文教育政策是要提升學生「兩文三語」的能力，「以保持香港既有優勢，迎接全球化的機遇」；然後進一步指出：

> 不論學校選擇以普通話或廣東話教授中國語文課程，均須貫徹以提升學生中國語文素養為目標的課程精神，提高學生的語文能力。無論「普教中」或「廣教中」均能提升學生的中文閱讀能力，我們認為他們在這方面的表現與學校是否採用普通話作為中國語文科的教學語言並無明顯關連。（政府新聞公報，2018）[10]

局方表示將因應學校需要，就教授中國語文科提供適切的協助、專業培訓，以及到校支援。上述說法定調後，「普教中」作為教學遠程目標的議題亦偃旗息

---

10. 見《立法會二十一題：採用普通話作為中小學中國語文科的教學語言》，二月七日。

鼓，暫時排除於政府最迫切關注的事務之外。近年中文教育的政策焦點，[11] 顯然已轉移至支援弱勢的少數族裔學習中文之上（參見第四章〈「兩文三語」政策下非華語學生的中文學習〉，頁 115），以提倡社會和諧共融為主旋律。

針對少數族裔的中文教育政策

縱然特區政府早於 2001 年的《施政報告》中已提及社會上存在「不同族裔」，需要消除種族或地域歧視（第 86 段），可是回歸初期的語文規劃明顯地以佔香港人口多數的華人為對象，而忽視了香港居民中的另一羣人——「少數族裔」（ethnic minorities）的需要，[12] 他們甚至直到 2004–05 學年才獲允許參加政府的小一入學統籌辦法。2005 年的《施政報告》裏，政府首次在「扶助貧困」中提及少數族裔的貧窮問題，以及他們在語言上的障礙，但沒有直接指出兩者是否有着互為因果的關係。當時政府曾經提到要為少數族裔兒童設計語文課程、為少數族裔青年提供職業培訓，以幫助他們融入社會、協助就業（第 43 段）。2006 年教育局着手制訂「指定學校」（designated school），並於 2007 年首次展開「非華語學生學習中文支援計劃」（Student Support Programme for Non-Chinese Speaking Students，簡稱 SSP）。到 2008 年，時任財政司司長曾俊華在《財政預算案》（the Budget）中提出增加指定學校數目及成立地區支援中心，這是回歸後政府首次在《財政預算案》中明確表示預留撥款回應少數族裔的需要。

---

11. 除了「普教中」外，回歸後中文教育另一焦點為中學中國語文課程取消指定範文，容許教師根據校本需要選取教材，1999 年試行，2002 年在全港中學實施（課程發展議會，2001）。後來教育局於 2015 年頒佈更新版的《中國語文課程及評估指引》（中四至中六）（課程發展議會、香港考試及評核局，2015），設置指定範文12篇，全為經典文言篇章，2018 年香港中學文憑考試開始考核。

12. 字面上「少數」相對於「多數」而言，在香港佔人口多數的是華人，「少數族裔」即為華人以外的居民。但實際上，「少數族裔」一詞很少指涉於香港的歐美、日韓僑民，普遍是指來自南亞（印度、尼泊爾、巴基斯坦）或東南亞（菲律賓、泰國、印尼）的人士，特別是南亞族羣。

這些舉措在當時純屬起步階段，具體措施由着手規劃到有效實施並非一步到位，中間又有很多問題亟待解決，相應的支援步伐變得緩慢，這些都使非華語學生中文教與學的發展停滯不前。根據各項調查，少數族裔的生活水平在香港回歸後長期處於低迷之中，即使到近年也沒有改善（香港特別行政區政府，2018；香港樂施會，2014；香港融樂會，2016）。梁旭明等（2018）曾做過一項實況調查，發現少數族裔低學歷組別在保安運輸、飲食業普遍存在入職困難的情況，而高學歷組別即使有合資格文憑在手，在文員、社工等工種亦出乎意料地出現嚴重入職困難。香港融樂會（2018）就曾指出少數族裔現時面對着的在職貧窮和跨代貧窮問題與「中文能力」有關：

> 政策介入前的少數族裔貧窮率由 2011 年的 15.8% 上升至 2016 年的 19.4%，南亞裔和當中的巴基斯坦人的貧窮率更分別高達 25.7% 和 56.5%；而有兒童住戶的貧窮率（29.1%）遠高於沒有兒童住戶（12.1%）。少數族裔的貧窮情況以在職貧窮為主，主要原因是較低的中文能力、學歷及技能。（頁 11）

隨着社會對非華語族羣研究的深化，近年的《施政報告》在提及語文規劃時，政策的「受眾羣體」和語文教育措施出現了較為觸目的改變。由 2010 年《施政報告》開始，少數族裔的融和問題就連年佔據着香港施政綱領中的一席之地，[13] 而「兩文」中的中文教育政策，亦正式進入了「族羣融合階段」。

2010 年《施政報告》提出「少數族裔人士在生活上遇到的困難，確保支援服務切合他們的需要。」（第 63 段）少數族裔的融和問題再次受到政府關注，但

---

13. 由 2010 至 2019 年，只有 2019 年的《施政報告》沒有在正文中明確提出少數族裔問題，但在「愛護兒童、支援家庭、鼓勵就業」的理念下，特區政府仍在教育、就業、社會福利和社會共融等範疇推出措施，全面支援少數族裔融入社會（政務司司長網誌，2019 年 10 月 27 日）。另，第四屆行政長官梁振英 2012 年上任後的首份《施政報告》在 2013 年 1 月發表，所以 2012 年沒有《施政報告》；而當 2017 年第五屆行政長官林鄭月娥上任後，又把《施政報告》的宣讀時間回復到以往的 10 月，以致 2017 年內出現了兩份《施政報告》。

仍未言明具體的措施，至 2011 年《施政報告》終於提出較細緻的建議。例如在就業支援方面，僱員再培訓局為少數族裔特設課程，勞工處則在各區舉辦不同工種的招聘會，政府又為少數族裔設立更多支援中心，提供更多以少數族裔母語廣播的電台節目（第 100 段），並加強少數族裔的家庭服務（第 103 段）和職業訓練（第 115 段）。然而這些措施皆非治本之法，不能從根本上幫助少數族裔融入香港社會，也不能緩解他們在教育和就業上所面臨的困境，因為少數族裔人士在就學或就業上遇到的問題說到底都是語言問題，較低的中文能力是所有困難的核心（李楚成、梁慧敏，2018b，2020；梁慧敏，2016a；陳瑞端等，2018；謝錫金、祁永華、岑紹基，2012；關之英，2014；Li, 2017；Li & Chuk, 2015）。香港的少數族裔由於母語並非中文，加上文化差異，升學和就業受到了很大的限制。在 2013 年《施政報告》，政府終於正視少數族裔學習「中文」的困難：

> 不少少數族裔人士在香港土生土長，但不會讀寫中文，一直未能融入社會。我們將加強各種支援，為少數族裔學生提供更有效學好中文的機會。
>
> （第 130 段）

至 2014 年《施政報告》，行政長官梁振英用頗多篇幅列出大量支援少數族裔學習中文的措施，包括承諾在幼兒教育至中小學階段加強支援少數族裔學習中文，這是政府首次提及會把校本支援服務延伸至取錄少數族裔兒童的幼稚園（第 75–76 段）。有關措施範圍相當廣泛，整個中小學的課程設計和教學模式都有特別安排：學校獲發撥款以提升小學低年級少數族裔學生的中文基礎；由 2014–15 學年起為中小學提供少數族裔學生適用的「中國語文課程第二語言學習架構」（第 76 段）；在高中分階段為少數族裔學生提供包括中國語文科的「應用學習科目」，內容與資歷架構第一至三級掛鈎；並為已離校的少數族裔人士發展職業中文課程（第 77 段）。隨後數年的《施政報告》，政府均不斷跟進相關的後續工作和安排，2016 年提出在學前教育中加強照顧非華語學童的學習需要（第 188 段），2017 年更明言把支援措施延伸至非華語學生學前教育的中文教與學（第 167、205 段）。

表5.1 回歸後語文教育政策發展階段

	身份認同塑造期	族羣融合促進期
政策對象	多數華人	少數族裔
政策目的	身份認同、人才栽培	多元文化、社會共融
政策重點	1. 母語教學（教學語言分流） 2. 必修普通話 3. 普通話教中文 4. 教學語言微調	1. 全面支援中文學習 2. 深化學前幼兒教育 3. 高中職業導向訓練 4. 支援已離校在職人士
時間區分	1997年至2010年前後	2010年前後至今

至 2018 年，《施政報告》再次推出較大幅度的支援政策，從教育、就業、社會福利、社會共融四方面着手，又成立「少數族裔事務督導委員會」，由政務司司長出任主席，全力統籌、檢視及監察有關工作，為少數族裔人士提供更到位的支援；同時也提出優化《促進種族平等行政指引》，使其適用於所有為少數族裔人士提供服務的政策局、部門和機構，包括提供清晰的指引，涵蓋包含傳譯在內的各項服務，以及收集服務使用者所屬種族的相關數據等。2019 年政府在《施政報告》正文中未有特別提及少數族裔問題，但在「愛護兒童、支援家庭、鼓勵就業」的理念下（第 30 段），宣佈增加全港兒童津貼以改善跨代貧窮問題（第 34 段），這項措施也涵蓋少數族裔居民，後來政務司司長亦宣佈於 2020–21 年度在九個少數族裔人士居住的區域試行「少數族裔社區大使試驗計劃」（Ethnic Minority District Ambassador Pilot Scheme）以鼓勵就業。[14]

從二十一世紀一零年代開始，政府語文政策中有關中文教育的重心，已明顯地從針對多數華人的母語教學、普通話學習，轉向針對少數族裔的族羣融合問題。語文政策發展至此，我們稱之為「族羣融合的促進時期」，這是後殖民時期政府在語文政策上常見的一種取態（見表 5.1）。

---

14. 見第三屆扶貧委員會於 2019 年 10 月 29 日發表的扶貧助弱新措施「社會福利（13）」（第七次會議，文件第 4/2019-20 號），委員會由政務司司長張建宗主持。

2010 年 9 月政府通過實施微調中學教學語言政策，解決英中與中中的標籤效應、學校語文分流與校本語文分流的爭議、英中與中中的轉換機制等問題，又於 2014 年明確表示以普通話教授中文科，需要社會更多的探討再凝聚共識，困擾香港多年的兩大語文問題遂得到一定程度上的梳理，教育當局也得以集中精力，把目光投向少數族裔的中文教育之上，全力打造關愛共融社會。為了幫助少數族裔學生融入香港社會，消除社會上的歧視與偏見，政府在教育和財政層面的支援力度不斷加大。至 2018 年《施政報告》，官方對少數族裔的支援在以往的基礎上更趨多元化，同時遍及政府多個部門，包括教育局、勞工處、僱員再培訓局、職業訓練局、社會福利署、民政事務總署、各個紀律部隊等等。在語文學習方面，本屆林鄭月娥為首的政府除了延續上屆政府的既定方針，亦進一步加強為幼稚園及中小學提供資助的力度，種種有建設性的舉措，令人期待未來有關少數族裔學習中文的措施將能更有效地回應有關需要，向「種族共融」的目標邁進。

語文規劃面對的語言和社會挑戰

要鞏固香港作為亞洲國際都會的地位，提升香港市民的語文水平是非常重要的一步。為幫助語文教育持分者從較宏觀的視點重新檢視香港語文規劃的本質，以下將闡述現時「兩文三語」政策推行上所面對的種種挑戰。

粵語的活力與定位模糊

據政府統計處（2017）統計，88.9% 香港人口以粵語作為慣用語言，粵語的普遍使用使之成為特區政府無標記（unmarked）的通用口語。粵語廣泛應用於家庭、學校、銀行、法庭、醫院、廣播媒體和政府等不同領域，包括回歸以來行政長官《施政報告》的發表，以及立法會的辯論等正式場合；同時，粵語亦是多種創作和文化消費品的主要語言，包括廣東流行歌曲、電視劇、電影、粵劇和舞台劇。粵語在香港有其實際的功能和價值，可是在「三語」下的定位一直較為含

糊。在學校裏，粵語雖為教學語言，但卻不是一門學習科目，原因之一是不少人認為粵語既然是學生的母語，自然不必特別教導（Lee & Leung, 2012）。這種想法低估了粵語在香港社會的滲透性，同時亦低估了口語語體的複雜性。我們都知道，母語並非北京話的人士，都未必能登台出演相聲；同樣道理，以粵語為母語的人，並不一定能在政治或經濟等領域上恰當地運用所謂「高階粵語」（李貴生，2006）。另一個原因，是粵語被定位為不宜用於寫作的「方言」，在初級中文課的識字訓練中，目標之一正是消除學生作文中的粵語元素。雖然書面粵語（written Cantonese，或稱粵文）被認為不正式，作為口語的書面形式在「兩文」中缺位，但書面粵語早已在社交媒體中長足發展，部分出版物更出現全粵語版本，例如兒童文學《小王子廣東話版》與宗教經典《新廣東話聖經》。石定栩等（2002，2014）認為，帶有粵語色彩而成為別樹一幟的「港式中文」，[15] 是一種以標準書面語為基礎但用詞及語法向粵語靠近的文體，這種變體不僅活躍於本地的「軟」媒體之中，如電子郵件、臉書、短信、各大討論區等，亦出現在正式印刷品之上，例如娛樂雜誌、餐飲廣告，甚至於政府公文和媒體報導之中也有一定程度的應用（石定栩、邵敬敏、朱志瑜，2014；邵敬敏、石定栩，2006a，2006b）。[16]

英語在語用上像外語多於第二語言

在香港，粵語母語者的語言同構性很高，以至若使用全英語溝通，一般會被標記為異類，這與新加坡華人慣於用全英語溝通截然不同。因此，香港華人之間有着強烈的朋輩壓力，不能輕易用全英語進行對話（但於粵語中插入英語單詞卻很常見，即「語碼混用」或「中英夾雜」）。對於大多數尤其是經濟環境不很富

---

15. 「港式中文」是一種包含粵語、英語和文言元素的文體；「書面粵語」是把粵語口語原原本本用文字表達出來的書面形式。兩者並不是同一概念。

16. 石定栩、王燦龍、朱志瑜（2002）曾分析香港主要的報紙，發現香港的書面語出現大量粵語移用現象。例如「美國人試過被偷襲」（頁 26）中的「試過」、「若果大家有看當地報紙」（頁 25）中的「有看」都是粵語的表達形式，這兩個例子都引自《星島日報》。

> 對以粵語為母語的學生而言，學習英語時其
> 母語的語言知識，包括隨年齡增長而掌握的
> 中文讀寫知識及生活語用經驗，對於學習口
> 頭或書面英語沒有多少參考價值。

裕的香港人來說，英語與他們的日常生活關係不大，他們很少會選擇聽英文歌、看英文電視節目，或是閱讀英文報章雜誌。[17] 對於說粵語為主的香港人而言，學校幾乎是唯一學習英語的場所，他們接觸和學到的英語幾乎完全來自英語課堂。儘管英語在社會上無處不在，但對香港人而言，香港的語言環境令英語的地位接近外語多於第二語言。

　　影響香港學生英語能力的，還有不同語言系統方面的因素，更確切來說是語言習得障礙，許多香港學生的學習困難都源於中英兩者之間在語言學及語言類型學上之巨大差異（參見第二章第二節「英語學習困難的成因」，頁 43）。就語言相似的程度來說，中文和英文屬於非常不同的語系 —— 幾乎像一個連續體（continuum）上的相反兩極。中英文在語音、詞彙和語法三方面的共同點可謂寥寥無幾，毫無親緣關係。在語句構成上，英語具有屈折語（inflectional language）的特徵，[18] 而中文卻沒有。英語的語法意義通過附加到詞幹的詞素（morpheme）來標示，而這卻是典型孤立語（isolating language，主要特色是缺乏形態變化）的漢語所沒有的。對以粵語為母語的學生而言，學習英語時其母語的語言知識，包括隨年齡增長而掌握的中文讀寫知識及生活語用經驗，對於學習口頭或書面英語沒有多少參考價值。因此，當以粵語為母語的學生在努力提高英語水平的同

---

17. 國際學校和部分直資學校的學生除外，這些學生有充分的機會跟教師和同學自然地使用英語。

18. 屈折語是一種語言類型，其特點在於以詞內或詞尾變化來表達語法意義。例如英語 man 與 men 以 a 和 e 表示該名詞的單數、複數，talking 與 talked 以詞尾 -ing 和 -ed 表示該動詞的進行式和過去式。

時，他們的「學習者英語」（learner English）往往包含大量受母語粵語影響的英語發音和不符合標準英語詞彙及語法的錯誤（errors），有時甚至出現長年難以糾正的「石化現象」（fossilization），形成所謂「港式英語」（Hong Kong English，又稱 Kongish）。

普通話推廣的成效與分歧

回歸後，特區政府把推廣普通話的主要途徑設定在正式體制內的中小學教育，同時亦通過持續進修基金和僱員再培訓局協助已離校的在職人士提升普通話水平。回歸至今轉眼已二十多年，普通話的推廣的確取得了一定成效。政府統計數據顯示，能運用普通話溝通的人口比例不斷攀升，至 2016 年已接近總人口的48.6%（政府統計處，2017）。然而，報稱能說普通話，是否就代表能用普通話進行有效的溝通？其次，出於對普通話可能會擠壓粵語生存空間的擔憂，普通話推廣工作在近年也引起不少爭議，例如以普通話作為教學語言、投放在普通話學習的資源比例等課題，民間與學界均有不同聲音。

大部分香港居民都認同學好普通話具重要性，香港中文大學（2016）曾訪問722 名 18 歲或以上的市民，調查顯示高達 84.6% 受訪者贊成在中小學學習普通話，但當焦點集中在「用普通話教授中國語文科」這一問題上，贊成的受訪者就下降至 51.5%，不贊成的比例上升至 37.6%。而在有關「普教中」討論的反思中，贊成和反對的意見分歧明顯（見表 5.2）。

表5.2　香港人對「普教中」的取態

贊成意見	反對意見
1. 香港人應學習全國的共同語言。	1. 粵語是港人的母語，社會的主要語言。
2. 中文科的口語與書面語應該統一（言文一致）。	2. 教師或學生的普通話能力不足。
3. 學習普通話可以提高書寫中文的水平。	3. 粵語在古典詩詞學習上佔優，能提升語文核心素養。

「普教中」話題在近年多次牽引熱議，早年學校先以獨立成科的方式在中小學開設普通話課，為加強教育成效，課程發展議會於 1999 年提出以「用普通話教中文」為遠程目標，當時亦曾有學者樂觀地預測全港半數中小學會在數年內改為「普教中」（林建平，2007）。然而，課程發展議會在 2015 年末推出的「《更新中國語文教育學習領域課程指引（小一至中六）》諮詢簡介」中，則表示「現階段未有具體的工作計劃」；而這份諮詢文件推出以後，香港社會各界亦再次就「普教中」、「粵教中」何者為佳的教學語言問題，引發新一輪討論。至 2018 年，教育局曾作出回應，指不論「普教中」或「粵教中」都能提升學生的中文閱讀能力，學生的表現與是否採用「普教中」並無明顯關連，學校可因應校情考慮中文科的教學語言（政府新聞公報，2018）。普通話推廣之何去何從，就學習階段而言應該於何時及如何在課程規劃中加入普通話元素，還需參考不同的學術報告，例如心理語言學和語言習得的研究成果（參見第一章第六節「普通話科與普教中」，頁 30）。

為少數族裔提供中文作為第二語言教學

少數族裔學習中文最大的困難在於識字。中文書寫以漢字為主體，即所謂表意文字（logographic），筆畫繁多、結構複雜，相比拼音文字（alphabetical），需要更長時間來學習。目前全球正經歷由紙筆通信到電子模式「寫作」的轉變，以致準確的手書變得愈來愈困難，例如在公開考試中，錯字別字俯拾皆是。即使是華人兒童和青少年人也經常出現提筆忘字的情形，需要定期反覆練習筆順和筆畫，才能長效記憶，非華語學生學習漢字的難度可想而知。特區政府近年加強支援措施，幫助非華語學生應付中文書面語的學習，包括在社區中心提供課後輔導、與語文學者合作，創建方便使用的在線學習資源、吸引專家研究、發展以學校為基礎的中文作為第二語言課程，後來更取消了「指定學校」制度，以方便非華語學生和華語學生在同一學習環境中互動交流。這些措施是否能有效地促進少數族裔學生的中文發展，並滿足其課堂中文讀寫上的需要，仍有待觀察。

目前不少學校使用粵語作為中文科的教學語言，本地學生從一出生開始就接觸粵語，相較之下非華語學生的起步點就顯得非常不同。語言習得的研究表明，

若能在日常溝通上大量應用目標語言，可望有效提升該語言的口頭表達能力，而口語能力的提高又有助於讀寫能力的習得和發展（Li, 2017）。從這個角度看，粵語是香港使用頻率最高的慣用語言，可是由於缺乏沉浸式的語文學習環境，包括家庭和社區兩個方面，非華語學生已是「輸在起跑線上」，錯過了語言學習的黃金時期。不少非華語學童在入讀幼稚園前從未接觸過粵語，以致口語能力不佳，教師亦因此而難以在課堂上用口語教學與書面語教學來進行互補。再進一步說，非華語學生未能自信地運用粵語口語，即使現已取消「指定學校」模式，他們可透過學位分配制度而選擇入讀任何公營中小學，但在與本地華語學生互動的過程中，語言問題仍時刻抑壓着他們使用中文交流的意欲，從而影響人際關係，這一點在需要適應新環境的初中階段更見明顯。

語文教育的規劃——微觀：課程層面

語文規劃是語文政策的體現，包括貫徹執行語文教育工作的方針和措施。回歸後推行「兩文三語」，但特區政府卻欠缺清晰的發展藍圖；直到 2003 年，語常會公佈《提升香港語文水平行動方案》（Action Plan to Raise Language Standards in Hong Kong），就推行語文新措施的時間表提出了建議，負責機構包括語常會、教統局（今教育局）、教資會、考評局、課程發展議會、各大學、廣播事務管理局和電視服務營辦商等。不過 Poon (2010, p. 58) 認為「兩文三語」下當局對語言地位的規劃，仍然明顯地缺乏論述。在新時代的社會發展下，我們堅信有檢討才有創新，從而推動教育生態的良性發展，政策的制定應有其延續性，能在時代轉變的過程中充分反映各持分者的需求和意見。以下將在課程層面，從微觀的角度對目前語文教育政策推行的成效，與前章論及的問題作出反思，並提出具體建議。

重新思考英語沉浸和「最長時間接觸，單一語言環境」的指引

英語沉浸指引源自 1998 年母語教育（或稱「雙語分流」）政策背後的理論基礎，主要是當時特區政府考慮到在知識型經濟社會和就業市場上，需要一些精通英語的人才。在香港，英語作為外語教學的環境下，這種「後期沉浸」的模式顯然有其局限性（Johnson, 1997）。從教育局的角度來看，英語沉浸指引明確禁止在英語授課的課堂中雜以粵語來解釋學習內容或作學術討論，目的是彌補學生在課堂以外使用英語機會不多的劣勢，用全英語教學以提升學生學習英語的效能。然而，問題是學生往往會因語文能力不逮反而導致學習成績倒退，特別是生物、經濟、地理和歷史這類着重語文能力的科目，進而影響升學機會。同時，課堂上混合語碼的使用與不良學習效果之間的因果關係，從來沒有獲得明證（Low & Lu, 2006; Li, 2017）。而學生英語水平不高的成因非常複雜，不應簡單歸咎於「語碼混合」；反過來說，目前已有大量研究指出「語言穿梭」（translanguaging）在學習第二語言時的作用（García, 2009; García & Li, 2014），因此以學生的母語作為教學資源來進行教學是有必要的（Li, 2008, 2015, 2017; Lin, 2016; Lin & Man, 2009; Lin & Wu, 2015）。

教育當局「最長時間接觸，單一語言環境」（maximum exposure, no mixing）指引的執行方式是由上而下（bottom-up）的，完全沒有討論商議的餘地。然而，學生的語文能力各有不同，教師只有因材施教，在適當的情況下採用學生的母語來進行教導，才能使教學效能得到充分發揮，以促進語言學習的效益。反之，強迫學生排除母語，不僅剝奪雙語教師在語言上的選擇，學生的英語水平亦達不到政策制定時的原來目標。我們認為，從教學效益的角度而言，「全英語環境」的有無，並非決定學習者英語學習成敗的關鍵。有關混合語言授課在教育上的可行性和在策略上的有效性，目前亟需通過行動研究以作學理上的進一步驗證（參見第一章第四節「課堂單一語言環境與彈性雙語教學」，頁 20）。

增加並優化學前和初小學童接觸英語及普通話的學習體驗

目前香港英語能力發展的主要政策，可被視為屬於後期的語言沉浸（late immersion, Johnson, 1997），其中通過英語學習門檻的小學畢業生（12 歲）會被分配到以英語授課的學校/班別，而低於該門檻的學生則被分配到以中文授課的學校/班別。[19] 至於普通話，據教育局的指引，無論學校是否以普通話作為教授中文科目的語言，由小學一年級（6 歲）開始所有學生都必須修讀普通話科，直至初中階段。目前在學前教育（6 歲前）之中，學童對英語和普通話的接觸量，主要視乎家長為孩子選擇的托兒所或幼稚園而定，這方面教育當局並沒有清晰的課程指引。一般而言，學前英語課程由 ABC 與簡單的詞彙開始，而普通話接收量因應不同學校的課程設計有着巨大差異；另一方面，有些幼稚園因其師資情況、語文教材與校園語境，並不一定開設普通話課程。若以中文教學活動的教學語言來區分，現時並存的有三種情況 —— 以粵語為主、完全沒有普通話輸入；以粵語為主、普通話為輔；以普通話為主、粵語為輔。

大量心理語言學和神經科學的研究結果顯示，影響第二語言學習成果的因素有內在的也有外在的，其中「年齡」是學習語言最為關鍵的因素（Mayberry & Lock, 2003, p. 382）。學前兒童（4–6 歲）和初小學童（6–8 歲）處於腦部發展的關鍵期，這是學習語言的最佳時期，不論第一語言、第二語言還是外語，都較成年人容易掌握。由於語言發展和思維發展關係密切，掌握好語文溝通能力，才能有效學習和思考；相反，若在「最佳起跑年齡」過後才開始學習第二語言或外語，學習成效便會大大降低。因此，我們認為語文教育政策實在有重新思考的空間，特別是英語和普通話課程方面。

---

19. 2010 年 9 月教育局實施「微調中學教學語言」政策後，陸續有傳統上 114 間英中以外的中學轉為英中，或若干班別改為英文授課；至此香港的中學實際上已不再簡單地分為英中和中中。

從學理上説，現時推行「兩文三語」政策的種種困難，其源由可説是顛倒了學習次序所導致。具體來説，為促進學生的多語發展，政府現時把絕大部分資源投放於「學習關鍵階段 1」（小一至小三，6–8 歲）至高等教育（18 歲或以上）之上（課程發展議會，2002；課程發展議會、考試及評核局，2007/2015）。[20] 令人費解的是，幼兒是天生的學習者，學前教育（4–6 歲）既是腦部發展、全人發展和語言發展的關鍵時期，可是卻不在教育當局的規劃之列；也許這與過去幼兒教育還未納入政府資助範圍有關，就教學和學習效能而言，犧牲兒童學習關鍵期，導致幼兒學前語文訓練未能與初小語文課程有機地接軌，而以後期的語言沉浸作為補償，如此錯配的資源運用後果可想而知——一切投放的努力都將事倍功半。

　　為提高大學生的就業能力，政府把大量人力、財力投放在大專院校中，可是觀乎過去幾年本地大學畢業生的語文學習成效，種種跡象都顯示中、英文語言增潤措施的成效差強人意（Li, 2017）。以粵語為母語的大學生如果基礎打得不好，短短四年的大學教育實在難以大幅提升英語水平。換言之，錯過了學童的「黃金時期」學習機會，而在往後的階段為了作出補救，給學生提供每周幾小時的普通話和英語增潤學習機會，整個社會都要付出沉重的代價。有見及此，我們實在有必要重新檢視學生在各個階段的學習能力和學習成效，通過語言學習相對敏感的黃金時期（4–8 歲）來調整現有政策，而不是把提升語文水平這目標寄託在後期語言沉浸（從中一開始，12 歲）政策之上。在各學習階段中，學前和初小階段在語言學習和發展上，已證明比中學和大專階段更有成效（黃月圓、楊素英，2000；Chow et al., 2005；Li, 2017；Shu et al., 2008）。倘若能讓 4–8 歲的孩子接收高質量的語言輸入，與年齡層較高的學童相比，同樣的輸入，前者的語言學習成效肯定更為顯著。當然，這樣的做法需要先具備一些條件，例如普通話和英語教師都必須經過專業培訓，通過考核達到標準；而語文課程在整體課程中的所佔的

---

20. 自 1993 年起，當局一直在高中階段推行強化英語課程，協助以中文授課的高中學生達到入讀大專院校所需的英語水平（Lee, 1998, p. 114）。

百分比，亦可能需要作出調整（參見第二章第七節「語言習得關鍵期——兒童學習之黃金階段」，頁 63）。

持續支援少數族裔學習中文

　　1997 年以後中文教育對香港持續發展的意義重大，「兩文三語」所提倡的語文能力更構成了個人在社會上取得優勢的「文化資本」（cultural capital）；與此同時，香港社會的「象徵性資本」（symbolic capital）也產生了巨大變化（Bourdieu, 1991; Gao, 2011）。[21] 在此背景下，社會期望少數族裔學生與年齡相若的本地學生一樣，能夠掌握兩文三語。可是，非華語學生面對的問題和學習需要十分複雜，教育局所推行的「中國語文課程第二語言學習架構」也有頗大的改進空間，例如可從學習者的角度出發，重新打做更貼近需要的全新「學習架構」，以此為框架設計更適合的課程和教材。此外，教育局亦可多舉辦教師專業發展活動，提供配套資源，讓中國語文教師掌握中文作為第二語言學習的學與教策略，以助教師運用「學習架構」和校內評估工具以調適中文課程（參見第四章第六節「校本輔助教材的設計特點」，頁 140）。長遠而言，除了提供更多培訓資源，對教授中文作為第二語言的教師設定語文要求，相信成效會更為顯著。而為已進入職場的少數族裔人士，提供針對其所屬職業的語文培訓，如以行業需要為出發點的中文寫作課程，對其中文學習也必有一定的幫助（梁慧敏，2016a）。

　　政府推行支援少數族裔人士的政策已經有十多年，歷年來不斷嘗試優化少數族裔學習中文的政策，以期改善他們的在校教育與職業培訓的質素。政府的投入逐年加大，除了教育體制內的正規教育，就業及培訓方面，現時勞工處、僱員再

---

21. 「象徵性資本」由法國社會學家Pierre Bourdieu（1986）提出，Bourdieu認為我們所處的社會（場域 field）共有經濟資本、文化資本、社會資本和象徵性資本等四種資本在流動，後來他又加上了權力資本。「象徵性資本」指的是聲譽、名望和認同，地位超然的標準語言資本亦涵蓋在內。

培訓局、職訓局及建造業議會分別提供就業支援和職業訓練，而作為全港最大僱主，政府近年也採取主動招募合資格的少數族裔人士。在此基礎上，要有效落實協助少數族裔人士的各項措施，以協助他們改善就業情況，尤其是投放大量公帑之前，當局有必要重新考慮少數族裔的語言能力和現實需要。就如建造業議會（2017）一項研究指出，即使完成工藝培訓，仍有少數族裔人士會因為語言溝通問題，錯失就業機會。要改善少數族裔人士的生活，讓他們融入社會，有效的中文教育是解決問題的關鍵。對不少少數族裔人士而言，特別是部分學習中文時間較短或只接受過較淺易中文課程的一羣，要學好中文十分困難，他們往往難以在聽、說、讀、寫各方面完全達到本地華人的一般水平。可見在制定政策時，應參考數據和指標，唯有對「少數族裔在香港實際工作環境中的語言狀況」有準確認識（李貴生、梁慧敏，2010），作出規劃和預期，才能針對實際需要，讓處於弱勢的少數族裔人士有效地掌握好符合工作環境所需的中文、盡快融入社會、提高其升學與就業的機會，這樣才有望減輕困擾他們多年的的跨世代貧窮問題（香港融樂會，2018）。有見及此，李楚成、梁慧敏（2018b，2020）曾提出以下幾點具操作性的建議：

(1) 為充分利用「兒童學習關鍵期」的優勢，當局應鼓勵少數族裔學生家長及早將孩子送到中文幼稚園學習，好讓幼兒有更多更好的機會掌握粵語口語和書面中文，這點需要與幼師持續專業發展相配合。2014 年政府首次提出把取錄少數族裔兒童的幼稚園納入校本支援服務的範圍，2017 年《施政報告》中提出「政府會邀請語文教育及研究常務委員會（語常會）考慮運用語文基金，為幼稚園教師提供中、英語文專業發展課程，包括教授非華語學生學習中文。」（第 205 段）可見政府在幼師專業培訓方面定下了更具體的目標，只要方向正確，相信假以時日措施必能見成效。在 Li & Chuk（2015）的研究報告中，三名巴基斯坦裔大學生在學習中文方面的成功經驗表明，幼稚園時期的沉浸學習使幼兒有更好的機會掌握語音聲調和漢字，同時亦可以得到同齡同伴適時的幫助。

(2) 現時針對非華語學生學習中文的《中國語文課程第二語言學習架構》，缺乏清晰和具體的教學目標和評估標準，究其原因，為其藍本採自針對本港母語學生的《中國語文課程學習進程架構》和《中國語文教育學習領域課程指引》，忽略了第二語言的學習規律和學習因素，較為可取的做法應為專門為非華語學生的中文學習設計一套不同的學習及評估標準，而不是在母語學習的框架內修補調適。

(3) 在中國語文作為第二語言（Chinese as a second language）的課程指引下，非華語學生的中文讀寫訓練應以職業能力為主要導向，幫助學生掌握本港職場環境中的語文要求，並為學生提供機會去探究個人未來的職業抱負，特別是高中階段，文言文及經典文學的成分宜酌量減少甚或刪除。課程的設計應以非華語學生為本位，以應用為出發點，平衡他們的實際需要去協調課程和銜接出路，不能一味以「中文補底」的概念來處理非華語學生的語文學習問題。

(4) 為達致種族共融，以及提升少數族裔中文能力的施政目標，長遠而言，當局應積極培訓少數族裔擔任中文教師，發掘有語言天賦的非華語學生，通過頒發獎學金的方式，鼓勵他們修讀中國語文、中文教育或以中文作為第二語言的副修或主修課程，重點培養他們成為幼稚園、中小學正式的中文教師或教學助理。由於他們深明學習中文的難處所在，讓他們在接受語文專業培訓後回過頭來教導本族學生，必能產生事半功倍的效果。

語文教育的規劃——宏觀：社會層面

要有的放矢地支援語文教育，使語文政策達至最大成效，上述關鍵議題就不能單靠課程層面去解決，我們應該站在巨人的肩膀上去看待問題。目前「兩文三語」未能構建貼近香港實際情況、回應政策最初目標的框架，當中若干含糊或偏見之處，主要源自社會大眾的「態度」，是長久以來積存的心態問題。在重新審

視語文規劃的過程中，需要從宏觀的角度考慮，從根本上改變社會的一貫態度和定型觀念。

保持粵語健康發展

「三語」政策下英語和普通話的重要性自然不在話下，但粵語是香港的主要慣用語，其社會功能絕不能視之等閒。要保持粵語的健康發展，首先要釐清粵語在「兩文三語」政策中的含糊定位。李貴生（2006）指出以粵語為教學語言，並不等於教授粵語這門語言。他認為要掌握香港今天與未來的局勢，一種在社會上廣為流行的高層語言，應該在語文政策中佔有一個合理的位置：

> 不少人以為粵語既然是學生的母語，自然不必特別教導。這種想法基本上低估了粵語在香港社會的滲透性，同時亦低估了口語語體的複雜性……正視粵語教學並不表示粵語有凌駕於普通話與英語之上的地位，而是要釐清其含糊的定位，藉此建立一套較為完備的框架。（頁 6–7）

雖然現在香港大部分中小學都用粵語教中文，而教育局的中文課程綱要亦已列明語文聽說教學的重要性，可是其對粵語的關注缺乏規劃細節，明顯有不足之處。回顧語常會在過去十多年來為推廣中文包含粵語和普通話而設的活動，語常會明顯較着重於普通話的推廣。語常會幾乎每年都會舉行推廣普通話的活動，如語常會普通話節、旅遊培訓、普通話暑期沉浸課程資助計劃等。反觀有關對粵語的推廣，語常會自 2006 年起才開始舉辦粵語推廣活動，主要聚焦正音，而針對本港少數族裔的中文推廣更顯滯後，在 2012 年才開始推行支援非華語兒童學習中文試驗計劃（以粵語為教學媒介），並於 2015 年加入已離校非華語人士職業中文課程，以支援少數族裔的中文學習（詳見附錄表 15，頁 223–225）。要進一步改善，語常會可為華語和非華語學生設計粵語朗誦、演講、辯論等活動，一方面提升學

> 從中文二語教與學的角度而言，不少研究報告都指出粵語拼音有助非華語學生掌握中文字詞，加強對字義的理解。

生投入粵語學習的積極性，另一方面也從語文規劃上強化非華語學生和華語學生的網絡圈子，促進同儕之間的互動。

　　要保持粵語的健康發展，還需要強化粵語的本體規劃。根據馮志偉（2000）的概括，語言文字的本體規劃，是指在某一語言或文字內部，其自身的普及推廣以及標準化和規範化的問題。從現實需要的角度考慮，粵語的本體規劃至少應該包括三方面的內容：

(1)　　制定香港粵語的語音標準
(2)　　為促進粵語作為第二語言的教學語法（pedagogical grammar）和語用研究
(3)　　粵語專業詞彙的標準化

語音方面，現時香港的粵語拼音並不統一，例如「基」在深水埗「基隆街」（Ki Lung Street）、沙田「德基街」（Tak Kei Street）、觀塘「宏基街」（Wang Kee Street），以及香港中文大學內的「崇基路」（Chung Chi Road）之中各有不同拼法。社會上存在着多種粵語拼寫方案，[22] 相同的發音但不同的拼音，令人無所適從。此外，從中文二語教與學的角度而言，不少研究報告都指出粵語拼音有助非華語學生掌握中文字詞，加強對字義的理解（袁振華，2007；梁佩雲，2019；戴忠沛，

---

22. 現時粵語拼音方案有國際音標、黃錫凌式、劉錫祥式、喬硯農式、廣州式、耶魯式和香港語言學學會粵語拼音方案等。

2017)。因此,統一粵語拼音有着現實上和學習上的需要;而推廣的方案必須合理、易學,除了用來標記粵語讀音外,最好也要顧及資訊科技的應用,例如電腦中文輸入法及粵語資料數據儲存等(梁慧敏,2010,頁 37)。除了制定統一的粵語拼音方案,粵語正音運動、推行粵音測試都可視為粵語語音標準制定的範疇,要達到預期目標,例如可在學校中文課程內規範「懶音」、「誤讀」等情況,以幫助學生應付中文口試,為學生日後在演講、答辯、談判、遊說等高層次的聽說能力打下基礎。

基於上述情況,為促進粵語作為第二語言教學的粵語本體研究,包括對語音、詞彙、語法、語用等要素作出深入的描寫和解釋,也就具備實質的意義。非華語學生學習中文的困難,源於缺乏口語和書面中文的各種元語言意識(李楚成、梁慧敏,2018b;Kuo & Anderson, 2008;Li, 2017),如果可以歸納總結粵語的語言規律,並通過適當的教學法把這些規律教授給非華語學生,協助他們建立目標語的語言基礎,那麼常規課程中以讀寫為主的中文教與學,便能較為容易順利開展。再者,目前粵港澳三地經濟、貿易和文化上的緊密合作,對粵語詞彙的規範提出了新的要求,現時大灣區的工作環境中至少存在着英語、粵語、普通話,以至葡語四套專業術語(terminology),[23] 如果各套術語內部不統一的話,將阻礙

---

23. 澳門《基本法》第九條訂明:「澳門特別行政區的行政機關、立法機關和司法機關,除使用中文外,還可使用葡文,葡文也是正式語文。」1999 年澳門回歸中國後在教育上實行「三文四語」(書面語:中文、英文、葡文;口語:普通話、粵語、英語、葡語),高校葡文系培養的中葡雙語人才,畢業後主要從事公共行政、翻譯、商貿、博彩和旅遊業等工種。李楚成、梁慧敏(2011)認為回歸後澳門制定的教學語言政策,保證了葡語的生命力(頁 89)。此一説法其中一佐證為,澳門政府在 2014 年整合澳門高等教育的葡語教育資源時,成立「培養中葡雙語人才工作小組」。2016年總理李克強在澳門出席中葡論壇活動時表示,澳門應該發揮其獨特的葡語優勢,成為「一帶一路」連結中國與各葡語地區的經濟和文化的重要平台(BBC News 中文,2017 年 12 月 23 日)。直至現在,葡語仍是澳門官方語言之一,很多法律或出版物都是以葡語寫的。

有效交流，交際成本也將提高。因此，我們可從整理專業術語方面入手，[24] 為粵語長遠的健康發展走出第一步。

　　粵語的本體規劃並不排斥普通話，相反保護粵語能體現政府在「三語」中對粵語的重視，消除民眾對「母語流失」、「倡普貶粵」的擔憂，或多或少可改變香港市民對「普通話」學習的消極態度。倘若能撇開粵語是語言還是方言的意識型態之爭，嘗試把視野拉闊、拉遠一點，掌握好粵語必能幫助港人更容易地融入同屬嶺南文化的粵港澳大灣區（Guangdong–Hong Kong–Macao Greater Bay Area）。2017 年，粵港澳三地政府簽署《深化粵港澳合作推進大灣區建設框架協議》，大灣區內十一個城市文脈相親，歷史上休戚與共，總人口接近七千萬，粵語為區內慣用語，保持粵語的健康發展，將有助於把嶺南文化圈跨越時空、富有獨特魅力的文化內質展示出來。而隨着大灣區建設的深化，粵劇、粵曲、粵語電視電影等藝術形式，相信也將為粵港澳文化軟實力的未來發展迎來新機遇，並以此為平台推動中華優秀傳統文化傳承發展。

消除對中文教學的歧視

　　2009 年 5 月香港特區教育局正式訂定《微調中學教學語言》安排，並決定於 2010 年 9 月開始在中一實施，條件是「學生能力」必須符合要求。在這一項微調政策中，學校若在每六年一次的檢視周期開展時，在過去兩年獲派屬全港「前 40%」的中一學生平均比例達到一班學生人數的 85%，[25] 便可因應其他先決條件，包括教師以英語授課的能力和配套準備以及學校的支援措施，決定有關班別／組別的教學語言安排（教育局通告第 6/2009 號）。由於英中、中中雙語分流政策實

---

24. 香港理工大學按照各院系的專業需要，於 2019 年建立《中英對照常用專業詞彙庫》（English-Chinese Terminology Database）。詞彙庫收錄專業術語 50,622 條，涉及 30 個專業範疇，為修讀專業中文課程之學生，提供實用的術語資料搜尋，以解決其學習上中英翻譯的需要，所有詞條均具粵語和普通話雙語發音。這個詞彙庫可視為多語言術語整理的初階工作起點。

25. 按中一派位每班 34 名學生計算，85% 即 29 人。

行已久，雖然微調政策後香港的中學已不再二元化地區分為英中和中中，但中中學生的標籤效應業已形成（教育局新聞稿，2009），到今天社會各界、教師家長仍普遍認為以中文學習的學生是次等學生。我們認為教育當局的微調政策之發展方向正確，令中和英中學校之間的「優」、「劣」分野顯得模糊，紓緩了社會對中中學校學生的負面標籤效應。不過，母語教學推行多年，目前香港人的主流心態仍然是「重英輕中」，中英平等的願景似乎遙遙無期。

其實英文和中文的學習並不互相排斥，要達到令學生中英兼擅的政策目標，以中文作為踏腳石反而可以成為學習英文的重要資源。誠然，提高學生英語水平為政策重中之重，政策調整以後，為進一步促進發展學術英語（English for Academic Purposes，簡稱 EAP）的讀寫能力，讓以中文學習的學生能夠學到各種科目的英語術語，並為以英語為主要授課語言的高等教育作好準備，如前節所述，施政當局可考慮重新審視英語教師的教學指引，促進雙語教學策略中的研究，並鼓勵不同持分者分享行之有效的雙語教學法。為達此目的，社會大眾須反過來從根本上去改變對「語碼混用」或「中英夾雜」的態度（Canagarajah, 2013a, 2013b; Cummins, 2008; Li, 2017）。通過促進多語言環境，學校可以讓中學生有更多機會接觸兩文三語，正如 So（1998）和 Tung（1998）分別指出：

> 考慮到目前香港社會在雙語學習與運用方面的實況，以英語或中文作為單一語言授課的學校並不符合香港社會朝向兩文三語這政策願景。如果學校不能在校園內營造出兩文三語的語用氛圍，很難想像兩文三語這願景如何在社會上得到體現。（So, 1998, p. 170）[26]

---

26. 原文為：[M]onolingual English-medium and Chinese-medium schools are not consistent with our aspiration to achieve *liăngwén-sānyŭ* bilingualism on a large scale in Hong Kong, especially given its current sociolinguistic conditions. It is hard to conceive how *liăngwén-sānyŭ* bilingualism in our society could be engendered if schools are precluded from engendering an environment of *liăngwén-sānyŭ* on their campuses.

> 有證據表明，學生最初更喜歡用母語學習，但又希望在掌握英語後，能儘快以英語學習……鑒於香港學校的學習環境多元化，單一的教學語言環境可能不是學校的最佳選項……以英語進行教學可能對一些學校的學生較有利，而中文作為教學語言則對其他學校的學生可能更為有利。（Tung, 1998, pp. 125–127）[27]

此外，對英語教師而言，學生已掌握的不同語言、方言、文化等認知和技能，都應視為語言資源，可能的話在教學過程中加以利用，而不應視為需要根除的麻煩或障礙（參見第二章第三節「以『語言穿梭』提升英語學習效能 」，頁 49）。

以平等主義建構包括英語和普通話在內的多語言環境

從理論上來說，抑制語言使用，往往是為了避免違反共同的身份認同，這很大程度上是一種集體心理，亦是對社會禁忌的條件反射，所以沒有原因的語言轉換，便難免被視作標奇立異。倘若粵語母語者抗拒從粵語切換至其他語言，長遠來說將不利香港多語格局的發展。因此，要使多語言交際中的非標記性語言（粵語）成功轉換至標記性語言（英語、普通話），莫過於要為社會重新構建思維模式。

---

27. 原文為：Available evidence indicates that students prefer to study initially in the mother tongue, but wish to be able to study in English as soon as they can manage it. (...) Given the diversity of the learning contexts in Hong Kong schools, it may not be in the interest of providing quality education to our students to impose a uniform medium of instruction on our schools. (...) it could be advantageous for students in some students to study in the English medium, and for students in other schools to study mainly through the medium of Chinese.

英語作為國際語言，香港居民都深知其重要性，這點清楚地反映在各持分者對極具爭議的雙語分流政策之關注上。在香港，英語不諱言乃文化資本的一種，是港人向上或向外流動不可或缺的語言資產。自 1842 年開埠以來，英語一直佔據着香港官方語言的地位，因此回歸後政府明令以英語作為特區的第二語言是完全可以理解的。然而，「兩文三語」的推行轉眼已二十多年，現在普遍的情況是，中英雙語使用者在沒有非粵語者參與的情況下，往往假設夾雜大量英語術語的粵語（語碼混合）就是正常的語言規範，這種情況在政府內部隨處可見，反映出英語作為第二語言的地位確定下來之後，政府卻沒有推出合適的行政措施在社會應用上加以配合推廣，這與英語作為法定語文的地位是不相符的。

平情而論，要以實際行動來確立英語在「兩文三語」中的特定位置，政府能力所及的範圍內也有不少推行英語的選項，例如在公務員或政府資助的高等教育機構的多語工作環境中，政府可以帶頭鼓勵在工作場所「隨時隨地講英語」，尤其是進行正式會議的時候。隨着時間推移，在本地華人社區中就有可能會出現更多自然使用英語的空間。推行時，政府應鼓勵從下而上自願選擇語言，而非使用懲罰措施；由上而下地執行語言選擇的強制措施肯定會帶來反效果。有論者憂慮，當更多本地雙語者選擇以英語作為模範語言時，中文的地位可能會受到威脅，我們認為在多語工作場所中使用英語，不應也不需犧牲中文，其目標應為確立英語在工作場所中的獨特功能（Li, 2017）。可是目前在香港，由於缺乏教育體制的整體支持，加上未有志同道合的多語者的配合，即使商界領袖為免港人英語能力下滑而頻頻作出呼籲，[28] 也難以獲得成功。

---

28. 例如立法會議員，商界領袖及語文教育及研究常務委員會（語常會）前任主席田北辰於 2015 年 9 月由南華早報組織的公眾論壇上，就曾公開要求政府加強措施以幫助提升香港學生近年一直下滑的英語水平（Yau, 2015）。

以上關於英語推廣的做法，同樣也適用於普通話。事實上，在香港把普通話定位於介乎第一和第二語言之間（即 L1.5，黎歐陽汝穎，1997），可能是教學策略方面應該參考的課題，可是在語文規劃上卻意義不大。鑒於粵語和普通話之間明顯的語音差異，學習時所出現的種種困難，以及先天不足的語言環境，若把普通話清晰地列為香港特區的第二語言似乎更具說服力。為了推行兩文三語，語常會每年就「中小學普通話」和「職業普通話」兩大範疇進行推廣活動，甚至協調同屬官方的香港電台和職業訓練局，以達至資源上的配合。可是就目前的調查報告所見，香港居民無論在工作場合與非工作場合中均很少使用普通話，而社會上也顯然缺乏自然良好的普通話語言環境（李貴生、梁慧敏，2010；梁慧敏，2014，2017）。另一方面，內地遊客作為香港最大的客源市場，訪港旅客每年總數達 5,103 萬人次（香港旅遊事務署，2019），酒店、零售和飲食業等相關行業的從業員為保持競爭力，須掌握良好的普通話能力，方能有效地與內地旅客溝通。假使政府機構願意率先鼓勵粵語母語者在工作環境中使用普通話，久而久之香港人選擇用普通話對話時的不自然感覺或許會漸漸消減。可是，倘若粵語母語者在其共同思維裏仍認定「只有粵語才是大眾的共同語」，那麼縱使有意推廣普通話的人士多麼積極，例如每星期組織一次普通話午餐會，其成效仍非常有限，不容樂觀（Li, 2017）。

為了讓粵語母語者擁抱多語言文化、放棄語言純粹主義（linguistic purism）或本質主義（essentialism），我們必需以平等主義作為建構多語言環境的前提，以實現最終目標（Lin, 2015a, 2015b）。當多語使用者察覺身處的社會環境是一個舒適的多語言區域，英語和普通話便有機會在「三語」格局中各自發揮其應有的作用。Kirkpatrick（2007）認為，這目標應建基於一個共同信念 —— 所有語言都是平等、不會受到任何形式的歧視的認識上。香港的教育機關和傳播媒體應清楚表明，任何人的語言選擇都不應遭受質疑，甚或詆毀。而在香港，最適合仲裁各種語言是否擁有平等地位的機構，莫過於平等機會委員會（Equal Opportunities Commission，簡稱 EOC）。

吸引優秀人才加入教育行列

　　目前香港特區的政策似乎未能吸引具語言天賦及學術成績優秀的人才加入教師團隊，這點清楚地反映在大學入學的資料上。參加中學文憑考試的學生，可通過大學聯招系統（JUPAS）選擇入讀由八間教資會資助大學提供的本科課程。過去的統計數字顯示，學術成績傑出或語言資優的學生較少選讀教育學士學位課程（Bachelor of Education，簡稱 B.Ed.），他們往往選擇他日投身職場後收入及社會地位較高的專業，例如醫學、法學或工商管理學；選擇社會大眾推崇的行業，反映了青年學生對社會承擔和個人前途的「務實」想法。我們認為學校是重要的教育場所，要使學生兩種語文的水平都有效地得到提升，精通語文運用的師資必不可少。教育局長期關注的頭號問題，正是如何確保英語和普通話教師達到語文能力的要求。[29] 就教育學士學位語文專業而言，高水平的語言能力極為重要，否則畢業生成為前線語文教師之後，其教學表現如教學法和課堂語言運用，就未必可以達到提高教學成效和確保教育質素的目標。

　　資源方面，香港特區政府擁有龐大的儲備，以支援各種各樣的教育活動，這是令鄰近區域羨慕的優勢。就吸引專才而言，近年政府的重要舉措，莫過於 2013 年 2 月時任財政司司長曾俊華的《財政預算案》中提到的政策 —— 政府將注資四億八千萬港元，設立獎學金基金會，資助本地傑出學生入讀海外知名大學的學位或師資培訓，唯一條件是回港後必須在教育界任教至少兩年。這項政策立意良好，不過仍受到立法局議員的猛烈批評，葉劉淑儀（Regina Ip）認為這是「官僚主義短視和政策目標混亂」的明證。她認為那筆錢根本沒有好好運用，而且認錯了受助對象。相反，她呼籲政府應聚焦學前教育，物色本地人才培養他們成為有能力的教師：

---

29. 教育局現設立英國語文科和普通話科「教師語文能力評核」的基準測試，以確保語文教師對目標語言的熟練程度已達標；英文科全部五卷，普通話科全部四卷。

為了提供免費、優質的學前教育，政府需要做的不僅僅是提供 20 多個海外學習獎學金機會。為了避免重蹈以往教育改革錯誤的覆轍，政府必須確保受聘用的人都是受過適當訓練及對學前教育有真正熱誠，否則便是浪費公帑。（Ip, 2013）[30]

葉劉淑儀進一步提出，推行提高幼師質素的政策是迫切的，我們認為她的見解具啟發意義。研究指出幼童學習的黃金時期（即 4–8 歲的關鍵時期）對語言學習至為敏感，學習成效亦最為理想，與其把資源投放在資助本地學生入讀海外知名大學，倒不如把資源配置在幼稚園及小學老師的英語及普通話語言訓練之上。正如 Gopnik et al.（2000）所指出：

新的研究顯示，嬰幼兒對世界事物的認識和了解遠比我們所想像的要多。他們思考、得出結論、作出預測、尋找解釋，甚至進行實驗。科學家和兒童都一樣，是宇宙中最佳的學習者。（Gopnik et al., 2000, p. i；也參見 I-LABS, 2012）[31]

鑒於學前兒童與初小學生與生俱來的語言學習潛力，現行的語文教育投資和撥款支援的優先次序顯然是偏頗的，難怪成效事倍功半。

---

30. 原文為：To provide free, quality pre-school education, the government needs to do a lot more than provide 20-odd scholarships for overseas studies. To avoid repeating its past mistakes in education reform, the government must ensure that suitably trained individuals with a true passion for pre-school teaching are employed, or public funds would be wasted.

31. 原文為：The new research shows that babies and young children know and learn more about the world than we could ever have imagined. They think, draw conclusions, make predictions, look for explanations, and even do experiments. Scientists and children belong together because they are the best learners in the universe.

誠然，教育專業對學術成績優秀的學生缺乏吸引力這問題，並非香港獨有，外國也有同樣的情況。要解決這問題，也許特區政府可參照「聲譽規劃」（prestige planning）的思路來思考。儘管教師是本地大學畢業生起薪點最高的職業之一，但畢竟「薪高糧準」並不足以吸引資優人才。教師真正需要的是一份真誠的自豪感和社會的尊重，這方面可以着墨的空間還有許多。要事半功倍地達到「兩文三語」的長期目標，不同學習階段到底應投入多少教育資源，現時的規劃如何修訂才可取得最大的成效，實在是亟待深入探討的重要課題。

結語

回歸後香港通過「三語」政策，賦予普通話、粵語和英語平等的地位。「普通話」旨在提倡學習全國共同語，加強香港居民對中國人的身份認同；「粵語」是本地慣用語言，蘊藏着嶺南文化的瑰寶，納入「三語」之中維持了香港人的根；「英語」則確保了香港作為國際大都會的固有地位，穩定香港在國際上作為商業、金融及貿易中心的角色，政策可謂有着明顯的政治和經濟色彩。縱然「兩文三語」具有現實意義，但是均衡的語文能力發展這目標門檻對普通市民來說不可謂不高，規劃起來難度也極大。在一國兩制的前提下，以香港目前的經濟結構、語言使用情況等客觀條件看來，香港不可能完全依照中國內地和國外（如新加坡）的經驗推廣普通話和英語。換言之，特區政府只能根據香港社會的語用實況，訂立更切實可行的語文規劃目標，優化普通話和英語普及的推廣策略，使政府的財政投入成效更高。此外，回歸之初政府主要集中發展本地華人居民的「兩文三語」能力，因而也造成了對少數族裔語言支援的滯後。近年政府把握民意、凝聚共識，語文政策已逐漸將焦點調較至發展非華語學生中文課程，但是由於針對非華語學生學習中文作為第二語言研究之不足（如把粵語視為中文學習資源），政策支援仍然面臨着不少困難。

在可見的未來，我們預見「兩文三語」語文教育政策將與香港長期共存，香港語文規劃的核心問題是如何處理好不同語言之間的關係，使不同語言各司其職、其優勢得以在國際、國內、大灣區的格局下充分發揮 —— 既要保持香港特區的「特別」，也要擁抱「共同」，不會錯失國內外的發展機遇。最後需要指出的是，語文規劃是不可能一蹴而就的，長時間的堅持必不可少，且需要根據實際語言生活狀況的變化作出相應的調整。正如戴曼純（2014）所言，語言規劃的特點是在不同的解決方案中作出合理的選擇。理想的語言規劃應當建立在深入了解社會語言狀況的基礎上，實況調查則是理性決策的先決條件。故此，制定語文政策應同制定經濟和運輸等政策一樣，應審時度勢，積極進行調查研究以收集更多數據，方能訂定符合實際需求的措施，為香港未來的語文發展作出更全面、更周詳的規劃。

6
總結

香港基本上是一個華人社會，日常溝通以中文為主；香港同時也是一個國際商業、金融及貿易中心，英語是國際商業用語，良好的英語水平，對增強我們的經濟競爭能力，至為重要。香港要回應全球化的挑戰，進一步提升國際金融中心的地位，不受其他城市代替，提升市民「兩文三語」的能力這一環不可或缺。因此，回歸後香港特別行政區政府的語文教育政策，以「兩文三語」為目標，期望新的一代中英兼擅，能書寫通順的中、英文，操流利的粵語、英語和普通話。而《基本法》第九條也為這一項語文政策中的「兩文」提供了法律上的依據：「香港特別行政區的行政機關、立法機關和司法機關，除使用中文外，還可使用英文，英文也是正式語文。」至於「三語」，英語為「英文」的口語形式；而粵語和普通話，皆為「中文」的口語形式。

從語言學的角度，要達成通曉中、英兩文和粵、英、普三語，香港人面對兩大挑戰。其一，就社會環境而言，香港普遍缺乏學習英語和普通話的自然語境，不少香港人在生活中很少使用到這兩種語言。在香港的粵語使用者之間，倘若交談中突然使用全英語或全普通話對話，會非常引人注目，帶頭轉換語言的人往往需要說明原因，才可得到其他粵語使用者的配合。由於欠缺有利的語用環境，目前英語和普通話的學習，主要寄託在學校課堂教育之上，通過不同學習階段的規劃和制定語文課程來提升學生的語文能力。其二，在語言類型學而言，漢語和英語截然不同，英語屬於印歐語系，漢語（粵語、普通話）則屬於漢藏語系，兩種語言在本質上並不相似，無論語音、詞彙、語法，抑或信息排列形式、書寫系統，差異都極大。這有助解釋為何本地華人學生學習英語時，一般必須由零開始，而在學習過程中，往往無法從母語的語言特徵獲取任何提示或類比。而粵語與普通話雖同屬漢語，句法結構相近，詞彙上有大量的同源詞，而且書寫系統相同，可是由於粵、普語音系統的迥異，又欠缺良好的習得環境，普通話的語音難點便成為粵語使用者難以克服的障礙。

換句話說，要學習英語和普通話，基本上得依靠學校課堂上的教與學，而這種學習方式的成效與種種限制可謂不言而喻。香港教育統籌局（今教育局）於

1997 年 9 月公佈了《中學教學語言指引》，定下「兩文三語」的基本目標，與之相關的是「母語教學」政策。第一屆行政長官董建華曾表示，「母語教學」是提高學生「兩文三語」能力的途徑，是特區政府重要的教育目標。然而，這項政策的推出卻引來巨大爭議。「母語教學」政策原擬適用於當時本地全部四百多間中學，亦即在全港所有中學全面實行中文教育，但後來因受到不同持分者包括僱主、家長、校長和教師的強烈反對而調整為「教學語言分流」政策，最終四百多間中學之中，只有 114 間通過評審獲准繼續採用英語教學，小六學生則透過「教學語言分組評估」計分機制的篩選，分別派往以中文或英文授課的中學。此政策將全港中學一刀切分為「中中」和「英中」，形同製造標籤效應，引來巨大迴響，最後教育當局於 2009 年宣佈由 2010–11 學年開始實施微調教學語言的多元安排，給予學校更大的自由，選擇特定班級或科目的教學語言，而「教學語言分組評估機制」則被新的「中學學位分配辦法」所取代。微調安排可算是模糊了「中中」和「英中」的界線，減少社會分歧，故此是值得支持的。

在「母語教學」政策之下，為確保學生的英語水平，教局當局明令不鼓勵教師在以英語授課的課堂上混用中、英文，即所謂「中英夾雜」。這個指引的前提來自「接觸最大化」的假設，目的是儘量增加學生在課堂上接觸英語的機會。根據 1990 年《教育統籌委員會第四號報告書》的評估，全港大約只有三成學生有能力以英語學習，而 1998 年教學語言分流機制下「英中」和「中中」的比例亦大概是三七之比。這種情況引伸出一個問題：三成英語水平較高的學生在「單一英語環境」下學習或許沒有太大問題，可是其餘七成以中文學習更為有效的學生呢？對他們來說，在英語課堂上禁止使用母語學習，只會適得其反，不利於整體教與學的質素。要解決這個問題，必先扭轉現時的思維，重新審視英語沉浸和「最長時間接觸，單一語言環境」的指引 (Li, 2017)。我們主張在以英語為授課語言的課堂上，應該把老師和學生共同理解的語言（粵語）視為加強認知和學習的寶貴資源，以之作為踏腳石來協助學生學習目標語言（英語）。雙語教師可按學生的程度設計合適的教學策略，讓英語能力不遞的學生先以母語闡述觀點及

展開討論，把學生的母語建構為學習外語或第二語言的橋樑。這個教學理念的前提，是在態度上要放下對課堂上語言轉換的排斥，不再把學生的母語視為課堂上的「不速之客」。目前已有大量實證研究證明，「彈性雙語教學」和「課堂語言穿梭」並非造成英語水平低落的元兇，反之，若用得其所，能更有效地提高學習成效，為語言習得創造有利的條件。「彈性雙語教學」所指的是靈活的教學模式，與鼓吹漫無目的、毫無教學理念的「語碼混用」絕不能混為一談。

至於「三語」中的普通話，其地位在香港回歸後得到迅速提升，最重要的標誌為自 1998 年 9 月起，普通話科成為中小學的核心課程，2000 年起更被列為中學會考的獨立科目，其劃時代的意義不言而喻。可是由於香港學生在日常生活中缺乏自然地運用普通話的機會，沒有適當的語言環境，加上粵普之間在語言學上的差異，學生的表現差強人意自是意料中事。語言學習有別於其他專門科目的學習，要提升學生的普通話水平，就應該參考「語言習得關鍵期」的理論，研究顯示年齡是影響語言學習成果最為關鍵的因素。我們認為，若能將普通話（及英語）的學習時期提前至對語音最敏感的幼兒和初小階段（4–8 歲），配合兒童腦部發展和語言發展的黃金時期，集中聽、說能力的培養，增加並優化學前和初小學童接觸普通話的學習體驗，必能收事半功倍之效，免卻日後在中學或大專階段才力圖以晚期沉浸教育的方式作為補償。當然，這措施的前提是一些先決條件必須具備，例如教師必須通過考核以達標準，而普通話課程在整體課程中所佔的百分比亦有調整的需要。與普通話學習相關的是「普教中」問題，香港課程發展議會曾提出「在整體的中國語文課程中加入普通話的學習元素，並以『用普通話教中文』為遠程目標」（《香港學校課程的整體檢視報告》，1999）。可是不少本地研究均顯示，未有足夠證據支持「普教中」能促進學生在聽、說、讀、寫四個學習範疇的進步，亦無明顯證據顯示以普通話作為教學語言，在提升中文水平方面比學生的母語粵語更為優勝。2018 年教育當局亦不得不承認，無論「普教中」或「粵教中」均能提升學生的中文閱讀能力，學生在這方面的表現，與學校是否採用普通話作為中國語文科的教學語言，並無明顯關連。影響「普教中」教與學的成效

是多方面的，包括語言環境、師資、學生的普通話水平、教材與教學法等。目前「普通話科」和「中文科」各司其職，要合二為一，我們認為有待他日眾多配套措施及社會條件成熟的情況下，「普教中」才有望能邁向成功。

　　「三語」下的粵語，原來只是漢語諸多方言中的一種，1960 年代以前在香港操粵語的人數雖然比其他方言的人數多，但當時尚未取得壓倒性的優勢。1960 年代末期，港英政府檢討香港本土的文化政策，並逐漸開始在全港範圍內獨尊粵語，包括在課堂教學語言和電視、電台廣播等語域上；1970 年代末期，隨着「新市鎮發展計劃」的開展，市區大量説粵語的人口遷移至原來不説粵語的新界，導致新界其他方言逐漸式微。自此，粵語在政治、文化、經濟、教育和傳播等幾個領域都顯示出強大的競爭力，並慢慢地突破了「低層語言」的限制；而接受粵語教育成長起來的一代，在今天的香港已成為社會的中堅，迸發出一種對「香港人」的集體身份認同。基於人口結構和語言模式，香港長期以來都是粵語為主要慣用語言的華人社會，故此本地人溝通時一般採用的語言就是粵語，不作他選。不過與此相悖的是，社會大眾認為粵語既是母語，就不需要特別學習，這顯然是一種誤解或偏見。無論在工作或生活場合，不管年齡、性別、學歷或職級，粵語至今始終都是香港居民最常用的語言，在不同範疇中煥發出生命力，職場上某些工種甚至要求「高階粵語」的運用；而新來港定居的內地人士，為了適應本地的語言環境，也趨向在不同程度上掌握和運用粵語。在「三語」政策之下，粵語是法定語文「中文」的口語形式，是本地人創造觀念的思維工具，在香港地位特殊，甚至對書面語產生影響而演進成為極具本地特色的「港式中文」，以書寫方式滲透社會各個方面。在這樣的背景下，我們認為粵語在「三語」政策中的定位和角色不應該長期曖昧不明，事實上粵語知識的學習於小學、中學、大學的中文教學，對外粵語教學，以至少數族裔族羣融合方面，都具有實際意義。由於粵語是課堂上的教學語言，教師本身高層次的粵語能力就不應視為等閒，目前本港已發展出兩個有關粵語發音和應用的測試，從認證層面方面提供了有力的保證。我們認為正視粵語，恰如其分地將之安置在「三語」框架之內，是消除近年民眾憂

慮「推普廢粵」最有效的方法。從粵港澳大灣區發展的角度出法，保持粵語的健康發展，相信也有助港人更容易地融入同屬嶺南文化、涵蓋兩區九市的大灣區生活圈。

「兩文三語」政策適用於香港所有學生，居港少數族裔自然也不例外。回歸初期的語文規劃，明顯地以佔香港人口多數的華人為對象，而忽視了香港少數族裔的需要。遲至回歸後第七年的 2004–05 學年，少數族裔學童才獲允許參加政府的小一入學派位。2008 年，特區政府首次在《財政預算案》中明確表示預留撥款回應少數族裔人士的需要，其中包括增加指定學校的數目，以及成立地區支援中心；2014 年的《施政報告》列出大量支援少數族裔學習中文的措施，包括承諾在幼兒教育至小學階段加強支援少數族裔學習中文，為施政當局首次提及把校本支援服務延伸至幼稚園階段，這項措施與「語言習得關鍵期」的理念不謀而合，能讓幼童充分發揮其語言學習的絕對優勢。從政府的取態可見，語文教育政策中有關中文教育的重心，已明顯地從回歸初期針對大多數華人的母語教學、普通話學習，轉向至 2010 年代起針對少數族裔的中文學習問題；前、後階段我們分別稱之為「身份認同的塑造時期」與「族羣融合的促進時期」。由於非華語學童的中文教與學不能脫離主流，而他們的進度又普遍跟不上本地學童，因此最急需改善的其中一個範疇為支援班的學習材料。我們主張在「中國語文課程第二語言學習架構」的框架之下，學校應按自身情況，配合字詞讀寫及運用的能力、語法及篇章理解的能力、語音覺識及口語表達的能力等三個核心要素，緊扣識字（部件）、詞組（構詞）和語法（句型）三個難點，以主流班的教材為基礎，逐步開展校本自編教材的設計，特別是就進度表和工作紙作一些必要的調適和補充。研究也顯示，讓少數族裔儘早學習配合中文輸入法的「粵拼」（Jyutping），將有助學童掌握中文字詞，加強對漢字字義的理解。此外，支援少數族裔學習中文，也應該照顧離校人士的需要，因為就業上他們往往已經碰到了切實的難處，以應用為本位的職業導向課程因而就顯得格外重要。

「兩文三語」語文教育政策符合香港的歷史發展和社會現況，目標清晰可期。要推動語文教育生態的良性發展，常規教育中的課程規劃固然極為重要，但從宏觀的角度而言，社會大眾一貫的認知與態度，也有需要逐漸改變，例如「重英輕中」、粵語不學自明、加入教育行列不能致富等等的心態。總括而言，我們認同特區政府「兩文三語」政策的理念和方向，過去二十多年來施政當局定期檢討政策措施，包括教師資歷、語文基準、教材設計、教學方法、學生水平、支援策略、學校資源和教學補助金等各方面；同時又透過不同渠道與主要持分者保持溝通，收集和評估市民的意見，在學校教育和持續進修兩個層面，推出多項因時制宜的配套措施，嘗試創設有利的學習條件，以不同途徑提升市民「兩文三語」的能力，可見其落實政策的決心。任何政策不管意義多重大、構思多縝密，也有其限制與不足之處；而成功之政策，往往取決於其延續性、前瞻性、創新思維和優化策略。在可見的未來，「兩文三語」語文教育政策將與香港長期共存，語文政策的周詳規劃，將有助香港鞏固來之不易的獨特優勢，維持國際金融、航運、貿易三大中心的地位。

附錄

表1a　香港以粵語為母語的學生的主要英語發音問題及其困難成因

	輔音	可能來自母語的影響（不局限於此）
(1)	傾向用清輔音取代相應的濁輔音，可發生在字詞或音節中的任何位置：字首、字中或字尾。例如 because /bɪˈkəz/ 或 /bɪˈkɒz/、divide /dɪˈvaɪd/ 和 goal /gəʊl/ 中，開首的濁塞音經常誤讀成清輔音；rope 和 robe、maid 和 mate 讀作一模一樣；又或用清擦音 /s/ 取代濁擦音 /z/，如 zip 和 sip 皆發音為 [sip]。	粵語沒有濁塞音和濁擦音。
(2)	傾向用 /f/ 取代 /v/ 和 /θ/。例如 van 和 fan 發音相同[fɛn]，thin /θɪn/ 誤讀成 [fin]。	/v/ 在粵語中不存在。
(3)	傾向用不送氣清輔音 [t] 取代 /ð/，如 they /ðeɪ/ 誤讀成 [teɪ]。	/ð/ 在粵語中不存在。
(4)	傾向用 /s/ 取代 /ʃ/，導致無法分辨最小差異音對，如 save /seɪv/ 和 shave /ʃeɪv/、sip /sɪp/ 和 ship /ʃɪp/。	/ʃ/ 在粵語中不存在。
(5)	難以清晰發出 /ʒ/ 和傾向在 measure /ˈmeʒər/ 和 pleasure /ˈpleʒər/ 等字詞中以 /s/ 或 /ʃ/ 取代 /ʒ/。	/ʒ/ 在粵語中不存在。
(6)	傾向把 /tʃ/ 和 /dʒ/ 分別讀成粵語的塞擦音 [tsʰ] 和 [ts]，如 cheap /tʃiːp/ 讀成 [tsʰiːp]、jump /dʒʌmp/ 讀成 [tsɛm]，帶圓唇音的 China /ˈtʃaɪnə/ 讀成帶扁唇音的 [ˈtsʰaɪnə]。	粵語的 /tsʰ/ 和 /ts/ 分別與 /tʃ/ 和 /dʒ/ 最接近。
(7)	傾向在字首和字中用 /l/ 取代 /n/，因而無法分辨最小差異音對，如 nine /naɪn/ 和 line /laɪn/、knife /naɪf/ 和 life /laɪf/；許多進階學習者在讀 university 這個詞時，會把 /n/ 讀成 /l/；過度糾正亦並不罕見，如把 like /laɪk/ 讀成 /naɪk/。	粵語音節中 /l/ 和 /n/ 為自由變體。
(8)	傾向不讀位於字尾的濁齒齦邊音 [ɫ]（又稱 dark L），這個輔音在粵語中並不存在，或者會將 [ɫ] 換成帶有 /w/ 特質的音，在音節收結時都不必要地把雙唇縮圓，如把 will /wɪl/ 讀成 [wiu]；fill /fɪl/ 讀成 [fiu]。	[ɫ] 在粵語中不存在。
(9)	傾向不發出字尾的塞音，如 kick、cup、put 中的 /k/、/p/ 和 /t/。	出現在粵語音節最後位置的塞音為無聲除阻塞音(unreleased stop)，如 /p/、/t/ 和 /k/，在發音時不會除阻。
(10)	傾向略去 /d/ 或 /t/ 後的非重音音節字尾，例如詞素 -ed (ɪd)，crowded /ˈkraʊdɪd/ 讀成 /kraʊ/；complicated /ˈkɒmplɪkeɪtɪd/ 讀成 /ˈkʌmplɪkeɪ/。	粵語中並無重音和非重音的區別。

（表 1a，接下頁）

複輔音	可能來自母語的影響（不局限於此）
(11) 傾向簡化粵語所沒有的輔音叢，方法是省略不讀，如把 bold /bəʊld/ 讀成 /bəʊl/，甚至省略成 /bəʊ/；又或增音，即在兩個輔音之間插入一個元音，以令元音的數目與輔音叢裏的輔音數目相同，例如 clutch /klʌtʃ/ 讀成 /kəlʌtʃy/。	粵語中沒有兩個或以上所組成的輔音叢。

元音和半元音	可能來自母語的影響（不局限於此）
(12) 傾向忽略最小差異音對 /æ/ 和 /e/ 的區別，如 man /mæn/ 和 men /men/ 讀成 [men]、sat /sæt/ 和 set /set/ 讀成 [set]。	/æ/ 在粵語中不存在。
(13) 傾向把 bird /bɜːd/ 和 fur /fɜː/ 等字裏的央元音 /ɜ/ 讀成中前圓唇元音 /œ/。	粵語中最接近 /ɜː/ 的元音為 /œ/。
(14) 傾向忽略長短元音 /iː/ 和 /ɪ/、/uː/ 和 /ʊ/、/ɔː/ 和 /ɒ/ 的區別，如 cheap 和 chip、food 和 foot、caught 和 cot 這三組例子。	這三組長短元音的區別在粵語中並不存在。
(15) 傾向在字首為 /iː/ 或 /ɪ/ 的單字前加上一個帶有輔音特性的硬顎近音 /j/，如 easy /ˈiːzi/ 讀成 [ˈjiːsi]；industry /ˈɪndəstri/ 讀成 /ˈjɪndʌstri/；最小差異音對中的 ear /ɪə/ 和 year /jɪə/ 讀成 [jiːa]。	粵語習慣在以 /i/ 開頭的音節前加上 /j/。
(16) 傾向以類近發音的單元音取代某些複元音，如 point /pɔɪnt/ 讀成 [pʰɔn]；pair /peə/ 讀成 [pʰɛ]；/eɪ/ 經常被誤讀為 /e/，尤其是當 /eɪ/ 之後跟著一個鼻音 /m/ 或邊音 /l/，如 claim /kleɪm/ 讀成 [kʰem]；fail /feɪl/ 讀成 [fɛʊ]。	在粵語中，這些複元音要麼不存在，要麼並非緊接着一個鼻輔音或邊音 /l/。
(17) 傾向把某些複元音讀成兩個被喉塞音分隔的獨立元音，如 pair /peə/ 讀成 [ˈpʰe.a]；beer /bɪə/ 讀成 [ˈpi.a]；poor /pɔː/ 讀成 [ˈpʰuː.a]。	這些英語複元音之間的滑移在粵語中並不存在。

連續話語裏的字詞	可能來自母語的影響（不局限於此）
(18) 傾向把英語的功能詞的讀音以重音讀出，忽略輕音的概念。如把‘I can make it’[ˈaɪkənˈmeɪkɪt] 中的 can 和 it。	粵語中沒有重音音節和非重音音節的區別。
(19) 傾向在字與字的分界處使用停頓或喉塞音來分隔連串單字，而非使用連音來連繫。如 pick it up [pʰɪkɪtʌp] 讀成 [pʰɪkˀɪtˀʌp]；far away [ˈfɑːɹəˈweɪ] 讀成 [ˈfa.aˈweɪ]。	在粵語中，相連的音節會分開發音，音節之間並無連音。

節奏	可能來自母語的影響（不局限於此）
(20) 傾向使用粵語的音節節奏來讀出短語或連串單字，忽略英語的重音節奏特性，比如在讀出名詞短語 international airport 時，每個音節都帶相同的重音，即 in-ter-na-tion-al air-port，把每個音節視為獨立的單位。	粵語中沒有重音音節和非重音音節的區別。

根據 Chan & Li（2000），見 Li (2017, pp. 115–117)

偏誤類型	受粵語影響的例子	說明
初級偏誤		
1　Very + VP（動詞片語）	I like playing basketball, I very enjoy it. （我鍾意打籃球，我非常享受打籃球。） （我喜歡打籃球，我非常享受打籃球。）	Very 後不能帶動詞片語
2　There + has/have	There will not have any paper in the printer. （打印機冇紙。） （打印機裏沒有紙張。）	There 後不能以 has/have 為主要動詞
3　Somewhere has something	Hong Kong has a lot of rubbish. （香港有好多垃圾。） （香港有許多垃圾。）	句首應該用 There is/are
4　Topic-prominent (T–C) structure（話題優先結構）	This field, grow rice is best. （呢塊地，種米最好。） （這塊地，種米最好。）	話題優先是中文的結構，中文的話題不等於英文的主語
中級偏誤		
5　Pseudo-tough movement	I am difficult to learn English well. （我好難學好英語。） （我很難把英語學好。）	應該是 It is difficult for me to…
6　Independent clause as Subject（以獨立子句作為主語）	Snoopy is leaving makes us all very happy. （史努比嘅離開令我哋都好高興。） （史努比的離開讓我們全都很高興。）	獨立子句不能作主語，應該用 Snoopy's leave…
7　Missing relative pronoun（欠缺關係代詞）	I met two parents attended the interview yesterday. （我琴日見到兩位家長參加面試。） （我昨天遇見兩位家長參加面試。）	句中不能出現兩個主要動詞，後者應接在關係代詞之後

（表 1b，接下頁）

	偏誤類型	受粵語影響的例子	說明
8	Dangling Modifier（垂懸修飾語）	Entering the stadium, the size of the crowd surprised John. （進入場館，觀眾嘅人數令約翰好驚訝。） （進入場館，觀眾的人數讓約翰嚇了一跳。）	Entering the stadium 修飾的應該是 John，不是觀眾人數
9	不當地使用 too Adj（形容詞）to VP（動詞片語）	He is too happy to see you. （佢見到你太開心啦。） （他見到你太高興了。）	too Adj to VP 帶負面意思，應該用 so happy to see you
10	Periphrastic topic-construction（累贅的話題結構）	According to Tung Chee Hwa, he said that... （根據董建華，佢話…） （根據董建華，他説…）	不用重覆 he said
11	不當地使用 on the contrary	John is a very diligent student. On the contrary, Mary is very lazy. （約翰係個好勤奮嘅學生，相反地，瑪莉非常懶惰。） （約翰是個很勤奮的學生，相反地，瑪莉非常懶惰。）	使用 on the contrary 時，表示前述內容與事實不符，後述內容才正確
12	不當地使用 Concern/Be concerned about	The only thing I concern is the style of clothes. （我唯一關心嘅係衣服嘅風格。） （我唯一關心的是衣服的風格。）	表示關心時要用形容詞 (be) concerned (about)

改編自 Li（2017, p. 120），例中翻譯分別為粵語與標準中文。

表2　香港特區政府統計處五歲及以上人口慣用語言的人數和比例[1]

慣用語言	2001		2006		2011		2016	
	數目	百分比	數目	百分比	數目	百分比	數目	百分比
粵語	5,726,972	89.2	6,030,960	90.8	6,095,213	89.5	6,264,700	88.9
普通話	55,410	0.9	60,859	0.9	94,399	1.4	131,406	1.9
其它方言	352,562	5.5	289,027	4.4	273,745	4.0	221,247	3.1
英語	203,598	3.2	187,281	2.8	238,288	3.5	300,417	4.3
其它	79,197	1.2	72,217	1.1	106,788	1.6	131,199	1.9
總計	6,417,739	100.0	6,640,344	100.0	6808,433	100.0	7,048,969	100.0

---

1. 這些數字不包括失去語言能力的人士。

表3 整體樣本三語使用均值統計

分項		2009	2014	2019		分項		2009	2014	2019
生活場合	與家人交談 粵語	4.90	4.82	4.84	工作場合	與同級交談	粵語	4.73	4.66	4.73
	英語	0.57	0.94	0.51			英語	1.18	1.59	1.03
	普通話	0.39	0.65	0.45			普通話	0.57	0.87	0.54
	與友人交談 粵語	4.93	4.80	4.81		與上級交談	粵語	4.53	4.49	4.59
	英語	0.99	1.35	1.00			英語	1.24	1.67	1.45
	普通話	0.59	0.87	0.67			普通話	0.37	0.60	0.47
	購物用語 粵語	4.97	4.90	4.89		與下級交談	粵語	4.77	4.73	4.81
	英語	0.41	0.79	0.56			英語	0.66	0.99	0.83
	普通話	0.21	0.48	0.32			普通話	0.39	0.64	0.44
	公共場所用餐 粵語	4.97	4.89	4.89		與業務對象交談	粵語	4.43	4.41	4.35
	英語	0.43	1.02	0.61			英語	1.72	2.13	1.94
	普通話	0.16	0.38	0.27			普通話	0.83	1.31	1.09
	收看電視收聽廣播 粵語	4.79	4.49	4.13		與服務對象交談	粵語	4.61	4.40	4.46
	英語	2.49	2.20	2.05			英語	2.00	2.15	1.74
	普通話	1.44	1.32	1.57			普通話	1.43	1.75	1.66
	文娛康樂活動 粵語	4.47	4.36	4.04		會議語言	粵語	4.53	4.51	4.64
	英語	2.53	2.25	2.08			英語	1.22	1.61	1.10
	普通話	1.54	1.32	1.62			普通話	0.37	0.70	0.43

表4　2009年、2014年和2019年三語受性別因素影響的項目比較

分項		2009		2014		2019	
		p值[2]	事後分析	p值	事後分析	p值	事後分析
與同級交談	粵	0.054#	無顯著差異	0.727#	無顯著差異	0.729#	無顯著差異
	英	0.007	男>女	0.850#	無顯著差異	0.812#	無顯著差異
	普	0.227#	無顯著差異	0.279#	無顯著差異	0.029	男<女
與上級交談	粵	0.022	男<女	0.632#	無顯著差異	0.969#	無顯著差異
	英	0.001	男>女	0.662#	無顯著差異	0.281#	無顯著差異
	普	0.246#	無顯著差異	0.985#	無顯著差異	0.328#	無顯著差異
與下級交談	粵	0.004	男<女	0.417#	無顯著差異	0.376#	無顯著差異
	英	0.000	男>女	0.577#	無顯著差異	0.291#	無顯著差異
	普	0.010	男>女	0.631#	無顯著差異	0.886#	無顯著差異
與業務對象交談	粵	0.882#	無顯著差異	0.498#	無顯著差異	0.215#	無顯著差異
	英	0.064#	無顯著差異	0.004	男>女	0.016	男<女
	普	0.151#	無顯著差異	0.612#	無顯著差異	0.367#	無顯著差異
與服務對象交談	粵	0.151#	無顯著差異	0.972#	無顯著差異	0.057#	無顯著差異
	英	0.083#	無顯著差異	0.823#	無顯著差異	0.003	男<女
	普	0.015	男<女	0.058#	無顯著差異	0.007	男<女
會議語言	粵	0.074#	無顯著差異	0.656#	無顯著差異	0.029	男<女
	英	0.019	男>女	0.404#	無顯著差異	0.694#	無顯著差異
	普	0.020	男>女	0.102#	無顯著差異	0.313#	無顯著差異

#：p值大於0.05，説明性別組間不存在顯著性差異。

---

2. 本文表格中的 p 值指的是顯著值。

表5 2009年、2014年和2019年粵語受年齡因素影響的項目比較

項目		2009		2014		2019	
		p值[3]	事後分析[4]	p值	事後分析	p值	事後分析
生活場合	家庭	0.017#	差異較小	0.478	差異較小	0.017#	差異較小
	友人	0.037#	差異較小	0.018#	60+ > 19–50	0.110	無顯著差異
	購物	0.000#	差異較小	0.045#	51+ > 19–40	0.267	無顯著差異
	用餐	0.035#	差異較小	0.011#	51-60 > 19–30	0.290	無顯著差異
	電視	0.024#	41–50 > 19–40	0.001#	51+ > 19–50	0.000#	31–60– > 19–30
	文娛	0.429	無顯著差異	0.043#	51+ > 19–30	0.000#	31+ > 19–30
工作場合	同級	0.121	無顯著差異	0.247	無顯著差異	0.429	無顯著差異
	上級	0.179	無顯著差異	0.141	無顯著差異	0.078	無顯著差異
	下級	0.004#	差異較小	0.510	無顯著差異	0.112	無顯著差異
	業務對象	0.438	無顯著差異	0.385	無顯著差異	0.012#	差異較小
	服務對象	0.186	無顯著差異	0.212	無顯著差異	0.062	無顯著差異
	會議	0.193	無顯著差異	0.048	51+ > 其他	0.862	無顯著差異

#：p值大於0.05，說明性別組間不存在顯著性差異。

---

3. 本文表格中的 p 值指的是顯著值。

4. 因為篇幅受限，本表格的事後分析採用縮寫形式，例如：「60-」代表 60 歲以下，「60+」則代表 60 歲以上。

表6 2009年、2014年和2019年粵語受職級因素影響的項目比較

項目		2009		2014		2019	
		p值[5]	事後分析[6]	p值	事後分析	p值	事後分析
生活場合	家庭	0.068	無顯著差異	0.134	差異較小	0.740	差異較小
	友人	0.000#	三＞一/二	0.000#	三＞一/二	0.156	無顯著差異
	購物	0.855	無顯著差異	0.296	無顯著差異	0.420	無顯著差異
	用餐	0.142	無顯著差異	0.420	無顯著差異	0.478	無顯著差異
	電視	0.001#	差異較小	0.008#	差異較小	0.010#	三＞二
	文娛	0.000#	三＞一/二	0.000#	差異較小	0.001#	三＞二
工作場合	同級	0.000#	三＞一/二	0.000#	三＞一/二	0.000#	三＞二
	上級	0.000#	三＞一/二	0.000#	三＞一/二	0.000#	三＞二
	下級	0.000#	三＞一/二	0.000#	三＞一/二	0.002#	三＞二
	業務對象	0.002#	三＞一	0.000#	三＞一/二	0.000#	三＞二
	服務對象	0.000#	三＞一/二	0.000#	三＞一/二	0.002#	三＞二
	會議	0.000#	三＞一/二	0.000#	三＞一/二	0.000#	三＞一/二

#：p值大於0.05，說明性別組間不存在顯著性差異。

---

5. 本文表格中的 p 值指的是顯著值。

6. 為使表格數據更簡明，本表格的事後分析採用縮寫形式。「職級一」代表行政管理人員及高級行政人員；「職級二」代表專業人士、輔助專業人士及中層管理人員；「職級三」代表一般文職、技術及非技術工作人員。

表7　2009年、2014年和2019年不同職級三語的使用均值統計

語言	年份	行政管理人員及高級行政人員	專業人士、輔助專業人士及中層管理人員	一般文職、技術人員
粵	2009	3.86	4.46	4.77
	2014	4.13	4.41	4.67
	2019	4.28	4.38	4.71
英	2009	2.00	1.81	1.03
	2014	2.37	1.94	1.41
	2019	1.93	2.05	1.03
普	2009	1.11	0.71	0.57
	2014	1.49	1.02	0.87
	2019	1.10	0.86	0.71

表8　2014年和2019年職業類別的均值統計

行業/年份	受訪人數		粵語		英語		普通話	
	2014	2019	2014	2019	2014	2019	2014	2019
建築業	48	16	4.33	4.87	2.18	1.99	1.16	0.59
工業/工程業	61	53	4.41	4.55	1.59	1.34	1.00	0.83
進出口、批發及零售業	242	194	4.64	4.61	1.54	1.13	1.09	0.95
運輸、倉庫及速遞服務業	61	48	4.53	4.66	1.77	0.72	0.98	0.83
住宿及膳食服務業	90	131	4.87	4.59	1.08	1.01	0.73	0.84
資訊及通訊業	82	45	4.41	4.52	2.20	1.91	0.98	0.65
金融及保險業	107	42	4.36	4.34	2.04	2.00	1.22	1.09
地產、專業及商務服務業	137	118	4.50	4.37	1.66	2.20	0.92	0.85
教育、醫療及社工	131	146	4.46	4.54	1.72	1.85	0.79	0.75
雜項及個人服務	40	131	4.76	4.94	0.98	0.30	0.47	0.39

表9　2009年、2014年和2019年語言態度數據統計[7]

分項		2009		2014		2019	
		人數	比率	人數	比率	人數	比率
非工作場合最佳表達語言	粵	959 (943)	95.5	946 (932)	94.5	974 (970)	96.2
	英	32 (26)	3.2	29 (21)	2.9	10 (8)	1.0
	普	11 (4)	1.1	23 (5)	2.3	26 (4)	2.6
工作場合最佳表達語言	粵	903 (889)	89.9	898 (875)	89.7	910 (900)	89.8
	英	79 (73)	7.9	81 (72)	8.1	70 (65)	6.9
	普	19 (11)	1.9	21 (12)	2.1	31 (17)	3.1
粵語重要性	根本不使用也可	2 (2)	0.2	0	0	0	0
	非常不重要	2 (2)	0.2	0	0	2 (2)	0.2
	較不重要	10 (8)	1.0	8 (7)	0.8	27 (26)	2.7
	一般	75 (73)	7.5	59 (54)	5.9	120 (111)	11.8
	較重要	232 (222)	23.1	147 (135)	14.7	300 (291)	29.6
	非常重要	683 (667)	68.0	787 (764)	78.6	564 (554)	55.7
粵語實用性	無任何用處	7 (7)	0.7	5 (5)	0.5	0	0
	不太有用	9 (9)	0.9	6 (5)	0.6	1 (1)	0.1
	較有用	25 (22)	2.5	19 (16)	1.9	34 (33)	3.4
	一般	165 (161)	16.4	72 (68)	7.2	150 (142)	14.8
	較有用	229 (218)	22.8	171 (162)	17.1	285 (278)	28.1
	非常有用	569 (557)	56.7	728 (704)	72.7	543 (530)	53.6
對粵語的期待程度	流利準確地使用	775 (757)	77.2	743 (721)	74.2	774 (756)	76.4
	能進行一般交際	150 (141)	14.9	136 (123)	13.6	166 (156)	16.4
	能聽懂	25 (25)	2.5	27 (25)	2.7	25 (24)	2.5
	沒甚麼要求	54 (51)	5.4	94 (90)	9.4	48 (48)	4.7

---

7. 本表括號中列出的是粵語為單一母語組別的數據。

表10　2009年、2014年和2019年非粵語母語者在工作和生活場合粵語使用均值統計

	項目	2009	2014	2019		項目	2009	2014	2019
生活場合	與家人交談	3.65	2.47	2.10	工作場合	與同級交談	3.38	3.63	3.31
	與友人交談	3.77	3.16	2.86		與上級交談	3.16	3.53	3.52
	外出購物	4.42	4.08	4.00		與下級交談	3.29	3.79	3.00
	公共場所用餐	4.50	4.05	3.97		與業務對象交談	3.00	3.41	3.27
	收看收聽電視電台	3.62	2.95	2.97		與服務對象交談	3.17	3.41	4.00
	參加文娛康樂活動	3.38	3.32	2.97		參加會議	2.91	3.09	3.63

表11　2013–2016年度《施政報告》就少數族裔的語文問題提出的政策

年份	政策目標	具體措施
2013	不少少數族裔人士在香港土生土長，但不會讀寫中文，一直未能融入社會。我們將加強各種支援，為少數族裔學生提供更有效學好中文的機會，培養新一代香港人，不問原居地、不分族裔和宗教信仰，都以香港為家，融入社會。（第130段）	為鼓勵婦女終身學習，政府在本年度開始把「自在人生自學計劃」常規化，並將會開辦以英語及普通話授課的課程，讓少數族裔及新來港婦女報讀。（第128段）
2014	香港有超過6萬名南亞裔居民，比10年前增加50%。礙於文化、語言及種族差異，要全面融入社會有相當困難。政府會加強教育和就業支援。（第74段） 絕大多數南亞裔香港居民均以香港為永久居住地。他們要融入香港社會，開展個人事業，需要提高中文的聽、講、讀、寫水平。政府會在幼兒教育至中小學階段加強支援少數族裔學習中文。（第75段）	幼兒教育方面，教育局會增加取錄少數族裔兒童的幼稚園的校本支援服務，並總結經驗，與更多幼稚園分享。由於中文並非少數族裔學生的母語，教育局會在中小學課程設計和教學模式方面作特別安排。由2014/15學年起，政府會在中小學為少數族裔學生提供「中國語文課程第二語言學習架構」，特別設計教材和評估工具。為此，政府會由2014/15學年起每年提供約2億元的撥款，加強校內支援，例如採用密集教學模式，提升小學低年級少數族裔學生的中文基礎，以協助他們稍後融入主流中文課堂。同時，教育局為學校提供校本專業支援服務和在職專業發展計劃，提升學校和教師教授「中文作為第二語言」的專業能力。（第76段） 教育局會於2014/15學年在高中分階段，為少數族裔學生提供應用學習（中國語文）科目，內容與資歷架構第一至三級掛鈎。教育局亦正發展職業中文課程，為已離校的少數族裔人士加強就業能力。（第77段） 政府支持各行各業增聘少數族裔人士。公務員事務局會繼續與各部門跟進檢討和修訂語文能力要求，在不影響職系工作的前提下，確保少數族裔人士在投考政府職位時繼續享有平等機會。（第78段）

（表11，接下頁）

年份	政策目標	具體措施
2015	加強支援非華語學生學習中文。（第129段）	教育局已開始為中小學提供「中國語文課程第二語言學習架構」和支援教學材料，並於本學年開始在高中分階段提供與資歷架構掛鈎的應用學習中文課程。我們亦會加強校本專業支援和教師專業培訓，並已推出教師專業進修津貼計劃，及大幅增加學校的額外撥款，協助推行「學習架構」和建構共融校園。（第129段） 去年建議在葵青區開設的服務中心已展開服務，並聘用少數族裔人士，提供進一步支援。（第130段） 僱員再培訓局會在2015–16年度為新來港人士及少數族裔人士，分別提供1,300個及800個專設課程培訓名額，提高他們的就業機會。（第131段）
2016	政府決定由2017/18學年起，落實免費優質幼稚園教育政策，循多方面提升教育質素。（第188段）	措施如下：……(5) 加強照顧有經濟需要的學童、非華語學童及有不同學習需要的學童……（第188段）

表12 　2017年兩份《施政報告》中有關支援少數族裔學習中文的措施

發表時間	對象	政策目標	具體措施
2017年1月	少數族裔、非華語學生	少數族裔要融入社會，首要是學好中文。（第167段）	政府兩年前在中小學開始實施「中國語文課程第二語言學習架構」。由下一個學年開始，政府將向每間錄取8名或以上非華語學生的合資格幼稚園增撥資源，協助非華語學生打好中文基礎。（第167段）
			政府會邀請語文教育及研究常務委員會（語常會）考慮運用語文基金，為幼稚園教師提供中、英語文專業發展課程，包括教授非華語學生學習中文。（第205段）
2017年10月	少數族裔、非華裔居民、非華語學生	現時香港有數十萬非華裔居民，包括超過8萬名南亞裔居民。他們當中有部分由於語言障礙和文化差異，在適應和融入社會方面遇到不少困難。政府透過制訂相關法例，及加強就業和其他支援服務，希望協助少數族裔人士享有平等機會，融入香港社會。（第197段）	為幫助非華語學生有系統地學好中文，融入社羣，教育局自2014/15學年為小學和中學實施「中國語文課程第二語言學習架構」（「學習架構」），並持續觀察學校運用「學習架構」的實際情況，就在課程規劃、學習、教學及評估等方面取得第一手資料與專家學者及教師討論交流，以評估「學習架構」的成效，過程中亦會吸納少數族裔學生家長和相關機構的意見。（第199段）
			為向少數族裔提供更多加入政府工作的機會，公務員事務局已着手統籌全面檢視各公務員職系的中文語文能力入職要求，預計明年年初完成。此外，為進一步支援及協助少數族裔融入社會，培養正向價值觀，警務處將推出一個恆常的跨紀律部隊少數族裔青少年訓練計劃，為少數族裔青少年提供紀律、體能及團隊訓練。（第200段）

表13　2018年《施政報告》中有關支援少數族裔的要點

政策目標	具體措施
少數族裔人士是香港大家庭的一分子。政府一直致力透過不同措施，為少數族裔人士提供支援，讓他們享有平等機會，協助他們融入社會。（第242段）	**第243段：** 成立了少數族裔事務督導委員會，由政務司司長出任主席，以加強政府跨局/部門就支援少數族裔人士的內部協作。 **第244段：** (1)　優化《促進種族平等行政指引》以適用於所有為少數族裔人士提供服務的政策局、部門和有關機構，並加強公務員有關文化敏感度的培訓。民政事務總署也會提升「融匯中心」的傳譯及翻譯服務； (2)　教育局會持續推行「中國語文課程第二語言學習架構」（「學習架構」），並監察其落實的情況。此外，教育局會在2019/20至2021/22三個學年，繼續委託專上院校為錄取非華語學生的中小學及幼稚園提供校本支援服務，提升教師專業能力，並因應非華語學生學習的需要，參考「學習架構」以調適校本課程、學與教及評估的安排，讓非華語學生更有效學習中文。教育局將會由2019/20學年起，為參加幼稚園教育計劃的學校按其錄取的非華語學生數目提供分為五個層階的資助，讓學校為非華語學生提供更適切的支援，協助他們學習中文，並建構多元文化和共融的環境等。此外，教育局會提供額外資源，支援公營普通中小學有特殊教育需要的非華語學生，以及協助非華語學生在中學學習中國歷史。 (3)　勞工處將加強人手，推行試點計劃，通過非政府機構以個案管理方式為少數族裔求職人士提供就業服務。僱員再培訓局亦會針對少數族裔人士的需要，擴展相關的中文及特定行業培訓課程，並在收生的準則加入更大的彈性。此外，紀律部隊亦會加強招聘及外展的工作，鼓勵少數族裔人士加入紀律部隊。 (4)　社署將委託非政府機構設立專責外展隊，主動接觸及協助有需要的少數族裔人士家庭，與主流福利服務聯繫。社署亦會加強預防及支援服務，協助少數族裔人士對抗家庭暴力及性暴力。此外，該署亦會於部分殘疾人士家長/親屬資源中心設立少數族裔專屬單位，以及向特殊幼兒中心及早期教育及訓練中心提供更多資源，加強對有需要的少數族裔家庭的支援。 (5)　民政事務總署會在地區層面舉辦更多推動少數族裔與本地社羣溝通和交流的活動。此外，該署亦會加強各個少數族裔人士支援服務中心的服務，尤其為新來港少數族裔人士及青年人而設的服務。紀律部隊亦會透過其到校外展及少年警訊的活動，增加與少數族裔兒童及青少年的互動。

表14　香港現有非華語小學生中文教材可借鑑之處

分類	可借鑑處
語法教學策略	根據校本項目的語法學習大綱、語法難易度的問卷調查結果，規劃語法學習進程，並把相關知識滲透入課文之中。
字詞教學策略	根據《非華語小學生的學習字詞表》規劃字詞學習進程； 結合主題內容，輸入筆順、筆劃、字形結構等知識； 加入文字演變及筆順示範； 在初小階段為重點字詞增設粵語拼音或/及英文翻譯，但在中小、高小階段應逐步減少； 增加聲旁教學的內容； 視乎學生能力，要求配合字詞卡組詞。
閱讀教學策略	閱讀理解題目，並可以討論方式提問高層次題目； 加入關於文章理解的問題，並以以說帶寫的方式，訓練學生的表達能力。
寫作教學策略	設立不同層次的寫作題目，使學生既可以得到成功感，又可以逐步提升寫作能力； 待學生所學知識積累至一定水平，教材可就特定題目設計「圖式結構」外，還可以就不同文體設計數種常見、通用的「圖式結構」，協助學生遷移所學； 配合字詞卡造句。
教材設計	循序漸進地擴闊主題範疇，多採用與生活相關的主題內容； 設計與課文、學習目標相應的練習、活動，並逐步提高練習所要求的能力層次； 除中國文化外，可考慮滲入多國的背景資訊、文化知識，以及加入文化對照的元素； 為課文/字詞 繪製/搜尋 配合的圖片，增加吸引力； 設計字詞卡，但可結合字形、字音、音義； 以簡單的中文列出題目指示，初小階段可考慮附有提示及/或例題，如解說「……一邊……一邊…...」時，可以加入時序線，或為例句加入圖畫說明。
課後跟進	培養學生的自學能力； 設計延伸的手工作業，要求學生繪畫、依筆順書寫、造句，循序漸進地增強寫作能力。

表15 1998–2018年度語常會推廣的中文（包含粵語）和普通話的活動

年度	推廣中文（包含粵語）	推廣普通話
1998/99	支援母語教學措施獲同意撥款	—
1999/00	—	以普通話作為中國語文科教學語言 普通話暑期沉浸課程資助計劃
2000/01	—	普通話暑期沉浸課程資助計劃
2001/02	—	—
2002/03	—	語常會誠邀各界申請語文基金推廣普通話活動
2003/04	—	—
2004/05	—	語常會普通話節
2005/06	—	語常會邀請各界申請資助以舉辦大型推廣普通話活動
2006/07	語常會首創「睇電視學辯論」	語常會普通話節新增教師戲劇培訓及普通話電視節目 全新電視節目分享學習普通話心得
2007/08	語常會全力支持「趕走懶音」	語常會邀請各界申請資助舉辦全港推廣普通話活動
2008/09	語常會獲支持延續「懶音逐個捉」熱潮	語常會藉旅遊培訓鼓勵中學生多用普通話 協助香港中、小學推行「以普通話教授中國語文科」計劃（已於2013/14學年結束）
2009/10	語常會辦小學生日營推廣粵語正音	語常會全新電台節目推廣普通話 語常會推廣活學活用普通話
2010/11	—	「香港任我行」學生普通話服務業推廣大使培育計劃 全港中小學普通話歌唱比賽 全港中小學普通話演講比賽 全港小學普通話話劇比賽 中學生普通話廣播劇訓練及比賽普通話語言藝術系列講座及工作坊

（表 15，接下頁）

年度	推廣中文（包含粵語）	推廣普通話
2011/12	—	「香港任我行」學生普通話服務業推廣大使培育計劃 全港中小學普通話演講比賽 香港小學生中國語言文化增潤活動 中學生普通話廣播劇訓練及比賽 全港小學普通話話劇比賽 AIA求職王語文比賽
2012/13	小作家培訓計劃 中國中學生作文大賽（香港賽區） 支援非華語兒童學習中文試驗計劃	小學生普通話互動式音樂戲劇巡迴演出 香港小學生中國語言增潤活動 全港中小學普通話演講比賽
2013/14	小作家培訓計劃 全港中學生寫·作·樂計劃 輕鬆散步學中文 支援非華語兒童學習中文計劃 中國中學生作文大賽（香港賽區）	綠化我家嘉年華 全港中小學普通話演講比賽
2014/15	小作家培訓計劃 全港中學生寫·作·樂計劃 輕鬆散步學中文 支援非華語兒童學習中文計劃 2014–2015中國中學生作文大賽（香港賽區） 開始推行語文教師專業發展獎勵津貼計劃 開始推行「教授中文作為第二語言」專業進修津貼計劃	第十七屆全港中小學普通話演講比賽 全港小學生普通話電台廣播劇比賽 《一個不錯的錯誤》小學巡迴教育劇場及《逃出墨汁》中學巡迴教育劇場 中學巡迴劇場《異口同聲》
2015/16	小作家培訓計劃 探險時間——文字偵探計劃 讀寫我城：初中學生文學景點考察 2015–2016中國中學生作文大賽（香港賽區） 開展「幼兒中、英文發展計劃」 支援非華語兒童學習中文計劃 已離校非華語人士職業中文課程	香港高中學生普通話演講大賽 小嘴巴·說大道理——普通話電台講故事比賽 第十八屆全港中小學普通話演講比賽中、小學巡迴教育劇場 中學巡迴劇場《上集「型男宅急便」(2015)》

（表15，接下頁）

年度	推廣中文（包含粵語）	推廣普通話
2016/17	小作家培訓計劃 探險時間——文字偵探計劃 讀寫我城：初中學生文學景點考察 支援非華語兒童學習中文計劃 已離校非華語人士職業中文課程	香港高中學生普通話演講大賽 中、小學巡迴教育劇場 中學巡迴劇場——下集《情迷上海灘》（2016） 小嘴巴・説大道理——普通話電台講故事比賽 第十九屆全港中小學普通話演講比賽
2017/18	小作家培訓計劃 筆述我城他與她：初中學生文學景點考察 童詩童畫——小學童詩繪畫巡迴創作坊 探險時間——文字偵探計劃 II 邊讀・邊煮・邊寫 詩歌舞動小戲台及兒童文學走走看看 【字遊香港】全港中小學生旅遊大使選拔賽及【領略詞中物】故事編寫大賽 支援非華語兒童學習中文計劃 已離校非華語人士職業中文課程	《戲劇夢飛行》——學生普通話戲劇推廣大使培育計劃 香港中學生普通話演講大賽2019 「語言路・文化緣」普通話國際交流活動 中、小學巡迴教育劇場 中學巡迴劇場 小嘴巴・説大道理——普通話電台唐宋詩詞廣播劇比賽 《樂在普通話之火鳳三國羣英傳》學校巡迴戲劇演出 第二十屆全港中小學普通話演講比賽
2018/19	小作家培訓計劃 筆述我城他與她：初中學生文學景點考察 童詩童畫——小學童詩繪畫巡迴創作坊 探險時間——文字偵探計劃 II 邊讀・邊煮・邊寫 詩歌舞動小戲台及兒童文學走走看看 【字遊香港】全港中小學生旅遊大使選拔賽及【領略詞中物】故事編寫大賽 支援非華語兒童學習中文計劃 已離校非華語人士職業中文課程	《戲劇夢飛行》——學生普通話戲劇推廣大使培育計劃 香港中學生普通話演講大賽2019 「語言路・文化緣」普通話國際交流活動 中小學巡迴教育劇場 中學巡迴劇場 小嘴巴・説大道理——普通話電台唐宋詩詞廣播劇比賽 《樂在普通話之火鳳三國羣英傳》學校巡迴戲劇演出 第二十一屆全港中小學普通話演講比賽2019

圖1 2009年粵語使用受年齡變項影響的均值分佈

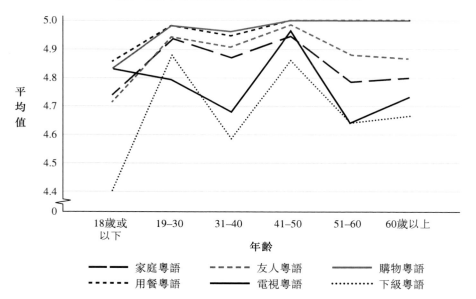

圖例：
家庭粵語　　　友人粵語　　　購物粵語
用餐粵語　　　電視粵語　　　下級粵語

圖2 2014年粵語使用受年齡變項影響的均值分佈

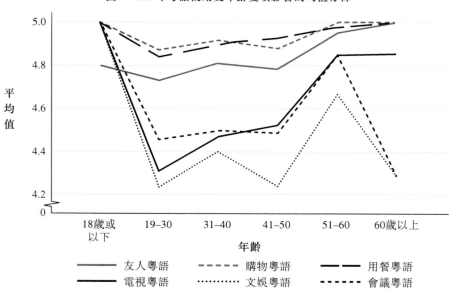

圖例：
友人粵語　　　購物粵語　　　用餐粵語
電視粵語　　　文娛粵語　　　會議粵語

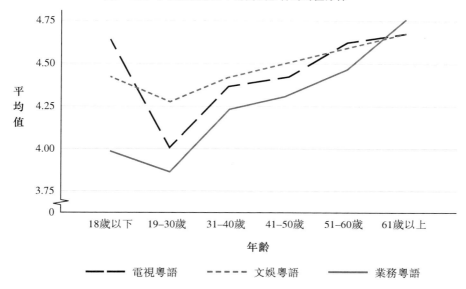

圖3　2019年粵語使用受年齡變項影響的均值分佈

平均值

年齡

電視粵語　　　文娛粵語　　　業務粵語

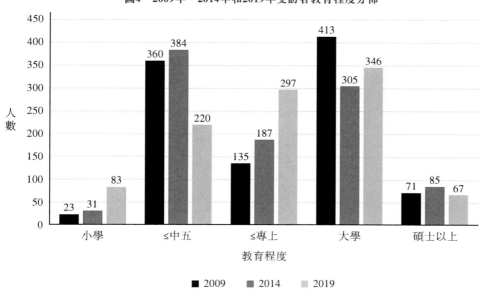

圖4　2009年、2014年和2019年受訪者教育程度分佈

人數

小學　　　≤中五　　　≤專上　　　大學　　　碩士以上

教育程度

■ 2009　■ 2014　□ 2019

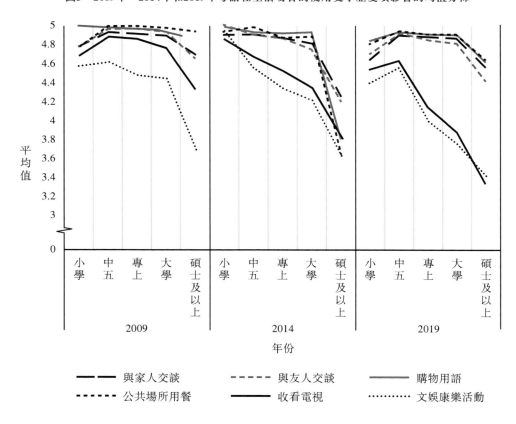

圖5　2009年、2014年和2019年粵語在生活場合的使用受學歷變項影響的均值分佈

圖6　2009年、2014年和2019年粵語在工作場合的使用受學歷變項影響的均值分佈

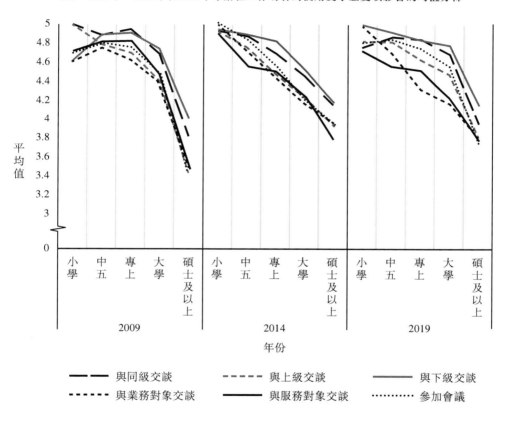

圖7　2019年工作場合三語使用量受學歷變項影響的均值分佈

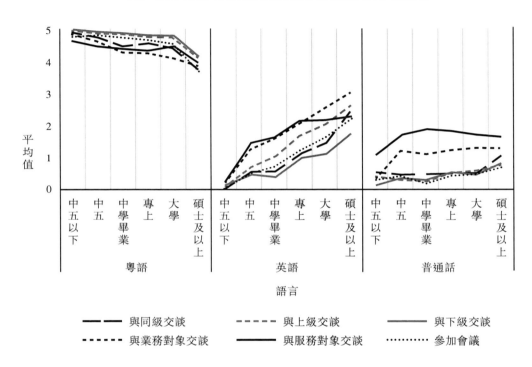

平均值

5
4
3
2
1
0

中五以下　中五　中學畢業　專上　大學　碩士及以上
粵語

中五以下　中五　中學畢業　專上　大學　碩士及以上
英語

中五以下　中五　中學畢業　專上　大學　碩士及以上
普通話

語言

————　與同級交談　　- - - - -　與上級交談　　————　與下級交談

· · · · · · · ·　與業務對象交談　　————　與服務對象交談　　· · · · · · · · · ·　參加會議

參考文獻

中文參考資料

工業貿易署（2003）:《內地與香港關於建立更緊密經貿關係的安排（2003）》。香港特別行政區。

公務員事務局（2017）:《入職要求》。香港特別行政區。

牛津中國語文編輯組（2011）:《啟思新編中國語文》。香港:牛津大學出版社。

王培光（2004）:〈社會語言環境與語言規劃的六個方向 —— 以香港的語言環境為例〉,《中國社會語言學》,第一期,頁 81–87。

世界貿易組織（2013）:《全球貿易數據與展望》（World Trade Report 2013）, https://www.wto.org/english/res_e/booksp_e/wtr13-2c_e.pdf,瀏覽日期:2020 年 4 月 30 日。

平等機會委員會（2012）:《有關南亞裔人士對種族之間接觸及歧視經驗的研究》, http://www.eoc.org.hk/EOC/GraphicsFolder/InforCenter/Research/content.aspx?ItemID=10125&mode=cc,瀏覽日期:2020 年 4 月 30 日。

田小琳（1997）:〈香港詞彙研究初探〉,《語言文字應用》,第二期,頁 12–13。

田小琳（2001）:〈試論香港回歸中國後的語文教育政策〉,《語言文字應用》,第一期,頁 73–81。

石定栩（2015）:〈語文正解・序〉,見梁慧敏《語文正解》序言部分,頁 1–5。香港:三聯書店（香港）。

石定栩、王燦龍、朱志瑜（2002）:〈香港書面漢語句法變異:粵語的移用、文言的保留及其他〉,《語言文字應用》,第三期,頁 22–32。

石定栩、邵敬敏、朱志瑜（2014）:《港式中文與標準中文的比較》（第二版）。香港:香港教育圖書公司。

立法會（2015）:《香港社會服務聯會交立法會扶貧小組委員會「少數族裔的貧窮問題」意見書》,扶貧小組委員會討論文件,2015 年 11 月 24 日。香港特別行政區。

立法會（2016）:《2015 年 4 月 13 日會議就「以普通話教授中國語文科的政策」的跟進資料》，教育事務委員會討論文件，2016 年 7 月 2 日。香港特別行政區。

立法會（2017）:《為少數族裔人士提供的就業支援服務》，www.legco.gov.hk/yr16-17/chinese/hc/sub_com/hs52/papers/hs5220170109cb2-518-1-c.pdf，瀏覽日期：2020 年 4 月 30 日。

立法會教育事務委員會（2015）:《香港學生中、英語文水平及微調中學教學語言安排事宜》（2015 年 12 月 14 日），文件編號 CB(4)321/15-16(01)。香港特別行政區。

全國人民代表大會（1982）:《中華人民共和國憲法》。中華人民共和國。

全國人民代表大會常務委員會（2000）:《中華人民共和國國家通用語言文字法》。中華人民共和國。

何克抗（2002）:《教育技術學》。北京：北京師範大學出版社。

何國祥、張本楠、郭思豪、鄭崇楷、張國松、劉慧（編）（2005）:《香港普通話科教學：理論與實踐》。香港：三聯書店（香港）。

免費幼稚園教育委員會（2015）:《更新中國語文教育學習領域課程（小一至中六）諮詢簡介》。香港特別行政區。

吳疆（2007）:《現代教育技術與綜合學科課程整合方法與實踐》。北京：人民郵電出版社。

宋欣橋（2018）:〈淺論香港普通話教育的性質與發展〉，載《集思廣益（四輯）：普通話學與教經驗分享》，小學普通話教學資源課程配套資料。香港：教育局。

岑紹基、張燕華、張群英、祁永華、吳秀麗（2012）:〈香港少數族裔學生學習中文的困難〉，載叢鐵華等編《香港少數族裔學生學習中文的研究：理念、挑戰與實踐》。香港：香港大學出版社。

岑紹基、叢鐵華、張群英、李潔芳（2012）:〈課程設計理念及教材發展〉，載叢鐵華等編《香港少數族裔學生學習中文的研究：理念、挑戰與實踐》，香港：香港大學出版社。

扶貧委員會（2019）:《2019 年施政報告》扶貧助弱新措施簡介，「社會福利（13）」（文件第 4/2019-20 號），第三屆扶貧委員會第七次會議，2019 年 10 月 29 日。香港特別行政區。

李貴生（2006）:〈香港粵語的定位與教學語言問題〉，發表於「兩岸四地語文政策國際學術研討會」，2016 年 5 月 11 日 –12 日，廈門大學、香港理工大學主辦。

李貴生、梁慧敏（2010）:〈香港工作場所中三語使用的初步調查〉，《中國語文研究》，第 29 期，頁 97–110。

李楚成（2003）:〈香港粵語與英語的語碼轉換〉，載《外語教學與研究》，35 卷 1 期，頁 13–20。

李楚成、梁慧敏（2018a）：〈香港報章中的中英語碼轉換現象〉，載於中國教育部語言文字資訊管理司編《中國語言生活狀況報告（2018）》，頁 243–247。北京：商務印書館。

李楚成、梁慧敏（2018b）：〈香港南亞裔學生學習中文的研究調查及政策建議〉，《中國社會語言學》，第 2 期，頁 113–132。

李楚成、梁慧敏（2020）：〈香港「兩文三語」格局：挑戰與對策建議〉，《語言戰略研究》，第 5 卷第 1 期，頁 46–58。

李楚成、黃倩萍、梁慧敏、黃得森（2015a）：《香港 1990 年代中期報章副刊語料庫》（Hong Kong Mid-1990s Newspaper Column Corpus），網址：http://concord.pythonanywhere.com。

李楚成、梁慧敏、黃倩萍、黃得森（2015b）：〈香港粵語「單音節促發論」分析 —— 語言接觸下的新視角〉，《中國社會語言學》，第 24 卷第 1 期，頁 96–108。

李潔芳、戴忠沛、容運珊（2018）：〈趣味摺紙與主題教學：探究趣味摺紙活動在非華語學生中文課堂的應用〉，《國際中文教育學報》，第 4 期，頁 69–93。

李燕、康加深（1993）：現代漢語形聲字聲符研究，陳原主編，《現代漢語用字信息分析》。上海：上海教育出版社。

祁永華（2012）：〈有關的歷史和社會脈絡〉，載謝錫金、祁永華、岑紹基編《非華語學生的中文學與教：課程、教材、教法與評估》。香港：香港大學出版社。

邵敬敏、石定栩（2006a）：〈港式中文的變異特點及其形成機制〉，載何大安、張洪年、潘悟雲、吳福祥編《山高水長：丁邦新先生七秩壽慶論文集》，頁 625–644。台灣：中央研究院語言學研究所。

邵敬敏、石定栩（2006b）：〈「港式中文」與語言變體〉，《華東師範大學學報》，第二期，頁 84–90。

周有光（1978）：〈現代漢字中聲旁的表音功能問題〉，《中國語文》，第三期，頁 172–177。

周有光編（1971）：《新華字典》修訂重排本。北京：商務印書館。

周柏勝、劉藝（2003）：〈從教師、學生與學校的課程論香港推普問題〉，《語言文字應用》，第一期，頁 27–34。

林建平（2007）：〈香港普通話教育的現狀與展望〉，《第三屆全國普通話水平測試學術研討會論文集》。北京：語文出版社。

林建強（2018）：〈香港南亞族裔警務人員今與昔〉，2018 年 10 月 8 日，《香港商報》。

林偉業（2014）：〈非華語幼兒中文學習有效策略〉，《無酵餅 ——「中文為第二語言」教與學初探》，頁 192–207，香港融樂會。

林偉業、張慧明、許守仁（2013）：《飛越困難一起成功：教授非華語學生中文的良方》。香港：香港大學教育學院中文教育研究中心。

林偉業、張慧明、鄺麗雯、江雅琪（2015）:〈以說帶讀 —— 以說話策略打開閱讀之門〉，載張慧明、林偉業主編《從無助到互助:教授非華語小學生中文教師手冊》，頁 44–59。香港:香港大學教育學院。

建造業議會、建造業訓練委員會（2017）:《建造業訓練委員會進展報告》，編號 CIC/CTB/R/004/17，2017 年 8 月。香港特別行政區。

胡永利（2007）:〈香港廣州兩地大學生的粵語發音調查報告〉，載林亦、余瑾編《第十一屆國際粵方言研討會論文集》，頁 183–189。南寧:廣西人民出版社。

政制及內地事務局（2019）:《粵港澳大灣區發展規劃綱要》，2019 年 2 月。香港特別行政區。

政府新聞公報（2014）:《立法會二十二題:港人英語水平》，2014 年 12 月 3 日。香港特別行政區。

政府新聞公報（2018）:《立法會二十一題:採用普通話作為中小學中國語文科的教學語言》，2018 年 2 月 7 日。香港特別行政區。

政府新聞公報（2009）:《行政長官宣佈計劃推動六項優勢產業》，2009 年 10 月 14 日。香港特別行政區。

韋志成（1996）:《語文教學藝術論》。南寧:廣西教育出版社。

香港中文大學（2016）:《中大香港亞太研究所民調:逾八成人贊成中小學教普通話對教授簡體字則意見分歧》，新聞稿，2016 年 3 月 3 日。

香港中文大學（2019）:《粵音水平測試》，香港中文大學專業進修學院，www.cantonesepronunciation.org/main/courseInfo/levelTesting.html，瀏覽日期:2020 年 4 月 30 日。

香港考試及評核局（2017）:「香港中學文憑試乙類:應用學習科目」。香港特別行政區。

香港便覽（2016）:「新市鎮、新發展區及市區發展計劃」，https://wcdc.www.gov.hk/tc/about/abouthk/factsheets/docs/towns&urban_developments.pdf，瀏覽日期:2020 年 4 月 30 日。

香港便覽（2019）:「旅遊業」，www.gov.hk/tc/about/abouthk/factsheets/docs/tourism.pdf，瀏覽日期:2020 年 4 月 30 日。

香港政府（1984）:《法定語文條例》。香港:政府印務局。

香港政務司司長辦公室（2019）:《全面支援少數族裔》，2019 年 10 月 27 日。香港特別行政區。

香港旅遊發展局（2019）:《2019 年 12 月訪港旅客統計》。香港特別行政區。

香港旅遊發展局（2020）:《2020 年 1 月訪港旅客統計》。香港特別行政區。

香港特別行政區（1997）:《中華人民共和國香港特別行政區基本法》。香港:政府印務局。

香港特別行政區政府（1997）：《一九九七年施政報告》。香港。

香港特別行政區政府（1998）：《一九九八年施政報告》。香港。

香港特別行政區政府（1998）：《一九九八年施政報告工作進度報告》。香港。

香港特別行政區政府（1999）：《一九九九年施政報告》。香港。

香港特別行政區政府（2001）：《二零零一年施政報告》。香港。

香港特別行政區政府（2005）：《二零零五年施政報告》。香港。

香港特別行政區政府（2010）：《二零一零年施政報告》。香港。

香港特別行政區政府（2011）：《二零一一年施政報告》。香港。

香港特別行政區政府（2013）：《二零一三年施政報告》。香港。

香港特別行政區政府（2014）：《二零一四年施政報告》。香港。

香港特別行政區政府（2015）：《二零一五年施政報告》。香港。

香港特別行政區政府（2016）：《二零一六年施政報告》。香港。

香港特別行政區政府（2017）：《二零一七年施政報告》，2017 年 1 月。香港。

香港特別行政區政府（2017）：《二零一七年施政報告》，2017 年 10 月。香港。

香港特別行政區政府（2017）：《深化粵港澳合作推進大灣區建設框架協議》，2017 年 7 月 1 日。國家發展和改革委員會、廣東省人民政府、香港特別行政區政府、澳門特別行政區政府。

香港特別行政區政府（2018）：《二零一八年施政報告》。香港。

香港特別行政區政府（2019）：《二零一九年施政報告》。香港。

香港教育出版社中國語文編輯組（2011）：《我愛學語文》。香港：教育出版社。

香港理工大學（2019）：《中英對照常用專業詞彙庫》（English-Chinese Terminology Database），網址：www.polyu.edu.hk/clc/app/glossary/。香港理工大學中文及雙語學系、中國語文教學中心。

香港統計處（2000）：《二零零零年人力培訓及工作技能需求機構單位統計調查報告》。香港特別行政區。

香港統計處（2012）：《二零一一年人口普查簡要結果》。香港特別行政區。

香港統計處（2015）：《二零一四年香港少數族裔人士貧窮情況報告》。香港特別行政區。

香港統計處（2017）：《二零一六年中期人口統計》。香港特別行政區。

香港統計處（2018）：《二零一六年香港少數族裔人士貧窮情況報告》，2018 年 2 月。香港特別行政區。

香港語言學學會 (2019)：「粵音朗讀測試新聞稿」，2019 年 10 月 3 日。香港：香港語言學學會。

香港樂施會 (2014)：《低收入家庭南亞裔幼稚園學生的中文學習挑戰研究調查》。香港：樂施會。

香港樂施會 (2016)：《中小學為非華語學生提供中文學習支援的研究調查》。香港：樂施會。

香港融樂會 (2015)：《探討香港非華語學生於本地就讀專上教育機會的研究報告》。香港：融樂會。

香港融樂會 (2016)：「少數族裔家長回應《學前教育課程指引》的修訂建議」。香港：融樂會。

香港融樂會 (2018)：《香港少數族裔學生的中文學與教 —— 全面評鑑 2006–2016》。香港：融樂會。

祝新華 (2012)：〈閱讀能力層次及其在評估中的運用〉，發表於「促進學生閱讀能力的評估：提問與回饋研討會」。香港：教育局課程發展處。

祝新華、陳瑞端、溫紅博 (2012)：〈十年間香港大學生普通話水平的發展變化 —— 基於香港理工大學的十年考試數據〉，《語言文字應用》，2012 年 12 月，頁 58–66。

唐秀玲、莫淑儀 (2000)：〈普通話科的朗讀怎樣教〉，載於唐秀玲、莫淑儀、張壽洪、盧興翹編，《怎樣教好普通話：香港中小學普通話教學法》，頁 95–109。香港：商務印書館。

唐秀玲、莫淑儀、張壽洪、盧興翹 (2000)：《怎樣教好普通話：香港中小學普通話教學法》。香港：商務印書館。

唐秀玲、莫淑儀、張壽洪、盧興翹 (2006)：《普通話教學法：新世界的思考和實踐》。香港：香港教育圖書有限公司。

徐大明、陶紅印、謝天蔚 (1997)：《當代社會語言學》。北京：中國社會科學出版社。

朗文中國語文編輯委員會 (2011)：《學好中國語文》。香港：朗文出版社。

袁振華 (2007)：《香港南亞裔學生中文學習的困境及對策研究》，未出版博士論文。武漢：華中師範大學。

袁振華、曾潔 (2012)：〈香港非華語小學生中文學習評估研究〉，發表於「第十一屆台灣華語文教學年會暨國際學術研討會」。台灣：台灣師範大學。

陳章太 (2015)：《語言規劃研究》。北京：商務印書館。

陳雄根（1999）：〈粵音與香港母語教學 —— 香港中文大學中國語言及文學系粵音水平測試計劃簡介〉，《中國語文通訊》(51)，頁 9–11。

陳瑞端（2014）：〈香港社會語言文字應用及變化〉，載於教育部語言文字資訊管理司編《中國語言生活狀況報告（2013）》，頁 295–302。北京：商務印書館。

陳瑞端（2016）：〈普通話在香港語言生活中的定位問題〉，《語言戰略研究》，第 4 期。

陳瑞端、祝新華（2010）：《小學普通話水平考試研究》。香港：商務印書館（香港）。

陳瑞端、祝新華（2015）：《中學普通話水平考試研究》。香港：中華書局。

陳瑞端、祝新華、劉藝、梁慧敏、袁振華、苗傳江、曾潔、馬克芸（2017）：「針對非華語小學生中文學習的校本支援計劃」項目總結分享會，2017 年 6 月 24 日。香港：香港理工大學。

陳瑞端、梁慧敏、袁振華、曾潔、馬克芸（2018）：〈香港非華語小學生中文輔助教材的設計理念及其教學策略〉，《華文學刊》，第一期，頁 38–59。

陳瑞端（即將出版）：〈香港南亞族羣的語言使用狀況〉，《語言戰略研究》。北京：商務印書館。頁碼待定。

陳榮石（2012）：〈四年制大學中國語文課程的構思與實踐〉，《中國語文通訊》，第 91 卷第 1 期，頁 3–10。

陳錦華、譚若梅、古學斌、羅嘉敏（2014）：《香港第二代南亞少數族裔 —— 教育與就業生活經驗》。香港：香港理工大學應用社會科學系政策研究中心。

陳錦榮、梁旭明（2016）：《認識香港南亞少數族裔》。香港：中華書局（香港）。

陳寶國、彭聃齡（2001）：〈語言習得的關鍵期及其對教育的啟示〉，《心理發展與教育》，第一期，頁 52–57。

陸鏡光（2005）：〈從雙語雙言看香港社會語言變遷〉，《中國社會語言學》，第一期，頁 82–88。

崔剛（2011）：〈關於語言習得關鍵期假說的研究〉，《外語教學》，第 3 期，頁 48–51。

張建宗（2018）：「家在香港 同是港人」，香港特區政府新聞網，2018 年 10 月 28 日，www.news.gov.hk/chi/2018/10/20181028/20181028_095133_523.html，瀏覽日期：2020 年 4 月 30 日。

張振江（2009）：《早期香港的社會和語言》(1841–1884)。廣州：中山大學出版社。

張群英、李潔芳、叢鐵華、岑紹基（2012）：〈新近到港少數族裔學生學習中文的案例〉，載叢鐵華等編《香港少數族裔學生學習中文的研究：理念、挑戰與實踐》。香港：香港大學出版社。

張群英、叢鐵華、岑紹基、傅愛蘭（2012）:〈香港少數族裔的族羣特點與文化〉,輯於叢鐵華、岑紹基、祁永華和張群英等編《香港少數族裔學生學習中文的研究:理念、挑戰與實踐》,頁 13–32。香港:香港大學出版社。

張壽洪、盧興翹（2006）:〈拼音教學和語言知識教學〉,載於唐秀玲、莫淑儀、張壽洪、盧興翹編《普通話教學法:新世界的思考和實踐》,頁 141–163。香港:香港教育圖書有限公司。

張慧明（2013）:〈透過綜合高效識字法,提升識字自學能力〉,載林偉業、張慧明、許守仁編《飛越困難 一起成功:教授非華語學生良方》。香港:香港大學教育學院中文教育研究中心。

張慧明、林偉業、黃綺玲（2015）:〈以聽帶讀 —— 從有效聆聽教學開始,減輕中文閱讀的負擔〉,載張慧明、林偉業主編《從無助到互助:教授非華語 小學生中文教師手冊》,頁 29–43,「非華語小學生的中文學與教」支援計劃。香港:香港大學教育學院。

張雙慶（2004）:《香港有多少人的母語是廣州話?》,http://bbs.cantonese.asia/thread-4191-1-1.html,原載於香港中文大學中文系博文網站（2004 月 4 月 28 日）,瀏覽日期:2019 年 3 月 16 日。

張雙慶、莊初昇（2003）:《香港新界方言》。香港:商務印書館（香港）。

張雙慶、萬波、莊初昇（1999）:〈香港新界方言研究報告〉,《中國文化研究所學報》,新第 8 期,頁 370–371。

教育司署（1965）:《教育政策白皮書》（編號:379.5125 EDU 1965）,發表於 1965 年 4 月。香港:政府印務局。

教育局（2009）:「微調中學教學語言」（教育局通告第 6/2009 號）。香港特別行政區。

教育局（2010）:「營造語境 實現願景:微調中學教學語言」。香港特別行政區。

教育局（2012）:《校本初中教學語言計劃》。香港:教育局課程發展處（中國語文教育組）。

教育局（2014）:「普通話問與答」,www.edb.gov.hk/tc/curriculum-development/kla/chi-edu/qa-primary-pth.html,瀏覽日期:2020 年 4 月 30 日。

教育局（2015）:「微調中學教學語言第二周期（2016/17 至 2021/22 學年）的安排」（編號 EDB(RP)3410/15/14(1)）。香港特別行政區。

教育局（2017）:《中國語文教育學習領域課程指引（小一至中六）》（2017)）。香港特別行政區。

教育局（2018）:「微調中學教學語言 —— 常見問題」,www.edb.gov.hk/tc/edu-system/primary-secondary/applicable-to-secondary/moi/support-and-resources-for-moi-policy/index-1.html,瀏覽日期:2020 年 4 月 30 日。

教育局（2019）：「教學語言 —— 支援措施及資源」，www.edb.gov.hk/tc/edu-system/primary-secondary/applicable-to-secondary/moi/support-and-resources/index.html，瀏覽日期：2020年4月30日。

教育局課程發展處（2010）：《積累與感興 —— 小學古詩文誦讀材料選編（修訂）》。香港：教育局課程發展處（中國語文教育組）。

教育局課程發展處（2019）：《應用學習課程概覽 2020–22》。香港：教育局課程發展處（應用學習組）。

教育統籌局（1997）：《小學普通話科課程綱要》。香港：教育統籌局課程發展組。

教育統籌局（2004）：《小學中國語文課程指引（小一至小六）》。香港：教育統籌局課程發展組。

教育統籌局（2005）：《檢討中學教學語言及中一派位機制報告》。香港：教育統籌局。

教育統籌委員會（1984）：《教育統籌委員會第一號報告書》（The 1st Report of the Education Commission (ECR1)）。香港：教育統籌委員會（教統會）。

教育統籌委員會（1990）：《教育統籌委員會第四號報告書》（The 4th Report of the Education Commission (ECR4)）。香港：教育統籌委員會（教統會）。

教育統籌委員會（1996）：《教育統籌委員會第六號報告書》（The 6th Report of the Education Commission (ECR6)）。香港：教育統籌委員會（教統會）。

教育統籌委員會（2015）：《免費幼稚園教育委員會報告》。香港：教育局。

教育部（1958）：《漢語拼音方案》。中華人民共和國。

教育部、國家語委（2016）：《國家語言文字事業「十三五」發展規劃》。中華人民共和國。

教育署（1997a）：《中學教學語言強力指引》諮詢文件，1997年3月。香港：教育署。

教育署（1997b）：《中學教學語言指引》，1997年9月。香港：教育署。

曹玲（2011）：〈關鍵期假說與第二語言習得〉，《內蒙古農業大學學報（社會科學版）》，第4期。

梁旭明、蕭亮思、畢雁萍、曾嘉俊、Hussain, S.（2018）：〈高學歷搵工更艱難・少數族裔青年的困處境：「香港少數族裔青年求職模式及支援實況」研究結果〉，向立法會少數族裔權益事宜小組委員7月9日會議提交意見書。香港：嶺南大學。

梁佩雲（2017）：〈傳承絲綢之路精神・發揚中華文化 —— 為非華語學生編製中華文化讀本的挑戰與創新〉，發表於「第六屆世界華文旅遊文學國際學術研討會」，2017年11月28–30日。由澳門基金會、香港中文大學聯合書院及香港《明報月刊》聯合主辦。

梁佩雲（2019）：〈活用粵語拼音促進中文二語的學習效能：以幼兒教學助理課程為例〉，《中國語文通訊》，第98卷第1期，頁27–40。

梁慧敏（2010）：《正識中文》。香港：三聯書店。

梁慧敏（2012）：〈香港電視廣告語言的修辭特色〉，《江西師範大學學報（哲學社會科學版）》，第 45 卷第 2 期，頁 90–94。

梁慧敏（2014）：〈香港工作場所中三語使用情況的再調查〉，《中國社會語言學》，第 23 卷第 2 期，頁 45–59。

梁慧敏（2015）：〈2009–2014 年香港社會三語使用情況分析及面向社會推廣普通話的建議〉，發表於「第八屆全國社會語言學學術研討會」，2015 年 5 月 4 日。北京：北京華文學院。

梁慧敏（2016a）：〈從香港的語言實況和語文政策探究南亞族裔學習中文的策略〉，載沈陽、徐大明編《中國語言戰略》，頁 53–64。南京：南京大學出版。

梁慧敏（2016b）：〈香港理工大學語文課程的設計和特色〉，發表於「第三屆大學中文論壇」，2016 年 4 月 29 日。香港：香港中文大學。

梁慧敏（2016c）：〈香港理工大學中文專業傳意課程的設計與開發〉，發表於「香港大學中文學院退修日」，2016 年 5 月 6 日。香港：香港大學。

梁慧敏（2017）：〈香港普通話使用的實證研究 —— 兼論推普工作的發展〉，《語言文字應用》，第 3 期，頁 79–90。

梁慧敏（2018）：〈中國語文與專業知識的結合：以香港理工大學「專業中文課程」為例〉，發表於「第六屆商務漢語工作坊暨第二屆商務漢語教育國際會議」，2018 年 3 月 30–31 日。美國：夏威夷大學。

梁慧敏（2019）：〈香港南亞裔小六學生中文輔助教材設計研究〉，《漢語學習》，第 6 期，頁 94–102。

梁慧敏（2020）：「中國語文課程第二語言學習架構的學與教：學習材料的選用與調適（修訂）」（編號 CDI020201114），教師培訓工作坊（小學、中學中國語文教育）（2019/20），2020 年 5 月 23 日。香港：香港教育局課程發展處。

梁慧敏（即將出版）：〈香港工作場所三語使用研究 —— 第二個五年追縱〉，《中國社會語言學》，頁碼待定。

梁慧敏、李貴生（2012）：〈香港非粵語母語者語言轉移的初步探討〉，《人文中國學報》，第一期，頁 367–400。

梁慧敏、李楚成（2011）：〈澳門語言現狀再探〉，《神州交流》，第 8 卷第 1 期，頁 82–96。

梁慧敏、張菁菁（2019）：〈香港非華語幼稚園學童中文字詞認知模式研究〉，發表於「第七屆國際學校華語教育研討會」，2019 年 12 月 16–18 日。澳洲：墨爾本威斯理學校。

梁慧敏、張菁菁（即將出版）：〈香港非華語學童中文心理詞彙研究 —— 以繪本促進教與學〉。

盛炎（1999）：〈試論澳門語言現狀及其發展趨勢〉，《方言》，第四期，頁 298–306。

許守仁、林偉業（2013）：〈以任務型學習策略，從生活應用中學習中文〉，載林偉業、張慧明、許守仁編《飛越困難 一起成功：教授非華語學生良方》。香港：香港大學教育學院中文教育研究中心。

曾俊華（2008）：《二零零八至零九財政年度政府財政預算案》。香港特別行政區政府。

曾俊華（2013）：《二零一三至一四財政年度政府財政預算案》。香港特別行政區政府。

曾鈺成（2018）：〈粵語地位〉，「鈺成其事」專欄，《am730》，2018 年 5 月 14 日，A13 版。

曾蔭權（2002）：「立法會第四題：民事案訴訟當事人及刑事案被告向法院申請由通曉粵語的法官審理案件」，政府新聞公報，2002 年 2 月 6 日。香港特別行政區。

港語學（2018）：《港語學全港中文科教學語言資料庫 2017/18 年度普查結果摘要》，https://sites.google.com/site/hklangstudies/3-analysis，瀏覽日期：2020 年 4 月 30 日。

游汝杰、鄒嘉彥（2009/2016）：《社會語言學教程》（第二版 / 第三版）。上海：復旦大學出版社。

馮志偉（2000）：〈語言文字的地位規劃和本體規劃，〉《中國語文》，第四期，頁 363–377。

黃月圓、楊素英（2000）：〈香港小一學童普通話能力的發展〉，載李楚成等編《香港語言教育論文集：後殖民地時期的發展》，頁 214-228。香港：香港語言學學會。

黃谷甘（1997）：〈「九七」回歸與香港語文芻議〉，《廣東民族學院學報（社會科學版）》，第二期，頁 88–91。

黃垤華（2017）：《香港山嶺志 —— 桂角山志・雞公山志・牛潭山志・麒麟山志》。香港：商務印書館（香港）。

黃垤華（2019）：《香港地名研究雜談》，崇基學院圖書館講座，2019 年 3 月 14 日。香港：香港中文大學。

黃得森、梁慧敏、李楚成（2015）：〈二十世紀九十年代中期香港報章副刊中之粵語成份〉，發表於「第二十屆國際粵方言研討會」，2015 年 12 月 11 至 12 日。香港：香港中文大學。

黃瑞玲（2002）：〈香港商業廣告常用修辭格研究〉，載陳志誠主編《新世紀應用文論文選（下冊）》，頁 146–156。香港：香港城市大學語文學部。

鄒嘉彥、游汝杰（2003）：《漢語與華人社會》。香港：香港城市大學出版社。

鄒嘉彥、游汝杰（2007）：《社會語言學教程》。台北：五南圖書。

新亞洲中國語文編輯組 (2011)：《新亞洲新語文》。香港：新亞洲出版社。

新華網 (2019)：《11.3 億美元到 4.6 萬億美元 70 年我國成長為全球貨物貿易第一大國》，2019 年 8 月 27 日，www.xinhuanet.com/fortune/2019-08/27/c_1124928623.htm，瀏覽日期：2020 年 4 月 30 日。

葉竹鈞 (2009)：〈立足現實 規劃未來 —— 論香港語言規劃與語言教育的發展〉，《內蒙古社會科學 (漢文版)》，卷 30 第 4 期，頁 157–160。

葉彩燕 (2018)：〈學英文不需犧牲中文 中大教授：要欣賞孩子活用雙語〉(陳樂希撰稿)，《香港 01．親子》，2018 年 6 月 12 日。

詹伯慧 (2002)：〈從實際出發思考香港的普通話教育問題〉，《語言文字應用》，第一期。

詹伯慧 (2014)：〈大力加強漢語方言的應用研究〉，《暨南學報 (哲學社會科學版)》，第四期，頁 1–5。

詹伯慧 (2019)：〈學界推粵語發音認證測試　廣州老教授：粵語在香港的地位不可動搖〉(鄭秋玲撰稿)，《香港 01．社會新聞》，2019 年 4 月 6 日。

鄧城鋒 (2008)：〈關於「普教中」討論的反思〉，《基礎教育學報》，17 卷 2 期，頁 1–13。

僱員再培訓局 (2010)：〈僱員再培訓局關注少數族裔人士的就業需要 積極開拓和發展適切的課程和服務〉。香港特別行政區。

僱員再培訓局 (2019)：〈促進少數族裔平等權利 現行及計劃中的措施〉，特定服務對象課程 —— 少數族裔人士課程。香港特別行政區。

語文教育及研究常務委員會 (2003)：《提升香港語文水平行動方案》，2003 年 6 月 27 日。香港特別行政區。

語文教育及研究常務委員會 (2019)：《已離校非華語人士職業中文課程》。香港特別行政區。

鄭崇楷 (2005)：〈普通話科教學法及教學實踐〉，載於何國祥等編《香港普通話科教學：理論與實踐》(頁 85–138)。香港：三聯書店。

劉智鵬、劉蜀永 (2018)：《香港威海衛警察口述歷史》。香港：香港城市大學出版社。

劉鎮發 (2018)：〈香港新界大埔汀角話概述〉，《中國語文通訊》，第一期，頁 111–120。

劉鎮發、蘇詠昌 (2005)：〈從方言雜處到廣府話為主 —— 1949–1971 年間香港社會語言轉型的初步探討〉，《中國社會語言學》，第五期，頁 89–104。

課程發展議會 (1997)：《小學課程綱要：普通話科 (小一至小六)》。香港：教育統籌局。

課程發展議會 (1999)：《香港學校課程的整體檢視報告》。香港：教育統籌局。

課程發展議會 (2001)：《中國語文課程指引 (初中及高中)》。香港：教育統籌局。

課程發展議會（2002）：《基礎教育課程指引 —— 各盡所能‧發揮所長》。香港：教育統籌局。

課程發展議會（2004）：《中國語文課程指引（小一至小六）》。香港：教育統籌局。

課程發展議會（2015）：《更新中國語文教育學習領域課程指引（小一至中六）》諮詢簡介。香港：教育局。

課程發展議會（2017）：《幼稚園教育課程指引》。香港：教育局。

課程發展議會、考試及評核局（2019）：〈中國語文課程第二語言學習架構〉，「應用學習中文（非華語學生適用）—— 課程資料」，高中應用學習課程。香港特別行政區。

課程發展議會、香港考試及評核局（2007/2015）：《中國語文課程及評估指引（中四至中六）》。香港特別行政區。

黎歐陽汝穎（1997）：〈為香港的普通話科教學定位〉，載李小達、林章新主編《集思廣益邁向二十一世紀的普通話課程 —— 課程與教學》。香港教育局課程發展處中文組。

澳門特別行政區（1999）：《中華人民共和國澳門特別行政區基本法》。澳門。

龍惠珠（1998a）：〈港人對廣東話及普通話態度度的定量量與定質研究〉，《中國語文》，第一期，頁 66–73。

龍惠珠（1998b）：〈香港轉變中的語言態度〉，《華文世界》，卷 88，頁 62–67。

戴忠沛（2017）：〈如何利用粵語拼音教導非華語學生學習基礎粵語〉，見「非華語學生中文學習支援計劃（2016-2017）教師工作坊（七）」，2017 年 4 月 8 日。香港：香港大學教育學院。

戴曼純（2014）：〈語言政策與語言規劃的學科性質〉，《語言政策與規劃研究》，第一期。

戴慶廈（2013）：《語言調查教程》。北京：商務印書館。

謝錫金（2000）：〈高效識字法〉，www.chineseedu.hku.hk/ChineseTeaching Method/learnword/difficult/index.htm，瀏覽日期：2020 年 4 月 30 日。

謝錫金（2002）：《綜合高效識字教學法》。香港：青田教育中心。

謝錫金（2016）：〈創高效識字法，打破抄默背傳統：謝錫金認知心理學教中文〉，《大公報》，2016 年 3 月 15 日，A8 版。

謝錫金、李黛娜、陳聲珮（2015）：《幼兒綜合高效識字：中文讀寫的理論及實踐》。香港：香港大學出版社。

謝錫金、祁永華、岑紹基（2012）：《非華語學生的中文學與教：課程、教材、教法與評估》。香港：香港大學出版社。

叢鐵華、岑紹基、祁永華、張群英（2012）：《香港少數族裔學生學習中文的研究：理念、挑戰與實踐》。香港：香港大學出版社。

叢鐵華、祁永華、岑紹基（2012）：〈協助少數族裔學生學習中文的教學法與學習評估〉，載叢鐵華、岑紹基、祁永華和張群英等編《香港少數族裔學生學習中文的研究：理念、挑戰與實踐》。香港：香港大學出版社。

職業英語運動（2015）：「職業英語培訓資助計劃」。香港：教育局。

職業訓練局（2019/2020）：「為非華語人士而設的專業教育及培訓課程」，社羣培訓項目。香港：職業訓練局。

羅永生（2014）：〈香港本土意識的前世今生〉，《思想》，26 期，頁 113–152。

羅嘉怡、謝錫金（2012）：〈學習動機與第二語言學習〉，載於謝錫金等編《非華語學生的中文學與教：課程、教材、教法與評估》。香港：香港大學出版社。

關之英（2012）：〈中文作為第二語言：教學誤區與對應教學策略之探究〉，《中國語文通訊》，第 91 卷第 2 期，頁 61–82。

關之英（2014）：〈香港中國語文教學（非華語學生）的迷思〉，《中國語文通訊》，第 93 卷，頁 39–57。

BBC News 中文（2017）：《「一帶一路」令澳門迎來「葡語盛世」？》，2017 年 12 月 23 日，www.bbc.com/zhongwen/trad/chinese-news-42437505，瀏覽日期：2020 年 4 月 30 日。

i-Cable report（2016）：「無明顯證據普教中有助學中文」，新聞資訊節目，有線寬頻，2016 年 5 月 31 日。

英文參考資料

Aitchison, J. (2003). *Words in the Mind: An Introduction to the Mental Lexicon* (3rd ed.). Malden: Blackwell.

Bacon-Shone, J., & Bolton, K. (1998). Charting multilingualism: Language censuses and language surveys in Hong Kong. In M. C. Pennington (Ed.), *Language in Hong Kong at Century's End* (pp. 43–90). Hong Kong: Hong Kong University Press.

Bauer, R. S. (2000). Hong Kong Cantonese and the road ahead. In D. C.-S. Li, A. M.-Y. Lin, & W.-K. Tsang (Eds.), *Language and Education in Postcolonial Hong Kong* (pp. 35–58). Hong Kong: Linguistic Society of Hong Kong.

Bolton, K. (2003). *Chinese Englishes: A Sociolinguistic History.* Cambridge, UK: Cambridge University Press.

Bolton, K., & Kwok, H. (1990). The dynamics of the Hong Kong accent: Social identity and sociolinguistic description. *Journal of Asian Pacific Communication*, 1(1), 147–172.

Bourdieu, P. (1986) The forms of capital. In J. Richardson (Ed.) *Handbook of Theory and Research for the Sociology of Education* (New York, Greenwood), 241–258.

Bourdieu, P. (1991). *Language and Symbolic Power*. Cambridge: Polity Press.

Canagarajah, A. S. (2013a). *Translingual Practice: Global English and Cosmopolitan Relations*. London: Routledge.

Canagarajah, A. S. (Ed.). (2013b). *Literacy as Translingual Practice: Between Communities and Classrooms*. London: Routledge.

Cenoz, J. (2015). Discussion: Some reflections on content-based education in Hong Kong as part of the paradigm shift. *International Journal of Bilingual Education and Bilingualism, 18*(3), 345–351.

Chan, A. Y.-W., & Li, D. C.-S. (2000). English and Cantonese phonology in contrast: Explaining Cantonese EFL learners English pronunciation problems. Language, *Culture and Curriculum, 13*(1), 67–85.

Chan, S. (2015). Linguistic challenges in the mathematical register for EFL learners: Linguistic and multimodal strategies to help learners tackle mathematics word problems. *International Journal of Bilingual Education and Bilingualism, 18*(3), 306–318.

Choi, C.-C. [蔡熾昌] (1998). Language standards: An HKEA perspective. In B. Asker (Ed.), Teaching Language and Culture. *Building Hong Kong on Education* (pp. 184–192). Hong Kong: Addison Wesley Longman China Ltd..

Chow, B. W.-Y., McBride-Chang, C., & Burgess, S. (2005). Phonological processing skills and early reading abilities in Hong Kong Chinese kindergarteners learning to read English as a second language. *Journal of Educational Psychology, 97*, 81–87.

Cummins, J. (2007). Rethinking monolingual instructional strategies in multilingual classrooms. *Canadian Journal of Applied Linguistics, 10*(2), 221–240.

Cummins, J. (2008). Teaching for transfer: Challenging the two solitudes assumption in bilingual education. In J. Cummins, & N. H. Hornberger (Eds.), *Encyclopedia of Language and Education: Vol. 5. Bilingual Education* (2nd ed.) (pp. 65–75). Boston: Springer Science + Business Media.

Cummins, J., & Swain, M. (1986). *Bilingualism in Education*. London and New York: Longman.

Deterding, D., Wong, J., & Kirkpatrick, A. (2008). The pronunciation of Hong Kong English. 849 *English World-Wide, 29*(2), 148–175.

ECR4. (1990). Education Commission Report No. 4. The Curriculum and Behavioural Problems in Schools. Hong Kong: Government Printer. Retrieved 30 April 2020, from https://www.edb.gov.hk/attachment/en/curriculum-development/major-level-of-edu/gifted/hong-kong-development/ecr4_e.pdf.

Eitel, Ernest J. (1895). *Europe in China: The History of Hongkong from the Beginning to the Year 1882.* Hong Kong: Kelly & Walsh, LD.

Evans, S. (2016). *The English Language in Hong Kong: Diachronic and Synchronic Perspectives.* London: Palgrave Macmillan.

Evans, S., & Morrison, B. (2011). The student experience of English-medium higher education in Hong Kong. *Language and Education, 25*(2), 147–62.

Falvey, P. (1998). ESL, EFL & language acquisition in the context of Hong Kong. In B. Asker (Ed.), Teaching Language and Culture. *Building Hong Kong on Education* (pp. 73–85). Hong Kong: Addison Wesley Longman China Ltd.

Ferguson, C. (1959). Diglossia. *Word, 15*(3), 325–340.

Gao, F. (2011). Linguistic Capital: Continuity and change in educational language polices for South Asians in Hong Kong primary schools. *Current Issues in Language Planning, 12*(2), 251–263.

García, O. (2009). *Bilingual Education in the 21st Century: A Global Perspective.* Malden: 1358 Wiley-Blackwell.

García, O., & Li, W. (2014). *Translanguaging. Language, Bilingualism and Education.* New York: Palgrave Macmillan.

Gopnik, A., Meltzoff, A. N., & Kuhl, P. K. (2000). *The Scientist in the Crib: What Early Learning Tells Us About the Mind.* New York: HarperCollins.

Ho, K.-C. [何國祥] (1999). *A Study of Hong Kong Cantonese Speaking Teachers' Acquisition of the Pronunciation of Putonghua (Mandarin) and Its Implications for the Teachers' Pronunciation of Standard Cantonese.* PhD thesis, Macquarie University, Australia.

Ho, Lawrence K.K. & Chu, Yiu Kong. (2012). *Policing Hong Kong 1842–1969: Insiders' Stories.* City University of Hong Kong Press.

Hung, T. T.-N. (2000). Towards a phonology of Hong Kong English. *World Englishes, 19*(3), 337–356.

Hung, T. T.-N. (2002). English as a global language: Implications for teaching. *The ACELT Journal, 6*(2), 3–10.

Ip, R. (2013). Hong Kong tops the class in confused policymaking. South China Morning Post, 28 Apr 2013. Retrieved 1 Jun 2016, from www.scmp.com/comment/insight-opinion/article/1224891/hong-kong-tops-class-confused-policymaking.

Jenkins, J. (2003). World Englishes. *A Resource Book for Students.* London/New York: Routledge.

Johnson, R. K. (1997). The Hong Kong education system: Late immersion under stress. In R. K. Johnson & M. Swain (Eds.), *Immersion Education: International Perspectives* (pp. 171–189). Cambridge, UK: Cambridge University Press.

Johnson, R. K., & Swain, M. (Eds.). (1997). *Immersion Education: International Perspectives.* Cambridge, UK: Cambridge University Press.

Kachru, B. B. (1985). Standards, codification, and sociolinguistic realism: The English language in the outer circle. In R. Quirk & H. G. Widdowson (Eds.), *English in the World: Teaching and Learning the Language and Literature* (pp. 11–30). Cambridge, UK: Cambridge University Press.

Kachru, B. B. (2005). *Asian Englishes: Beyond the Canon.* Hong Kong: Hong Kong University Press.

Kirkpatrick, A. (2007). *World Englishes: Implications for International Communication and English Language Teaching.* Cambridge: Cambridge University Press.

Krashen, S. D. (1982). *Principles and Practice in Second Language Learning.* Oxford, UK: Pergamon Press.

Krashen, S.D. (1985). *The Input Hypothesis: Issues and Implications.* New York, NY: Longman.

Kuhl, P. K. (2010). Brain mechanisms in early language acquisition. *Neuron, 67,* 713–727.

Kuhl, P. K., Stevens, E., Hayashi, A., Deguchi, T., Kiritani, S., & Iverson, P. (2006). Infants show a facilitation effect for native language phonetic perception between 6 and 12 months. *Developmental Science (Fast Track Report), 9*(2), F13–F21.

Kuhl, P. K., Tsao, F.-M., & Liu, H.-M. (2003). Foreign-language experience in infancy: Effects of short-term exposure and social interaction on phonetic learning. *Proceedings of the National Academy of Sciences of the United States of America, 100,* 9096–9101.

Kuo, L.-J., & Anderson, R. C. (2008). Conceptual and methodological issues in comparing metalinguistic awareness across languages. In K. Koda, & A. M. Zehler (Eds.), *Learning to Read Across Languages. Cross-linguistic Relationships in First- and Second-Language Literacy Development* (pp. 39–67). New York & London: Routledge.

Lau, C.-K. (1997). *Hong Kong's Colonial Legacy.* Hong Kong: Chinese University Press.

Lee, K.-S. (1998). The medium of instruction in Hong Kong and strategy for implementation. In B. Asker (Ed.), Teaching Language and Culture. *Building Hong Kong on Education* (pp. 111–117). Hong Kong: Addison Wesley Longman China Ltd.

Lee, K.-S., & Leung, W.-M. [李貴生、梁慧敏] (2012). The status of Cantonese in the education policy of Hong Kong. *Multilingual Education, 2,* 2 (pp. 1–23). Berlin: Springer.

Lee, M. T.-N., Tse, S.-K., & Loh, E. K.-Y. (2011). The impact of the integrative perceptual approach on the teaching of Chinese characters in a Hong Kong kindergarten. *Early Child Development and Care, 181*(5), 665–679.

Leong, C.-K., Tse, S.-K., Loh, K.-Y., & Ki, W.-W. (2011). Orthographic knowledge important in comprehending elementary Chinese text by users of alphasyllabaries. *Reading Psychology,* v. 32 n. 3, pp. 237–271.

Leung, W.-M. [梁慧敏] (2018). The Changing Role of Cantonese and Mandarin in Hong Kong Society. A Forum on Language and Language Education in Hong Kong (Oct 2018). *Greater China Vision Society*. Hong Kong: Hong Kong University of Science and Technology.

Leung, W.-M. (to appear). On the discipline-oriented Chinese language teaching in Hong Kong tertiary education. In C. Grosse & H. Wang (Eds.), *Reaching across Disciplines: Chinese for Business and Professionals in the Workplace*. London: Routledge.

Leung, W.-M., & Wu, W.-L. (2007). On the Diachrony of the Language Phenomenon in Hong Kong. *Asian Social Science, 3*(12), pp. 85–90.

Li, D. C.-S. (1999). The functions and status of English in Hong Kong: A post-1997 update. English World-Wide, 20(1), 67–110. Reprinted in K. Bolton, & Y. Han (Eds.) (2008) *Language and Society in Hong Kong* (pp. 194–240). Open University of Hong Kong Press.

Li, D. C.-S. (2000). Phonetic borrowing: Key to the vitality of written Cantonese in Hong Kong. *Written Language and Literacy, 3*(2), 199–233.

Li, D. C.-S. (2002a). Hong Kong parents' preference for English-medium education: Passive victims of imperialism or active agents of pragmatism? In A. Kirkpatrick (Ed.), *Englishes in Asia: Communication, Identity, Power & Education* (pp. 29–62). Melbourne: Language Australia.

Li, D. C.-S. (2006). Chinese as a lingua franca in Greater China. *Annual Review of Applied Linguistics, 26*, 149–176.

Li, D. C.-S. (2008). Understanding mixed code and classroom code-switching: Myths and realities. *New Horizons in Education, 56*(3), 17–29.

Li, D. C.-S. (2011). Lexical gap, semantic incongruence, and medium-of-instruction-induced code-switching: Evidence from Hong Kong and Taiwan. In E. A. Anchimbe & S. A. Mforteh (Eds.), *Postcolonial Linguistic Voices: Identity Choices and Representations* (pp. 215–240). Berlin: Mouton de Gruyter.

Li, D. C.-S. (2017). Multilingual Hong Kong: Communities, Languages, Identities. Berlin: Springer.

Li, D. C.-S. (2018). Two decades of decolonization and renationalization: The evolutionary dynamics of Hong Kong English and an update of its functions and status. *Asian Englishes, 20*(1), 2–14.

Li, D. C.-S., & Chuk, J. Y.-P. [李楚成、祝艷萍] (2015). South Asian students' needs for Cantonese and written Chinese in Hong Kong: A linguistic study. *International Journal of Multilingualism, 12*(2), 210–224. www.tandfonline.com/doi/pdf/10.1080/14790718.2015.1009375

Li, D. C.-S., & Tse, E. C.-Y. (2002). One day in the life of a 'purist'. *International Journal of Bilingualism, 6*(2), 147–202.

Li, D. C.-S., Wong, C. S.-P., & Leung, W.-M. [李楚成、黃倩萍、梁慧敏] (2013). Cantonese-English language contact: The top 10 most frequent monosyllabic English verbs/adjectives/nouns borrowed into Hong Kong Cantonese in 1990's. Paper presented at the 9th International Symposium on Bilingualism (June 10–14). Singapore: Nanyang Technological University.

Li, D. C.-S., Wong, C. S.-P., Leung, W.-M., & Wong, S. T.-S. [李楚成、黃倩萍、梁慧敏、黃得森] (2015). Facilitation of transference: The case of monosyllabic salience in Hong Kong Cantonese. *Linguistics. Vol. 54*(1), 1–58.

Lin, A. M.-Y. (1996). Bilingualism or linguistic segregation? Symbolic domination, resistance, and code-switching in Hong Kong schools. *Linguistics and Education, 8*(1), 49–84.

Lin, A. M.-Y. (1997a). Hong Kong children's rights to a culturally compatible English education. *Hong Kong Journal of Applied Linguistics, 2*(2), 23–48.

Lin, A. M.-Y. (1997b). Bilingual education in Hong Kong. In J. Cummins, & D. Corson (Eds.), The *Encyclopedia of Language and Education: Bilingual Education, vol. 5* (pp. 279–289). Dordrecht: Kluwer Academic Publishers.

Lin, A. M.-Y. (1997c). Analysing the "language problem" discourses in Hong Kong: How official, academic and media discourses construct and perpetuate dominant models of language, learning and education. *Journal of Pragmatics, 28*, 427–440.

Lin, A. M.-Y. (1999). Doing-English-lessons in the reproduction or transformation of social worlds? *TESOL Quarterly, 33*(3), 393–412.

Lin, A. M.-Y. (2000). Deconstructing 'mixed code'. In D. C.-S. Li, A. M.-Y. Lin, & W.-K. Tsang (Eds.), *Language and Education in Postcolonial Hong Kong* (pp. 179–194). Hong Kong: Linguistic Society of Hong Kong.

Lin, A. M.-Y. (2006). Beyond linguistic purism in language-in-education policy and practice: Exploring bilingual pedagogies in a Hong Kong science classroom. *Language and Education, 20*(4), 287–305.

Lin, A. M.-Y. (2015a). Conceptualizing the potential role of L1 in content and language integrated learning (CLIL). *Language, Culture and Curriculum, 28*(1), 74–89. doi:10.1080/07908318.2014.1000 926.

Lin, A. M.-Y. (2015b). Egalitarian bi/multilingualism and trans-semiotizing in a global world. In W. E. Wright, S. Boun, & O. García (Eds.), *The Handbook of Bilingual and Multilingual Education* (pp. 19–37). West Sussex: Wiley Blackwell. (ISBN: 978-1-118-53349-9; https://www. dropbox.com/s/ gqlyhnnqj9dktma/Angel%20Lin_Trans-semiotizing.pdf?dl=0)

Lin, A. M.-Y., & Man, E. Y.-F. (2009). *Bilingual Education: Southeast Asian Perspectives*. Hong Kong: Hong Kong University Press.

Lin, A. M.-Y., & Wu, Y. (2015). 'May I speak Cantonese?' – Co-constructing a scientific proof in an EFL junior secondary science classroom. *International Journal of Bilingual Education and Bilingualism, 18*(3), 289–305 Doi: http://www.tandfonline.com/doi/full/10.1080/13670050.20 14.988113.

Llewellyn, J., Hancock, G., Kirst, M., & Roeloffs, K. (1982). *A Perspective on Education in Hong Kong: Report by a Visiting Panel.* Hong Kong: Government Printer.

Lo, Y.-Y. (2015). How much L1 is too much? Teachers' language use in response to students' abilities and classroom interaction in Content and Language Integrated Learning. *International 923 Journal of Bilingual Education and Bilingualism, 18*(3), 270–288.

Lo, Y.-Y., & Lin, A. M.-Y. (2015). Introduction to Special issue: Designing multilingual and multimodal CLIL frameworks for EFL students. *International Journal of Bilingual Education and Bilingualism, 18*(3), 261–269.

Low, E.-L. (2015). *Pronunciation for English as an International Language: From Research to Practice.* London: Routledge.

Low, W. W.-M., & Lu, D. (2006). Persistent use of mixed code: An exploration of its functions in Hong Kong schools. *International Journal of Bilingual Education and Bilingualism, 9*(2), 181–204, DOI:10.1080/13670050608668640.

Luke, K.-K., & Lau, C.-M. (2008). On loanword truncation in Cantonese. *Journal of East Asian Linguistics, 17*(4), 347–362.

Mayberry, R. I., & Lock, E. (2003). Age constraints on first versus second language acquisition: evidence for linguistic plasticity and epigenesis. *Brain and Language, 87*, 369–384.

McArthur, T. (2001). World English and world Englishes: Trends, tensions, varieties and standards. *Language Teaching, 34*, 1–20.

McBride, C. (2016). *Children's Literacy Development: A Cross-cultural Perspective on Learning to Read and Write.* Oxford: Routledge.

Meisel, J. M. (2004). The bilingual child. In T. K. Bhatia & W. C. Ritchie (Eds.), *The Handbook of Bilingualism* (pp. 91–113). Malden: Blackwell.

Miller, L., & Li, D. C.-S. (2008). Innovations in ELT curricula and strategies of implementation in Hong Kong SAR. In Y. H. Choi & B. Spolsky (Eds.), *ELT Curriculum Innovation and Implementation in Asia* (pp. 71–100). Seoul: Asia-TEFL.

Penfield, W., & Roberts, L. (1959). *Speech and Brain Mechanisms.* Princeton University Press.

Pluss, C (2004). Migrants from India and Their Relations with British and Chinese Residents. In C. Y.-Y. Chu (Ed.), *Foreign Communities in Hong Kong, 1840–1950s.* London: Palgrave MacMillan, pp.155–170.

Poon, A. Y.-K. (1999). Chinese medium instruction policy and its impact on English learning in post-1997 Hong Kong. *International Journal of Bilingual Education and Bilingualism, 2*(2), 131–146.

Poon, A. Y.-K. (2010). Language use, and language policy and planning in Hong Kong. *Current Issues in Language Planning, 11*(1), 1–66.

Poon, A. Y.-K. (2013). Will the new fine-tuning medium-of-instruction policy alleviate the threats of dominance of English-medium instruction in Hong Kong? *Current Issues in Language Planning, 14*(1), 34–51.

SCOLAR [語文教育及研究常務委員會] (2003). *Action Plan to Raise Language Standards in Hong Kong* [提升香港語文水平行動方案]. Standing Committee on Language Education and Research, Hong Kong SAR Government.

SCOLAR [語文教育及研究常務委員會]. (2008). *Necessary conditions for Teaching Chinese in Putonghua in Hong Kong primary and secondary schools* [在香港中、小學以普通話教授中國語文科所需之條件]. Standing Committee on Language Education and Research, Hong Kong Government.

Seidlhofer, B. (2004). Research perspectives on teaching English as a lingua franca. *Annual Review of Applied Linguistics, 24*, 209–239.

Setter, J., Wong, C., & Chan, B. (2010). *Hong Kong English*. Edinburgh: Edinburgh University Press.

Shu, H., Peng, H., & McBride-Chang, C. (2008). Phonological awareness in young Chinese children. *Developmental Science, 11*, 171–181.

So, D. W.-C. (1998). One country, two cultures and three languages: Sociolinguistic conditions and language education in Hong Kong. In B. Asker (Ed.), *Teaching Language and Culture. Building Hong Kong on Education* (pp. 152–175). Hong Kong: Addison Wesley Longman China Ltd.

Tavares, N. J. (2015). How strategic use of L1 in an L2-medium mathematics classroom facilitates L2 interaction and comprehension. *International Journal of Bilingual Education and Bilingualism, 18*(3), 319–335.

Taylor, I., & Taylor, M. M. (2014). *Writing and literacy in Chinese, Korean and Japanese* (2nd ed.). Amsterdam/Philadelphia: John Benjamins.

Tomasello, M. (2003). *Constructing a Language. A Usage-Based Theory of Language Acquisition*. Cambridge, MA/London: Harvard University Press.

Trudgill, P. (1999). Standard English: What it isn't. In T. Bex & R. J. Watts (Eds.), *Standard English: The Widening Debate* (pp. 117–128). London: Routledge.

Tsang, W.-K. (2002). *Evaluation on the Implementation of the Medium-of-Instruction Guidance for Secondary Schools Report*. Hong Kong: Hong Kong Institute of Educational Research, The Chinese University of Hong Kong.

Tsang, W.-K. (2006). *Further Evaluation on the Implementation of the Medium-of-Instruction Guidance for Secondary Schools Final Report*. Hong Kong Institute of Educational Research: The Chinese University of Hong Kong.

Tsang, W.-K. (2008). *The Effect of Medium-of-Instruction Policy on Education Advancement*. Hong Kong: The Chinese University of Hong Kong.

Tse, S.-K., Marton, F., Ki, W.-W., & Loh, E. K.-Y. [謝錫金、Marton、祁永華、羅嘉怡] (2007). An integrative perceptual approach for teaching Chinese characters. *Instructional Science, 35,* 375–406.

Tung, P. (1998). A framework for considering medium of instruction policy issues in Hong Kong. In B. Asker (Ed.), *Teaching Language and Culture. Building Hong Kong on Educatio*n (pp. 118–127). Hong Kong: Addison Wesley Longman China Limited.

Tung, P. C.-S. (1992). Learning from the west: The medium of instruction in Hong Kong schools. In K. K. Luke (Ed.), *Into the Twenty-First Century: Issues of Language in Education in Hong Kong* (pp. 119–131). Hong Kong: Linguistic Society of Hong Kong.

UNESCO [聯合國教科文組織] (1953). The Use of Vernacular Languages in Education: The Report of the UNESCO Meeting of Specialist. Retrieved 30 April 2020, from https://unesdoc.unesco.org/ark:/48223/pf0000002897.

Wan, A. (2011). English lessons failing pupils in many schools. South China Morning Post, 17 September 2011. Retrieved 30 April 2020, from https://www.scmp.com/article/979284/english-lessons-failing-pupils-many-schools.

Weber, J.-J. (2014). *Flexible Multilingual Education: Putting Children's Needs First.* Bristol: Multilingual Matters.

Weiss, A. M. (1991). South Asian Muslims in Hong Kong: Creation of a 'local boy' identity. *Modern Asian Studies, 25*(3): 417–453.

Werker, J. F., & Tees, R. C. (1984). Cross-language speech perception: Evidence for perceptual reorganization during the first year of life. *Infant Behavior & Development, 7,* 49–63.

Williams, C. (1996). Secondary education: Teaching in the bilingual situation. In C. Williams, G. Lewis, & C. Baker (Eds.), *The Language Policy: Taking Stock* (pp. 39–78). Llangefni: CAI.

Wong, C. S.-P., & Leung, W.-M. [黃倩萍、梁慧敏] (2014). Monosyllables — A look at English words borrowed into Hong Kong Cantonese. Invited talk at the Linguistics Festival (March, 2014). *Linguistics Festival.* Hong Kong: University of Hong Kong.

Wu, W.-L. (2008). Reflection on helping Hong Kong's early childhood educators improve their English pronunciations. *Hong Kong Journal of Early Childhood, 7*(1), pp. 73–83.

Yau, C. (2015). Officials urged to do more to promote English. South China Morning Post, 22 Sept 2015. Retrieved 30 April 2020, from www.scmp.com/news/hong-kong/education-community/article/1857139/hong-kong-should-do-more-promote-english.

Yip, V., & Matthews, S. (2007). *The Bilingual Child: Early Development and Language Contact.* Cambridge, MA: Cambridge University Press.

後記

斗轉星移，十年蛻變。

十年前，出版了第一部專著《正識中文》（2010，香港三聯），當時以新高中課程中文科和通識科的教與學為宗旨，透過本港日常生活中的語言現象，解說「語音」、「詞彙」、「語法」、「文字」及「修辭」等五個範疇的語文知識。十年後的今天，篩選和綜合過去十年的研究成果，以「兩文三語」為主題出版《兩文三語：香港語文教育政策研究》一書。驀然驚覺，原來指縫之間，自己在「兩文三語」框架之下做了這麼多的工作，見到自己在學術上的點點進步，也禁不住欣慰。每一個研究項目開展時，都是互不關連、相對獨立的，也沒有想過日後可以匯集成冊，但時候到了，就不知如何突然茅塞頓開，融會貫通，這確實也是一個學問累積的過程。

本書由構思至定稿，經歷逾年。2019 年上半年着手草擬五個主要章節的初稿，暑假期間收到評審委員會的專業意見，9 月初步修訂，12 月第二次修訂，2020 年 3、4 月期間作全書最後修訂。寫作期間，回顧和參考了數百條文獻資料，包括大量政府原始文獻，有速讀的，有細讀的，也有再三重讀的。我一直都希望，本書能以嚴謹的學術態度，檢視相關的學術研究理論及成果，針對「兩文三語」實際情況及遇到的難題，作出客觀而深入的分析及建議。書中提供的資訊與呈現的觀點，若能給決策者跟普羅大眾參考使用，實為本人所喜見樂聞。

「兩文三語」牽涉眾多課題，資料繁多，絕非一人之力可完成。首先，我要誠摯地感謝粵語語言學啟蒙老師陸鏡光教授，這是繼博士論文之後，我再次向他致

謝。陸教授帶我進入香港粵語研究之領域，讓我在香港大學整整四年學習期間，得到許多語言學的紮實訓練，此乃本書第三章得以完成的基礎。而啟發我對香港非華語學生中文學與教興趣者，則為本港語文教育學家陳瑞端教授，陳教授治學態度認真嚴謹，不管理論或實踐都一絲不苟，沒有她的啟迪、引領與指導，就沒有本書的第四章。由兩位教授為本書賜予評語，實在別具意義，本人不得不表示由衷的感謝。

回顧本書的作成，我必須感謝第二作者李楚成教授，他可說是我學術生涯中影響極大的人物。我從來沒有想過自己有能力、有機會參與以「兩文三語」為題的專書寫作，是他帶我走進語文政策與語文規劃的學術殿堂，激發了我對此主題的興趣，也讓我了解到自己的不足與努力的方向。2016 年開始，我們合力在《信報》上發表「兩文三語系列」文章，一寫就兩年；後來着手寫作本書，期間我一邊寫一邊學，有時思緒萬千，他會指點迷津，其洞見主張着實讓我大開界界。這一切一切，令我想起《笑傲江湖》中的令狐沖，體內真氣雜亂，後在少林派掌門方丈方正大師的指導下習得《易筋經》，終有疑釋疑，豁然開朗。李教授是我心目中的大學者，他的學問涵蓋語言學、社會語言學、語文教育政策、雙語教育、世界英語研究、英語作為第二語言教學、粵語作為外語的學習與運用等多個領域，過去三十年論文著作等身，也是本地少有土生土長兼通粵、普、英、法、德語的多語言學者。我們首次合作，始於 2011 年，屈指一算，到今天已差不多十年，能夠結下這樣的研究緣分，實在是我學術生涯中，一大榮幸與收穫。

香港理工大學中文及雙語學系王士元講座教授，是中外著名的語言學家，他提出的「詞彙擴散理論」在國際語言學界的影響可謂無遠弗屆。王教授學貫中西，研究興趣廣泛，於語言工程、演化語言學、計算語言學、實驗語音學、認知和神經語言學，以及老齡腦退化所衍生的認知障礙等領域都卓有建樹。王教授願意在百忙之中特為本書作序，我們受寵若驚之餘，也倍感榮幸，藉此致以最衷心的感謝。同樣非常感謝本書匿名評審的意見，他們富建設性的修改意見嚴謹而細緻，拓寬了我的學術視野與寫作思路。此外，香港城市大學出版社編輯組為本書

的出版提供許多專業意見，以及在編務方面出色的協助，研究助理李靜妍小姐幫忙校對書稿和複查資料，王莎小姐幫忙整理參考文獻，製作圖表、核對數據和統計的準確性，在此一併致謝。

本書寫作期間，愛貓維維總是無時無刻地在電腦旁邊陪伴左右，月前牠緣盡世間，竟不能和我一起參與本書之最後修訂，每念及此，哽咽不已。縱為唏噓，但相信牠在天上仍會一如以往默默地支持我。最後，我特別要感謝夫君永利，在本書漫長的寫作過程中給我的包容與鼓勵。作為本書第一個讀者，每完成一章，他都會細閱草稿，為我喝采之餘，也給予非常寶貴的具體意見，俾能增補內容。本書撰寫期間，我倆對「兩文三語」這個話題也經過了無數次大大小小有益的討論，既有鼓舞的，也有憧景的；本書如能引起讀者的共鳴，他實在功不可沒。

或問全書五章之中我最喜歡哪一章，實情是每一章都傾注了同樣心血，沒所謂偏愛。若論及情感上印象較為深刻者，倒是第三章有關粵語的課題，最後一段有此一句：「我們對粵語有着割捨不斷的情感」，此為本章文眼之所在，滔滔萬言論述實緣於此；這句話算不算理性評析，屬仁者見仁、智者見智，於嚴謹的學術論著非無斟酌的餘地，但我喜歡。

本書的意義在於，書中的種種主張可視作討論起點，引發關心香港語文教育的朋友重新審視「兩文三語」政策，使之邁向下一個里程碑。書稿終於完成，算是對過去一個階段的研究和學習所作的總結。本人水平有限，書中偶有疏漏在所難免，尚祈讀者先進不吝指正。

期待下一個精彩的十年。

梁慧敏
於香港沙田
2020 年 5 月